마더 카브리니

CABRINI

마더 카브리니

시어도어 메이너드 지음 | 고정아 옮김

세상 가장 낮은 땅에 희망의 제국을 일구다

비케북스

일러두기
성경 구절은 가톨릭 성경에 따랐습니다.
원서의 최초 출간 연도는 1943년으로, 현시대에 어울리지 않는 어구나 표현이
있을 수 있습니다. 다만 작품 발표 당시의 시대적 배경을 고려하여 일부를
편집부 책임하에 고치는 것으로 마무리했습니다.
독자의 이해를 돕기 위해 옮긴이와 편집자가 추가한 내용은
본문에서 [ ]로 묶어 표시했습니다.
편집자가 작성한 경우, '편집자 주'를 기재했습니다.

패드라익 콜럼에게

차례

추천사 _ 서스텔라 수녀

소개의 글 _ 아리스테오 V. 시모니

편집장 서문 _ S. J. 조지프 허슬레인 박사

프롤로그 _ 뉴욕의 첫날 … 21

1부 롬바르디아의 빛

1장 _ 어린 시절의 꿈 … 42

2장 _ 잘못된 시작 … 53

3장 _ 목가의 시절 … 67

2부 한낮의 꿈

4장 _ 로마 공략 … 92

5장 _ 떠난 이들의 고통 … 112

6장 _ 순명의 마음으로 … 117

7장 _ 두 번째 미국행 … 138

8장 _ 중앙아메리카 … 153

9장 _ 뉴올리언스 … 166

10장 _ 첫 병원 … 180

11장 _ 다시 이탈리아로 … 191

3부 신의 순례자

12장 _ 안데스산맥을 넘어 … 202

13장 _ 남미에서 유럽으로 … 225

14장 _ 성인의 영혼 … 243

15장 _ 넓어지는 지평 … 265

16장 _ 서부 개척 … 283

17장 _ 미국 시민이 되다 … 308

18장 _ 은퇴의 소망 … 322

19장 _ 시카고에서의 죽음 … 341

에필로그 _ 성인으로 가는 길 … 351

추천사

    예수성심 선교수녀회의 창립자이신 마더 카브리니 성녀의 전기가 한국어로 번역되어 출간된 것을 무척 기쁘고 감사한 마음으로 읽었습니다. 책장을 넘기기 시작하면서 어느새 마더 카브리니 성인의 삶을 따라, 그녀가 걸었던 험한 길 위를 함께 달리고 있었습니다.
    숨이 가빴습니다. 성인이 건넜던 거친 바다와 황량한 사막, 그리고 가난과 고통으로 얼룩진 거리들을 함께 지나며, 그 여정 속에 녹아든 그녀의 사랑과 열정에 가슴이 벅차올랐습니다. 마더 카브리니는 단 한순간도 자신을 위한 삶을 살지 않았습니다. 세상의 끝까지라도 복음과 사랑을 전해야 한다는 하느님의 부르심 앞에, 망설임 없이 순명하며 걸어갔습니다.
    성인은 많은 이들의 반대에 부딪혔습니다. 여성이라는 이유, 몸이 약하다는 이유, 이민자와 가난한 이들을 향한 사랑이 세상과 어울리지 않는다는 이유로 수없이 문전박대를 받았습니다. 그러나 그녀는 결코 물러서지 않았습니다. 고통과 거절 앞에서도 마더 카브리니는 꺾이지 않는 신념과 믿음으로 하느님의 사명을 향해 걸음을 이어갔습니다.

그녀는 이렇게 기도하곤 했습니다.

"저에게 우주만큼 큰 심장을 주세요. 당신을 사랑할 수 있도록, 당신께 드려 마땅한 사랑을 다 드리지는 못해도, 제가 드릴 수 있는 만큼은 다 드릴 수 있도록……"

그녀 안에 얼마나 큰 사랑이 있었기에, 세상의 모든 아픔을 끌어안을 수 있는 심장을 원했을까요? 하느님의 사랑이 성인 안에서 그렇게도 크고 강렬하게 타올랐기에, 그녀에게는 이 세상이 너무도 좁았습니다. 오직 그 사랑을 나누기 위해 그녀는 쉼 없이 움직였고, 수많은 나라와 도시를 누비며 고아와 이민자, 병든 이들의 어머니가 되어주었습니다.

지금 우리 시대에도 마더 카브리니 성인의 이러한 열정과 사랑이 필요합니다. 더 이상 대서양을 건너지 않아도, 먼 유럽을 날아가지 않아도, 우리의 가까운 이웃 속에는 다른 언어와 문화, 다른 상처를 가진 사람들이 함께 살아가고 있습니다.

이제 우리가 성인의 빌길음을 따라나설 차례입니다. 마더 카브리니가 그토록 사랑했던 이들을 바라보던 연민의 눈길로, 하느님의 마음을 담은 자비의 시선으로 우리 주변을 바라보아야 할 시간입니다.

그녀처럼 기도합니다. "저에게도 우주만큼 큰 심장을 주소서. 당

마더 카브리니

신을 사랑할 수 있도록, 그리고 당신이 사랑하시는 이웃을 사랑할 수 있도록, 제가 가진 것을 아낌없이 내어줄 수 있도록."

그리하여 마더 카브리니 성인이 그랬던 것처럼, 하느님의 사랑이 이 좁은 세상을 가득 채울 수 있도록, 우리도 작은 도구가 되기를 희망합니다.

아씨시의 프란치스코 선교수녀회
서스텔라 수녀

소개의 글

소개의 글은 출간 당시에 쓰였다.

그리 오래지 않은 옛날 밀라노에서 연약한 외양의 수녀 한 명이 저명한 학자 사제에게 업무를 의논하고자 찾아갔다. 면담을 마친 사제가 오래도록 일한 가정부에게 말했다. "저 작은 수녀 봤어요? 대서양을 스무 번 이상 건넜고, 유럽과 미국에 수많은 시설을 세웠어요. 대단한 선교사, 아니 성인이에요! 우리는 평생토록 하느님의 영광을 위해 무엇을 했나요?"

이 작고 연약한 수녀는 마더 카브리니, 학자 사제는 암브로시오 도서관 관장인 아킬레 라티다. 그는 이후 교황 비오 11세가 되어서 카브리니를 사후 21년 만에 '복자 福者, Beata'로 시복한다.

하지만 장래의 교황과 '하느님의 종'[시복 또는 시성 심사를 받는 후보.]이 한 번 인사를 나눈 인연은 카브리니가 기록적인 속도로 시복된 일과 아무 상관이 없다. 필수적으로 요구되는 기적과 증명 가능한 영웅적 미덕 없이는 어떤 하느님의 종도 길고 지루한 심사 과정을 통과하지 못한다. 마더 카브리니의 시복 심사는 10년이 걸렸고, 유럽과 아메리카 여러 나라의 증인이 각 관구의 교회 재판소에서 증언했다.

군사 영웅은 육지전, 공중전, 해전에서 '의무를 뛰어넘는' 영웅적 행동으로 무공을 세우면 수훈십자훈장이나 무공훈장을 받는다. 교회는 기독교의 미덕을 영웅과 같은 수준으로, 가끔이 아니라 꾸준히 수행해서 '평범하게 선한 인생'을 탁월하게 뛰어넘은 인물을 공식적인 성인으로 시성한다. 여기에는 기적에 대한 확실한 증명이 필요하다.

"별들이 모두 아름답되 각기 다르듯이" 성인들도 저마다 다양하지만 '그리스도를 사는 삶'이라는 점에서는 똑같다. 성 바오로는 이렇게 말했다. "이제는 내가 사는 것이 아니라 그리스도께서 내 안에 사시는 것입니다." 그것은 하느님이 성인을 볼 때 그들이 실현하는 그리스도의 삶만을 본다는 뜻이다. 하느님은 그렇게 성인들을 통해 영광을 얻는다. 성인들은 우리에게 용기를 주고 모범이자 존경 대상이 된다. 우리는 그들의 찬란한 인생을 기록한 글을 읽고 그들이 지상에 사는 동안 보여준 미덕, 인격, 동기를 경험한다.

성인과 우리를 비교하면 그들의 영광은 때로 깨달음보다 좌절을 안겨준다. 또 어떤 성인들은 너무 먼 과거의 인물이라 역사의 안개에 가려져 잘 보이지 않는다. 삶의 전투에 분주한 우리가 이 번잡한 시대의 소음과 혼란 가운데 멀리서 들려오는 어렴풋한 목소리를 포착하기란 쉽지 않다.

이 책의 주인공 마더 카브리니는 우리 시대를 살았고 우리 속에서 활동했다. 카브리니를 알고 가깝게 지낸 많은 사람이 아직 살아 있다. 카브리니는 20세기에 선종했고 선종한 장소도 머나먼 땅이 아니라 분주한 도시 시카고였으며, 유골은 뉴욕에 안치되어 있다. 그분은 이탈리아 롬바르디아 지방에서 태어났지만 미국을 자기 나라로 삼았고, 돌아가시기 10년 전에 미국 시민권자가 되었다.

전 세계가 민족적 야심의 한계를 다 뛰어넘어 드넓게 확장된 것 같던 바로 그 시기에 카브리니는 이 세상이 자신의 열정을 다 담기에는 '너무 좁다'고 선언하고 유럽, 미국, 남아메리카와 중앙아메리카에 자선 단체를 설립했다. 지금 그 단체들은 1년 내내 밤낮없이 예수의 성심을 이해하고 찬양하고 사랑한다. 카브리니 선종 당시 카브리니 수도회가 전 세계에서 운영하던 기관은 67개에 이르렀다.

참회의 인생을 살며 회개를 촉구한 몇몇 현대 성인의 이야기를 하면 많은 사람이 콧방귀를 뀌며 말한다. "하지만 지금은 20세기야." 그렇다. 불행히도 우리는 20세기를 산다. 한 세대 안에 벌어진 두 차례의 세계 대전은 현대적 진보에 열광하던 사람들에게도 환멸을 불러일으켰다.

마더 카브리니는 진실로 20세기의 성인이라 할 수 있다. 카브리니가 우리 시대에 보여주는 것 중 최고의 것은 무엇인가? 카브리니는 우리 현대인에게 어떤 메시지를 주는가?

외적으로 보면 카브리니는 평범한 사람들이 본뜰 비범한 일을 하지 않았다. 오직 카브리니의 지칠 줄 모르는 활동이 비범할 뿐이다.

그러면 카브리니의 인생은 우리에게 무엇을 가르치는가? '현실적인 가톨릭 행동!'이다. 카브리니는 교회의 윗사람들에게 순명하는 마음으로 특별한 선교 사업에 인생을 바쳤다. 카브리니가 기존 수녀회에서 이름 없는 수녀로 살고자 할 때, 지역 주교가 새로운 선교 기관을 만들라고 지시했다. 카브리니가 중국으로 가고 싶어할 때 교황 레오 13세는 미국을 가리켰다. 카브리니는 즉시 그에 순명해서 이민자들을 따라 미국으로 갔다. 그리고 그들을 만나기 위해서 경찰조차 꺼리는 장소로 향했다. 그것이 카브리니가 생각하는 사도의 직분이었다. 카브리니는 동포들에게 자신의 인생과 자신이 세운 수도회의 노동을 바쳤다. 동포가 가는 곳이면 카브리니도 갔다. 카브리니의 시복식 당시 라디오 연설에서 먼델레인 추기경은 이렇게 말했다.

"이 작고 연약한 여성이 40년이라는 짧은 시간 동안 예수성심수녀회의 깃발 아래 4천 명의 여성을 모아 청빈과 희생의 삶에 헌신시킨 것을 생각해보십시오. 이 여성들은 지난날 십자군 같은 열정과 이탈리아인에 대한 사랑으로 바다를 건너고 미지의 땅을 밟으며 남녀노소에게 선한 기독교인이자 준법 시민이 되는 법을 가르치고, 빈자들의 친구가 되고, 배움 없는 이들을 가르치고, 병자를 돌보았습니다. 그러면서 어떤 보상도 기대하지 않았습니다. 이 모든 것이 가톨릭 운동을 수행하는 현대 성인의 기준을 충족하지 않습니까?"

우리가 늘 듣는 신의 섭리 이야기다. 베들레헴의 가난한 성가족에서 마더 카브리니까지는 그리 멀지 않다. "하느님께서는 강한 것을 부끄럽게 하시려고 이 세상의 약한 것을 선택하셨습니다."(코린토인

들에게 보낸 첫째 편지 1:27)

　다수의 선량한 기독교인은 자신이 지상의 소명을 실현하고 있다고 믿으며 개인의 구원을 추구하는 데 만족한다. 하지만 마더 카브리니는 슬럼가의 빈민에게서 '그리스도의 신비한 몸'의 고통받는 팔다리를 보고, 육체와 정신의 노동으로 그들을 돕는 데 인생을 바쳤다. 물론 카브리니는 그리스도가 세상에 그의 뜻을 펼치는 데 사람이 필요하지 않다는 사실을 알았다. 그리스도는 다마스쿠스로 가는 성 바오로를 개심시켰듯이 죄인을 개심시킬 수 있다. 갈릴리에서 나병 환자와 중풍 환자를 치료했듯이 병자와 불구를 치료할 수 있다. 광야에서 군중을 먹였듯이 배고픈 자를 먹일 수 있다. 하지만 그의 신비한 몸이 생명과 건강과 성장을 유지하려면 아무리 미미해도 우리의 노력이 필요하다. 그리스도는 우리 없이는 '불완전'하다. 성 바오로가 말한 대로 교회가 '그의 완전성'이기 때문이다.

　마더 카브리니의 인생을 글로 쓰고 그분의 초상을 진실하게 그리는 일은 쉽지 않다. 가톨릭 교회가 카브리니를 성인이라 선언한 것은 그분의 성취가 엄청나기 때문이 아니라 카브리니라는 사람 자체 때문이다. 카브리니의 내적 인생에 대해서 우리는 아는 것이 거의 없다. 카브리니는 영혼의 깊은 내면을 강력하게 지켜서 가장 가깝고 사랑하는 사람들조차 그분이 창조주와 맺은 신비한 관계를 들여다볼 수 없었다. '아르카눔 레기스$^{\text{Arcanum regis}}$[라틴어로 '고귀한 비밀'.]'는 끝까지 비밀로 남았다.

　가톨릭 성인 가운데 이토록 놀라운 외적 성취를 이루고도 내면의 신비 경험에 대해 알려진 것이 드문 사람은 카브리니뿐이다. 하지만 카브리니가 끊임없이 기도하고 묵상한 것은 분명했다. 먼 길을 갈 때도, 할 일이 산더미 같을 때도 마찬가지였다. 카브리니는 그렇게 많은 시설을 설립하고 운영의 자잘한 부분까지 살피면서도 하느님과의 일상적 합일을 게을리하지 않았다. 카브리니의 차분하고 평화로운 안색, 조용하고 부드러운 목소리는 다 그 때문이었다.

그래서 카브리니의 전기를 쓰는 일을 떠맡을 때 시어도어 메이너드는 자기 앞에 놓인 어려움을 잘 알았다. 하지만 그에게 모든 권한이 주어졌기에 그는 시복 관련 공적 문서뿐 아니라 다른 사적 문서에도 자유롭게 접근할 수 있었다. 그 결과 이렇게 칭송할 만한 걸작이 나왔다.

이 책이 작가의 의도대로 성인을 통해 드러나는 하느님의 영광을 전달할 수 있기를 바란다. 그리고 많은 사람이 이 책을 통해 자신의 신성에 대한 믿음을 가지고 그리스도의 신비한 몸 안에서 그리스도를 섬길 용기를 얻기 바란다. 마더 카브리니가 성 바오로의 말을 빌려서 말했듯이 그분의 동기는 이뿐이었다. "나에게 힘을 주시는 분 안에서 나는 모든 것을 할 수 있습니다."

아리스테오 V. 시모니
마더 카브리니 시성 심사 부(副)청원인

편집장 서문

마더 카브리니의 전기 출간은 카브리니의 시성 심사 부청원인의 도움과 카브리니의 수도회인 예수성심선교수녀회의 전적인 지원을 통해 수행되었다. 이 책은 가톨릭 교회가 어째서 카브리니를 미국인 최초의 성인으로 시성하려고 하는지(마더 카브리니는 1946년 7월 7일에 성인으로 시성되었다.-편집자 주) 잘 알려줄 것이다.

이 책을 쓰는 데 사용한 자료는 위에 언급한 관계자들이 제공해주었으며, 여기에는 접근 가능한 중요 자료가 모두 포함되었다. 하지만 저자는 추가 조사를 게을리하지 않았고, 특히 마더 카브리니와 친밀한 관계였던 수도회 구성원과의 많은 인터뷰가 큰 도움을 주었다.

이로 인해 이 책은 엄격한 현실주의 작품 같은 분위기를 갖추었고, 여기 충실하게 적힌 '사실'들은 이 영적 모험기의 매력을 한층 풍성하게 만든다.

그렇게 해서 저자는 기독교 역사 전체에 보기 드문 유형의 여성 사도인 마더 카브리니의 삶과 성격을 생생하고 뜨겁게 그려냈다.

이 책의 책장을 넘기면서 우리는 작은 체구에 놀라운 영적 능력을 지닌 이 뛰어난 여성을 직접 마주하게 된다. 폭풍이 치는 바다와 거친 절벽을 넘어가는 위험천만한 여행에 함께 참여한다. 원시의 정글은 아니지만 암울한 문명이 대도시의 심장부에 퍼트린 슬럼가를 돌아다니게 된다.

그리고 이 모든 이야기는 끊임없이 생사의 위기를 넘나드는 병약한 한 여자가 인간 의지와 결단력이 신의 은총을 만나면 무엇을 이룰 수 있는지 보여주는 증언이다. 그녀의 다정한 미소와 친절한 눈빛은 가난한 자와 버림받은 자를 위해서라면 순식간에 불타올랐다. 세상의 권세 있고 재력 있는 자들은 그녀를 무시했지만 그녀는 가는 곳마다 불가능에 가까운 일을 이루어냈다.

하느님의 영광과 영혼의 구원을 향한 담대한 사업을 시작할 때, 카브리니는 사실상 무일푼인 상황에서도 학교와 고아원, 병원을 세웠다. 이어 장기적인 안목으로—때로는 꿈의 계시를 통해서였지만—멀리 떨어진 여러 나라에 가서 광범위한 사회, 종교, 교육, 보건, 문화적 개발에 적합한 부지를 한눈에 알아보고 선정했다.

마더 카브리니는 한마디로 하느님의 마음을 따라 성 바오로처럼 자신에게 힘을 주시는 분 안에서 모든 것을 할 수 있었다.

선교수녀회가 아직 작을 때는 수녀회가 벌이는 다양한 사업에 필요한 인력도 훈련시키고, 이를 위해 이탈리아, 스페인, 미국 같은 주요 중심지에 카브리니의 도전적인 해외 확장과 발맞출 수 있는 내부 인력 개발 시스템도 갖추어야 했다.

카브리니와 가까웠던 사람들이 전하는 수많은 일화도 놀랍고 일반적인 이해를 뛰어넘지만, 카브리니 인생에서 가장 경이로운 것은 그분의 성취 자체다. 카브리니가 거듭해서 말하듯이 그분에게는 '세상이 너무 좁았다.' 카브리니 마음속의 타오르는 열정은 오직 하나, 모든 인류가 하느님을 알고 사랑하고 섬기게 만드는 것이었다. 그렇게 불꽃 같은 인생을 살면서도 카브리니는 언제나 섬세하고 깊은 인간적 면모를 잃지 않았다.

오늘날 지상의 모든 욕망이 모여드는 대도시 뉴욕에 카브리니의 유해가 영원히 안식하고 있다. 카브리니가 전 세계를 누빈 여정은 카브리니의 수호 성인인 성 프란치스코 하비에르의 여정을 뛰어넘는다. 그의 이름 하비에르를 자신의 미들 네임으로 삼은 카브리니는 선교에 대한 열정 또한 눈부시게 이어받았다.

S.J. 조지프 허슬레인 박사
과학문화 시리즈 편집장
세인트루이스 대학
1945년 1월 9일

프롤로그

뉴욕의 첫날

1889년 3월의 마지막 날은 어둡고 칙칙했다.

뉴욕항으로 들어가는 배는 거센 바람이나 눈을 만날 수도 있었고 높고 빛나는 하늘을 마주할 수도 있었는데, 그날은 안개처럼 흐릿한 가랑비가 내릴 뿐이었다. 3월의 마지막 날은 사자처럼 거세지도 않고 양처럼 온순하지도 않았다. 아마 해파리와 비슷했을 것이다―차갑고 축축하고 흐늘흐늘하지만 어디엔가 독침이 숨어 있는.

부르고뉴호는 프랑스 르아브르에서 8일간의 항해를 거쳐 뉴욕에 도착했다. 3등 선실에는 대부분 이탈리아 출신인 이민자 1,500명이 가득했다. 그들은 설령 날씨가 좋았거나 배가 편했다 해도 여행이 그다지 즐겁지 않았을 것이다. 이민자들 대부분은 바다를 겁낸 나머지 배가 항구를 떠나자마자 병이 났다. 어떤 이들은 출발 전 배의 갑판에 발을 디딘 순간부터 뱃멀미에 시달렸다. 뉴욕의 이탈리아 이민자를 돕기 위해 수녀원을 떠난 이탈리아 롬바르디아 지방의 젊은 수녀 일곱 명도 마찬가지였다. 하지만 그들 중 한 사람은 예외였다. 그 사람은 그들의 지도자일 뿐 아니라 새로운 수도회를 세운 창립자이기도 했다.

프란체스카는 뱃멀미의 여부를 훨씬 뛰어넘는 인물로, 이후 미국 시민권을 얻으며 미국인으로서 최초로 성인으로 시성을 받았다. 그녀의 이름은 프란체스카 카브리니Francesca Cabrini였다.

그녀는 어린 시절부터 품었던 선교의 열정을 담고자 자신의 이름에 하비에르Xavier—이탈리아어로는 사베리오Saverio—를 더했다. 드디어 오랜 꿈을 실현하고 필생의 과업을 시작하게 되었기에 그녀의 가슴은 한껏 부풀었다. 우중충한 하늘도 금빛과 같았다.

그녀는 새벽부터 갑판에 나와 롱아일랜드의 낮은 해안을 관찰했다. 일행 몇 명은 용기를 내서 대서양 항해 내내 틀어박혀 앓던 선실에서 빠져나왔다. 육지를 보면 기운이 생길지도 몰랐다. 하지만 아침 안개 때문에 거의 아무것도 보이지 않았다. 일행은 바로 선실로 돌아가서 다시 이불을 뒤집어쓰고 묵주기도를 했다. 배가 부두에 정박하면 그때 일어나도 좋을 것 같았다.

한 명은 마더 카브리니 곁에 남았다. 카브리니에 대한 애정으로 다시 눕고 싶은 욕망을 이겨냈다. 프란체스카가 수녀에게 소리쳤다. "저길 봐요! 갈매기가 정말 예뻐요. 우리를 돌봐주러 오는 수호천사 같지 않아요?"

딱한 수녀는 힘없이 고개를 저었다. 몸이 너무 안 좋아서 도저히 그렇게 보이지 않았다. 그녀는 솔직히 말했다. "아뇨, 원장 수녀님. 안개를 뚫고 나오니까 더 유령 같아요. 아니면……."

"아니면 뭐요?"

"유령보다 더 나쁜 것, 이를테면 길 잃은 영혼이나 악마 같아요."

프란체스카는 젊은 수녀의 창백한 얼굴을 보았다. "몸이 안 좋아 보여요. 선실의 다른 수녀님들에게 돌아가는 게 어때요?"

이제 프란체스카는 갑판에 혼자 남아서 안갯속을 바라보았다. 식당이나 선실에 들를 때를 빼면 종일 거기에 있었다. 다른 수녀들은 아직도 기운을 내지 못했다. 머리 위로 길게 울리는 안개 경보와 그에 대답하는 경적이 이제 상륙이 멀지 않았음을 알려주면서 섬뜩한 느낌도 함께 안겨주었기 때문이다.

프란체스카 카브리니는 갑판에 서서 흐린 잿빛 너머로 뉴욕의 윤곽을 찾아보려고 했다. 하지만 배는 자꾸 멈추면서 천천히 움직였고, 늦은 오후가 되어서야 한두 차례의 낮은 충돌음과 함께 부두로 들어섰다.

볼 만한 것은 별로 없었다. 항구 직원이 다가오자 프란체스카가 프랑스어로 물었다. "유명한 자유의 여신상은 어디 있나요?" 당시 자유의 여신상은 완성된 지 한두 해밖에 되지 않았고 지금보다 큰 화젯거리였다.

"저쪽입니다, 수녀님."

뉴욕행 배

"하지만 보이지 않는데요."
"오늘은 안 보일 거예요."

19세기에도 이미 유명했던 뉴욕의 스카이라인 역시 희미하게 보였다. 프란체스카의 눈은 모든 것을 보고자 했지만 보이는 것이 없었다. 프란체스카는 수도회를 세우기 전까지 고개는 항상 꼿꼿이 세웠고 눈길은 낮추었다. 그녀는 천성적으로 수줍고 조용한 사람이었지만 지난 10년 동안 그 모든 것을 바꾸어야 했다. 수도회 총원장으로서 지금은 항상 눈을 크게 뜨고 있어야 했다.

안타깝게도 지금은 눈을 크게 떠도 별 소용이 없었다. 어쨌건 이제는 이곳 뉴욕에서 일해야 했다. 눈앞에는 안개뿐이라도 미소 띤 그녀의 길고 단단한 입술은 무사히 도착한 데 대한 감사의 기도를 멈추지 않았다.

사명을 따라서

뉴욕으로 오기 위해 그녀는 오랜 꿈을 저버렸다. 어린 시절 프란체스카는 중국에 선교를 가고 싶어했고, 성심선교수녀회 역시 중국을 염두에 두고 세웠다. 피아첸차의 스칼라브리니 주교가 프란체스카에게 그보다 뉴욕의 가난한 이탈리아 이민자들을 먼저 돕는 게 어떠냐고 제안했을 때 그녀는 말했다. "하지만 뉴욕은 저에게는 너무 좁은 곳이에요."

주교는 미소를 지었다. "그러면 미국은 어떤가요, 원장 수녀님? 그 정도면 넓지 않은가요?"

프란체스카는 미소로 답했다. "아뇨, 저에게는 전 세계도 좁아요."

프란체스카가 레오 13세 교황 앞에 무릎을 꿇고 자신의 야심을 드러냈을 때 운명이 결정되었다. 흰 예복을 입고 흰 모피로 가장자리를 두른 진홍색 망토를 걸친 노교황(老敎皇)은 그녀의 머리에 손을 얹었다. 프란체스카가 거칠면서도 섬세한 그의 얼굴을 올려다보자 그가 부드럽게 말했다. "동쪽이 아니라 서쪽으로 가세요, 수녀님."

그녀는 한치도 망설이지 않았다. 교황이 의뢰한 일을 실패할 수 없었다. 교황은 프란체스카, 그리고 동행 수녀 여섯 명의 뱃값을 지급했다. 그들은 3등 선실에서 만난 빈자들의 수녀회 소속 수녀 두 명보다는 확실히 형편이 나았다. 교황의 도움이 없었으면 프란체스카도 3등 선실에 타야 했을 것이다. 프란체스카는 선장에게 이야기해서 그들을 자신들과 같은 2등 선실로 옮겨주었다. 그녀는 다른 사람을 위한 일에는 언제나 적극적이었다. 저녁이면 갑판에 나갈 만한 상태의 수녀들이 모여서 '아베 마리스 스텔라'를 불렀다.

선실에 있는 단출한 짐 가운데 가장 중요한 것은 프란체스카를 미국 주교들에게 소개하는 추천서들이었다. 그중에서도 젊은 몬시뇰 자코모 델라 키에사가 작성한 추천서가 가장 중요했다. 프란체스카와 평생의 친구로 지낸 델라 키에사는 나중에 교황 베네딕토 15세가 된다. 그 편지는 포교성 장관 시메오니 추기경이 서명했다. 이보다 더 강력한 추천서를 받기는 어려웠다.

프란체스카가 떠맡은 일은 그녀가 아닌 누구라도 혀를 내두를 만한 내용이었다. 코리건 대주교가 그녀에게 뉴욕의 이탈리아인들을 위해 활동해달라고 부탁했다. 그들을 맞이할 수녀원은 준비되어 있는 것 같았지만, 그녀는 무일푼이었고 미국은 돈이 넘치는 나라였다. 게다가 프란체스카는 영어도 거의 몰랐다. 미국인에게 그녀가 내세울 수 있는 것은 신앙심과 강인함뿐이었다. 프란체스카는 자신 안에서 이런 감정을 느끼며 스스로 놀라고 있었다. 이후에는 그녀의 크나큰 능력과 용기에 미국인들도 감탄했다.

새로운 상황을 맞닥뜨린 프란체스카는 자신에게서 전에는 몰랐던 면모가 솟아나는 것을 느꼈다. 이제 어려움과 씨름하리라는 사실은 그녀를 강하게 만들었다. 프란체스카가 움직이는 이유는 교황에 대한 순명이었다. 하지만 이제 자신이 가진 모든 능력을 끌어내야 했다. 여섯 명의 수녀를 등에 업다시피 하고 대서양을 건너는 일쯤이야 앞으로 해야 할 일에 비하면 사소했다. 내륙 지방인 롬바르디아에서

― 마더 카브리니

나고 자란 수녀들은 단단한 땅에 내려서면 바로 상태가 좋아질 것이다. 어쩌면 뱃멀미 때문에 그들이 지금의 괴로움 이외에 아무것도 생각할 수 없으니 다행인지도 몰랐다. 그들은 프란체스카가 모든 일을 해결할 거라고 믿고 의지하는 데 익숙했다. 그들에게는 프란체스카의 눈에 보이는 어려움이 떠오르지 않았다. 그날 밤은 뉴욕의 수녀원에서 잘 수 있다는 사실이 그들의 큰 위안이었다.

오후 늦게 배에서 내렸고, 세관원이 그들의 간소한 짐에 분필 표시를 했을 때는 이미 7시도 지나 있었다. 모렐리 신부와 성가롤로보로메오회(스칼라브리니 주교가 이탈리아 이민자 지원 사업을 위해 세운 교단) 소속 신부가 부두에서 그녀를 맞이해 통역 역할을 해주었다. 아일랜드 출신 세관원이 "절 위해 기도해주세요, 수녀님." 하며 그녀를 빠르게 통과시켜주었다.

모렐리 신부가 그 말을 통역하자 프란체스카는 미소 띤 얼굴로 "시Sì! 시![이탈리아어로 '네'라는 뜻.]" 하고 말했다. 아일랜드 세관원은 그 대답을 알아들은 것 같았다.

두 사제는 수녀들을 루스벨트 스트리트 23번지에 있는 성요아킴 교회 사제관으로 데리고 갔다. 정확히는 추후 사제관이 될 곳이었고, 사제들은 시설을 꾸리는 동안 근처의 셋집에 살고 있었다. 어쨌건 거기에는 진짜 이탈리아 식사가 있었다. 얼마나 맛있던지, 배에서 거의 아무것도 먹지 못한 수녀들이 기력을 찾는 데 도움이 되었다. 그들의 뱃멀미는 육체적인 현상일 뿐 아니라 심리적인 현상이기도 했다. 젊고 건강한 수녀들은 이제야 몰려오는 허기와 함께 감사한 마음으로 식사를 했다.

하지만 식사하는 동안 프란체스카는 사제들의 불안을 감지했다. 물론 그들은 수녀들을 따뜻하게 맞았고 스칼라브리니 주교가 편지로 알린 수녀들의 도착을 기뻐하는 듯했다. 다만 활기찬 대화 도중 끼어드는 어색한 침묵이 신경 쓰였다.

이유는 곧 드러났다. 식사가 끝나자 프란체스카는 머뭇거리지 않고 물었다. "이제 저희가 바로 일어나도 좋을까요? 수녀님들이 모두 너무 피곤해해요. 저희를 수녀원으로 데려다주시면……."

그 말과 함께 내린 침묵은 어색한 정도가 아니었다. 모렐리 신부가 어깨를 으쓱하고 두 손을 크게 움직이면서 웅얼웅얼했다. "아, 원장 수녀님, 수녀원이……." 그는 문장을 맺지 못했다. 다른 신부가 그에 이어 더듬더듬 말했다. "원장 수녀님, 저희 잘못이 아니에요. 정말로요."

프란체스카는 놀란 얼굴이 되었다. "무슨 말씀인가요?"

모렐리 신부는 민망함에 어깻짓과 손짓이 더욱 커졌다. "원장 수녀님, 안타깝지만 수녀원이 없습니다."

수녀들은 당황해서 얼굴이 하얘졌다. "수녀원이 없다고요!" 프란체스카가 소리쳤다. "한 곳을 준비해두실 거라고 들었는데요."

"준비되기는 할 겁니다, 언젠가요. 대주교님은…… 어려움이 있어요. 말하자면 길어요. 원장 수녀님은 내일 대주교님을 만나실 겁니다. 저희 잘못이 아니에요."

거기서 더 이야기해봐야 소용이 없을 게 분명했고, 신부들도 이 당황스러운 사실밖에 아는 게 없어 보였다. 그들은 수녀원으로 쓸 건물은 있는지, 만약 있다면 언제 쓸 수 있는지 전혀 몰랐다.

"그러면 오늘 밤은 어떻게 해야 하나요?"

모렐리 신부는 호텔은 어떠냐고 넌지시 물었다.

1889년에 전화가 있긴 했지만 쓰는 사람이 적었고 신부들도 가지고 있지 않았다. 그러니 빠르게 호텔에 연락할 방법 또한 없었다. 게다가 마더 카브리니의 형편으로는 하룻밤이라도 호텔에 묵기 힘들었다.

모렐리 신부가 다른 제안을 했다. "근처에 하숙집을 찾을 수 있을지도 모릅니다. 하숙집에서 주무셔도 괜찮으실까요?"

"좋아요. 저는 내일 코리건 대주교님을 만날 거예요. 무슨 착오가 있었겠죠. 하룻밤이라면 하숙집에서 지낼 수 있어요. 여기서 가까우면 더 좋고요. 모두 잠을 자고 싶어해요."

하숙집은 리틀 이탤리에 있었다. 프란체스카가 이후 미국에서 수없이 볼 지역이었다. 리틀 이탤리에 위치한다는 사실만으로도 그 하숙집이 적절하게 느껴졌다. 게다가 차이나타운이 근처였다. 중국으로 선교를 가지는 못했지만 이곳에서도 중국인들을 마주칠 수 있을 것이다. 수녀들은 하숙집을 살펴보지도 않고 그냥 가기로 했다. 그들은 잠이 필요했다.

하지만 찾아간 하숙집에서 잠을 청하기란 불가능했다. 수도회 설립 초기에 군인처럼 밀짚을 깔고 잔 적도 많았지만, 그 집은 도저히 맨바닥에 누울 수 없을 만큼 더러웠다.

수녀 한 명이 이불을 뒤집어보다가 소리쳤다. "악! 뭐가 막 기어다녀요!"

프란체스카가 확인하고는 낙심 속에 물러났다. "나도 보여요." 냄새 나는 침구에 빈대가 가득했다. 이탈리아의 수녀원은 초라했지만 청결만큼은 나무랄 데 없었다. 가난한 건 괜찮아도 불결하고 비위생적인 것은 달랐다.

그래도 프란체스카는 그들을 격려했다. "여러분, 우리는 선교사예요. 선교사는 어려움을 기꺼이 맞이해야 해요. 고난은 하느님이 우리를 축복해주실 거라는 신호예요."

그렇게 더러운 침구를 덮고 자기란 불가능했다. 피곤했던 그들은 의자에 앉아서 테이블이나 벽에 머리를 기대어 쪽잠을 잤고, 그러다 이따금 벌레가 몸 위를 기어다니는 듯해 번쩍 잠이 깨곤 했다. 그 느낌은 착각만은 아니었다. 어둠 속에 쥐가 움직였고 빈대 몇 마리가 다가왔다. 매일 아침 창문을 열고 매트리스와 침구를 탈탈 터는 이탈리아인들에게는 차라리 순교하는 쪽이 더 쉬웠을 것이다.

프란체스카는 수녀들에게 최대한 자두라고 말했지만 자신은 잠을 잘 생각이 없었다. 그녀는 이런 일에 까탈스러운 편이었고 쥐도 남들만큼 싫어했다. 그래서 침대의 헤드에 기댄 채 기도하며 밤을 보냈다.

난관이 닥쳤음에도 프란체스카는 이상한 기쁨을 느꼈다. 그동안의 경험을 통해서 초입의 어려움과 낙담은 성공의 표지임을 알았기 때문이다. 신이 어떤 시련을 보낼지 예견할 수는 없었다. 이런 예기치 못한 난관은 신의 사랑에 대한 프란체스카의 믿음을 흔들지 않았다. 다가올 하루 역시 새로운 시련을 안겨줄 게 분명했기에—모렐리 신부의 말을 들으면 무언가 문제가 있었기 때문이다—그녀에게는 더욱 기도가 필요했다. 프란체스카는 조용한 자각몽을 꾸는 듯한 상태로 침대보다 신의 가슴에 더 많이 기댄 채 밤을 보냈다.

뉴욕의 대주교

힘든 밤을 보낸 프란체스카 일행은 아침에 센트럴 스트리트의 이탈리아 교회로 미사를 하러 갔다. 원래 창고였던 건물이라 아직도 투박한 느낌이 났지만 전에 없이 허기진 마음으로 천국의 빵을 받았다. 바다를 건너는 동안 식사를 제대로 하지 못했기 때문에 빵이 특별히 반가웠다. 낯선 교회에서 대주교와의 면담이 잘 되기를 기도했다. 오전 중으로 산가롤로보로메오회 신부 두 명과 함께 매디슨 대로에 있는 대주교의 집으로 찾아갔다.

마이클 오거스틴 코리건은 당시 50대에 불과했지만 이미 16년 전에 주교 자리에 오른 인물이었다. 처음에는 자신이 태어난 뉴어크에서 봉직했고, 이후 뉴욕으로 와서 매클로스키 추기경의 보좌주교로 있다가 뒤를 이어받았다. 그는 친절하고 미소로 가득했다. 사실 웃고 있으면 살짝 일그러진 입 한쪽을 감출 수 있었기 때문에 필요 이상으로 웃곤 했다. 이 때문에 그는 약간 가식적으로 보였고, 싫어하는 사람들은 그를 '웃는 미키'라고 불렀다.

프란체스카 일행이 찾아왔을 때 그는 처음에는 미소를 짓지 않았다. 그는 그들의 방문에 크게 놀랐고 얼마간 짜증도 느꼈다. 여러 해가 지난 뒤 그때 수녀 한 명이 그날의 접견을 글로 표현했는데, 주교가 아주 냉랭해 보였다고— '마시마 프레데차massima freddezza'[이탈리아어로 '최고의 차가움'이라는 뜻.]라는 말로— 했다. 어쩌면 그가 몹시 당황해서 무슨 말을 해야 할지 몰랐기 때문인지도 모른다. 하지만 곤경에 빠져 예민해진 수녀들에게 열렬한 환영이 아닌 반응은 모두 차갑게 느껴졌다.

대주교가 바로 물었다. "그러면 아직 오시지 말라는 제 편지는 못 받으신 건가요?"

"네, 주교님. 그런 편지는 받지 못했어요. 아마 저희가 떠난 뒤에 유럽에 도착한 것 같습니다. 스칼라브리니 주교님은 준비가 다 되어 있다고 하셨는데 와보니 사정이 전혀 다르네요."

"원장 수녀님, 저는 수녀님들이 이렇게 일찍 오실 줄 몰랐습니다. 2월의 편지에는 5월에 오실 것 같다고 하지 않으셨나요?"

"5월 '전'이라고 썼던 것 같은데요."

"아, 말씀 듣고 보니 그랬던 것 같네요. 그래도 3월 마지막 날 오실 줄은 몰랐습니다. 원장 수녀님은 약속보다 실행이 앞서는 드문 분 같네요."

이 말에 그때까지 불안한 표정이던 수녀들의 얼굴에 처음으로 희미한 미소가 떠올랐다. 그들은 이런 일이 생기면 원장 수녀에게 대화를 맡기는 데 익숙했다. 아마도 속으로 이렇게 대답했을 것이다. "저희 원장 수녀님이 원래 그래요. 번개처럼 움직이시죠."

이번에 대주교는 억지로 웃을 필요가 없었다. 하지만 금세 심각한 표정으로 되돌아왔다. 어찌 되었건 그는 오해가 발생한 데 대해 사과했다. 피로와 불안에 잠긴 수녀들의 얼굴을 보니 더 미안한 마음이 들었다. 다만 프란체스카는 지친 와중에도 강한 결단력이 빛났고 말할 때마다 눈빛도 반짝였다. 그는 이미 그녀가 보기 드문 인물이라는 판단을 내렸다.

어쨌건 대주교는 로마에서 신학을 공부해서 이탈리아어를 할 줄 알았다. 프란체스카에게 지금 상황을 정확히 전달해야 했으니 그때 배운 언어가 요긴했다.

그는 고약하게 굴고 싶지 않았지만 자기 생각을 분명히 전달할 필요가 있다고 느꼈다. "지금 상황에서는 솔직하게 수녀님들이 여기서 무슨 성과를 내실 수 있을 것 같지 않습니다. 그런데 이렇게 오셨으니 참 불운이네요. 조언해드리자면 타고 오신 배를 타고 다시 유럽으로 돌아가시라고 권해드리고 싶습니다."

수녀들은 얼굴이 하얘졌다. 그 힘든 여행이 다 헛수고였단 말인가? 드디어 끝났다고 생각했는데 다시 바다로 나가 똑같은 일주일을 보내야 하는가? 생각만으로도 뱃멀미가 이는 것 같았다.

하지만 겁먹을 필요는 없었다. 그들에게는 강인한 원장 수녀가 있었다. 프란체스카는 특유의 높고 단호한 목소리로 대주교에게 대답했다.

"안 돼요, 주교님." 프란체스카는 천천히 고개를 저었다. "그럴 수는 없어요. 저는 교황 성하의 명령을 받고 뉴욕에 왔어요. 여기를 떠날 수는 없습니다."

대주교는 프란체스카를 날카롭게 바라보았다. 교황의 명령이라면 모든 게 달라진다. 이 자그마한 수녀에게 자신을 모욕할 뜻은 없어 보였다. 하지만 사람들은 때로 자신에게 없는 권한이 있다고 착각하는데, 교회의 일에는 특히 그런 경우가 많았다. 그는 온화하게 물었다. "그 말씀을 증명할 편지를 갖고 오셨나요?" 프란체스카는 주교 앞 테이블에 편지 다발을 내려놓았다. 언뜻 보아도 그녀의 말이 맞다는 걸 알 수 있었다. 포교성 장관 시메오니 추기경이 서명한 편지에는 프란체스카가 '포교성의 명령으로' 왔다고 적혀 있었는데, 교황이 직접 명령했다는 뜻이었다. 그렇다면 뉴욕의 대주교라도 자신의 생각대로 프란체스카를 떠나보낼 수는 없었다.

대주교도 프란체스카를 떠나보내기 싫어졌다. 은은하게 타오르는 프란체스카의 솔직한 눈을 들여다본 사람들이 대개 그러듯이 그도 이 사람은 쉽게 거부할 수 없다고 느꼈다. 그녀의 열의, 차분한 결연함이 그의 마음을 움직였다. 대주교는 자리에서 일어섰다.

"물론 수녀님들이 어젯밤 같은 일을 다시 겪으실 수는 없습니다. 모렐리 신부님이 루스벨트 스트리트에 지내실 곳을 구하고 있다고 합니다. 그분도 놀라셨을 거예요. 나중에 더 자세히 말씀드릴 기회가 있을 겁니다. 하지만 지금은 쉴 곳을 마련해드려야지요. 저와 함께 가실 수 있으면······."

대주교는 실크 모자를 쓰고 수녀들과 함께 매디슨 대로를 한 블록

걸었다. 51번가 모퉁이에 훗날 가톨릭 신학교가 되는 붉은 벽돌 건물이 있었는데, 당시에는 뉴욕 관구 소속인 자비의 성모 수녀원이 쓰고 있었다. 그들은 고아원을 운영했고 아일랜드인인 메리 마르타 원장 수녀는 오갈 데 없는 이탈리아 수녀들을 딱하게 여겼다. 마르타 원장 수녀는 멀리서 온 수녀들을 반겼다.

"그럼요, 몬시뇰 님. 당연히 여기서 지내실 수 있죠. 모두가 반가워할 겁니다."

외면받는 이탈리아 이민자를 위하여

그 뒤로 하루이틀 정도 지났을 때 대주교가 그렇게 행동했던 이유가 밝혀졌다. 먼저 모렐리 신부가 입을 열었다. "미국 주교님들이 다 그렇듯이 코리건 대주교님도 이탈리아 이민자에게 도움을 주고 싶어 하지만 많은 성직자가 우리에게 편견을 갖고 있어요. 그리고 이민자들이 미국 관습을 잘 이해하지 못하기도 하고요. 우리 동포들은 교회에 가면 작은 액수라도 헌금 내는 걸 싫어해요. 이탈리아에서는 그럴 필요가 없었으니까요. 그런 일로 불평하는 게 사제들의 불만을 사고 있죠. 그래서 어떻게 됐냐면요, 우리 이탈리아인들은 교회에 가면 지하에서 따로 미사를 봐야 해요. 그렇게 다른 사람들과 단절되니 주님의 집에서도 따돌림을 받는다고 느낍니다. 또 개신교회에서 그 사람들을 빼가고 있어요. 이탈리아 시골 출신들은 개신교회라는 걸 들어본 적도 없어서 자신들이 잘못한다는 것도 몰라요. 그러니 점점 사람이 줄어들 수밖에 없죠!"

"신부님. 그러면 이탈리아 사제와 수녀들이 그 사람들을 상대로 더 많은 일을 해야 하는 거 아닌가요?"

"물론 그렇죠. 어쨌건 그래야 하죠. 하지만 이제 수녀님도 이탈리아인이 왜 다른 가톨릭 신자들한테도 무시당하는지 어느 정도 이해하실 겁니다. 그분들한테는 별로 도움을 기대할 수 없어요. 우리끼리 서로 단합이 잘 안 됩니다. 앞으로 많은 어려움에 부딪히실 거예요."

"어려움은 예상했어요." 프란체스카가 차분하게 대답했다.

프란체스카는 고아원을 기부하기로 했던 여자와 만나 이야기를 들어야 했다. 그녀는 메리 레이드라는 미국인으로 이탈리아 이민자인 팔마 디 세스놀라 백작의 아내였는데, 백작은 이탈리아 통일 운동 당시 뉴욕으로 망명해서 메트로폴리탄 미술관의 관장이 되었다. 메리 레이드는 수녀원에 기증하려고 자신과 친구들의 돈을 모아 이스트 59번가 43번지에 집을 한 채 마련했다. 다만 대주교가 그 위치에 고아원이 들어서는 걸 반대한다는 것이 문제였다.

백작 부인은 프란체스카에게 그 집을 인수해서 대주교의 뜻을 돌려달라고 부탁했다. 프란체스카는 거절했다. "제가 교황 성하의 명령을 받고 왔지만 대주교님의 축복도 필요합니다. 기다리겠습니다."

프란체스카를 다시 만났을 때 대주교는 말했다. "백작 부인이 수녀님을 그 부유하고 화려한 동네에 들이려고 하다니 말도 안 돼요. 수녀님을 그런 곳으로 보낼 수는 없습니다."

"하지만 대주교님, 백작 부인은 거기 고아원을 세우면 세간의 눈길을 끌고 많은 지원을 받을 수 있다고 생각하시던데요."

"너무 많은 눈길을 받아서 문제예요. 아무 도움도 안 되는 눈길들을요. 이런 일은 제가 결정하게 해주세요. 거기 이탈리아 고아원을 지으면 큰 반감을 일으킬 겁니다."

대주교의 반대에는 이유가 있었다. 그는 이탈리아 이민자들이 얼마나 멸시받는지 알았고, 외국인에 대한 미국인들의 은근한 반감을 다시 자극할까 봐 두려웠다. 최근까지 멸시의 대상은 그의 민족인 아일랜드인이었다. 2년 전 결성된 미국보호협회American Protective Association는 과거의 노나싱즈Know-Nothings에 비하면 아무것도 아니었다. [둘 다 19세기 미국의 반이민, 반가톨릭 비밀단체.] 하지만 대주교는 그들에게 빌미를 주고 싶지 않았다. 반이민주의는 사회경제적 문제에서 비롯되었지만 항상 가톨릭에 대한 반대로 귀결되었기 때문이다.

대주교가 말을 이었다. "이탈리아인들이 조용히 리틀 이탤리에서만 살면 큰 문제는 없을 거예요. 하지만 59번가에 몰려 나타나는 건 너무 위험해요. 수녀님 몇 분을 성요아킴 교구에 교사로 보내주실 수 있다면 그쪽이 좋을 겁니다. 다운타운에 고아원을 세워도 좋고요. 하지만 체스놀라 백작 부인의 계획은 절대 반대입니다."

"하지만 부인은 이미 집을 빌려서 시설까지 꾸며놓으셨어요, 주교님."

"그래요, 내 허락도 없이 말예요. 어쨌건 제가 수녀님들이 여기서 하실 일을 찾아드리겠습니다. 재정적 도움은 못 드리지만요. 학교는 가능하지만 고아원은 안 돼요."

마더 카브리니가 할 수 있는 최선은 대주교와 백작 부인을 만나게 하는 것이었다. 그때까지 긴장되어 있던 두 사람의 관계를 생각하면 작으나마 의미 있는 전술적 승리였다. 대주교는 이번에는 논점을 살짝 바꾸어서 그 정도의 물질적 지원으로는 부족하다고 했다. 그가 그 말을 꺼낸 이유는 추가적인 논증을 위해서였지만, 프란체스카는 얼른 물질적 지원을 주요 이슈로 만들었다.

"그러면 자원의 문제네요, 대주교님?" 그녀가 담백하게 물었다.

"그뿐만은 아니고 다른 것도 있습니다, 수녀님. 하지만 우선 그 문제를 살펴보면 지금 갖고 계신 돈이 얼마나 되나요, 백작 부인?"

"5천 달러입니다, 대주교님." 백작 부인이 말했다.

"5천 달러는 충분하지 않아요! 그게 얼마나 가겠습니까? 연말이면 바닥날 텐데 그다음에는 어떻게 하나요?"

백작 부인도 머리 회전이 빠르고 추진력이 있었다. 그녀는 직감적으로 이 문제에 집중해서 59번가라는 입지의 문제를 논의에서 제외했다. 그리고 무릎을 꿇고 간청했다. "대주교님, 저희가 하느님께 기도할 때 일용할 양식을 빌지 일 년의 양식을 빌지는 않잖아요!"

프란체스카는 무릎 꿇지 않았다. 감정이 격렬해지는 순간들에 대처하는 법을 익혔기에 꼿꼿이 서 있었지만, 영어를 알아듣지 못해서 약간 어리둥절하기도 했다. 대주교는 부인을 일으켜 세웠다. 이런 말싸움은 소용없는 일이었다. 이제 이 세상에 불가능한 일을 이룰 사람이 있다면 이 이탈리아 수녀일 거라는 생각마저 들기 시작했다. 대주교는 상황을 받아들이고 점잖게 물러섰다.

―마더 카브리니

"좋습니다. 좋아요. 이미 집을 빌렸으니 카브리니 수녀님께 맡기겠습니다."

수녀들은 뉴욕 도착 후 겨우 3주 만인 4월 21일에 그 집에 갔다. 그런데 문 앞에 선물이 있었다. 예수 성심상이었다. 집에 아무도 없어서 문 앞에 두고 간 모양이었다. 성상 기단에는 빵도 있었다. 프란체스카는 그것을 신호로 여기고 소리쳤다. "보세요! 섭리는 우리 고아들을 버리지 않을 거예요."

그 주의 일요일은 주의 수난성지주일이었는데, 대주교가 축복한 종려 가지를 가지고 왔다. 프란체스카는 대주교에게 건네받은 가지를 승리의 종려로 삼았다. 위대한 선교 여정이 그렇게 시작되었다.

롬바르디아의 빛

1장
―
어린 시절의 꿈

프란체스카 카브리니는 롬바르디아 평원에 있는 소읍 로디 근처의 산탄젤로 마을에서 태어났다. 어린 시절 그녀는 집에서 몇 킬로미터 거리에 있는 리바그라의 삼촌 집에 자주 놀러 갔다. 지역 사제였던 삼촌 돈 루이지 올디니는 자비가 넘쳐서 가난한 사람을 보면 신발을 벗어주고 이불까지 주는 사람이었다. 그래서 '자기 살림을 도둑질하는 사람'이라는 별명이 있었다.

프란체스카는 삼촌을 좋아했는데, 그가 다정하기도 했지만 삼촌 집에 가면 집에서는 못 하는 자신만의 놀이를 할 수 있었기 때문이다. 리바그라에 흐르는 깊고 빠른 베네라 강은 강변에 벽을 치고 운하가 건설되며 유속이 더 빨라졌다. 이 운하는 프란체스카의 상상 속에서 드넓은 바다가 되었다. 프란체스카는 종이배를 접고 거기 제비꽃을 실어서 물에 띄워 보냈다. 제비꽃은 프란체스카가 온 세상에 보내고 싶은 선교사였다.

프란체스카는 늘 혼자 이 놀이를 하며 자신의 상상에 즐거워했다. 수줍은 아이였던 프란체스카는 다른 사람과 함께 놀면 놀이의 재미가 사라진다고 직감했다. 이따금 사내아이들이 운하 변 도로를 지나갔다. 그들은 조롱과 부러움이 섞인 표정으로 프란체스카를 힐끔 보고 웅얼거렸다. "여자가 배에 대해 뭘 안다고!" 여자아이들이 와서 뭘 하는 거냐고 물어도 프란체스카는 설명하지 않았다. 프란체스카는 제비꽃이 선교사라고 말하지 않았다. 루이지 삼촌만이 제비꽃이 무엇을 뜻하는지 눈치챘다. "좋구나, 체키나. 하지만 물에 빠지면 안 되니까 조심하거라."

누구도 배에 제비꽃을 실어 보내는 놀이가 특별히 위험하다고 생각하지 않았다. 여덟 살의 어느 날 프란체스카는 이 놀이에 지나치게 빠져 있었다. 배를 띄우려고 제방에서 몸을 기울이다가 그만 운하에 빠지고 말았다. 운하는 아래쪽에서 터널로 이어졌기에 그대로 물에 쓸려갔으면 익사했을 터였다. 다행히 누군가 떠내려가던 아이를 끌어올려 주었고, 프란체스카는 강둑에 누워 놀란 가슴을 달랬다.

물에 젖은 프란체스카를 본 한 소년이 돈 루이지의 집에 달려가서 소리쳤다. "얼른 가보세요! 체키나가 물에 빠져 죽은 것 같아요!"

놀라서 뛰쳐나온 삼촌이 아이를 살펴보려고 고개를 숙였을 때 프란체스카가 눈을 떴다.

"아이고 하느님. 살아 있구나! 누가 널 구해준 거니?"

"몰라요. 정신을 차려보니까 여기 누워 있었어요."

돈 루이지는 생각에 잠겼다. "구해준 사람을 정말 못 봤니, 체키나?"

아이는 고개를 끄덕였다.

"나는 알겠다. 수호천사님이 구한 거야."

그는 프란체스카를 번쩍 안고 집으로 갔다. 가정부가 아이를 침대에 누이자 그 옆에 앉았다.

"체키나." 그가 부드럽게 말했다. "이제 다시는 배 띄우는 놀이를 하지 말아라. 우리 집에 왔다가 무슨 일이 생기면 네 어머니가 뭐라고 하시겠니?"

"어머니한테 말하지 마세요. 제발요."

"이걸 비밀로 할 수 있을지 모르겠다."

프란체스카는 한참 가만히 있다가 속삭였다. "말씀하셔도 되는데 대신 어머니한테 다짐을 받아주세요. 로제 언니한테는 절대로 말하지 않겠다고."

이번에는 루이지가 잠시 무거운 침묵을 지켰다. 그는 아이가 그렇게 말하는 이유를 알았지만 되물었다. "왜 언니가 그 일을 알면 안 되는 거니?"

"언니가 크게 화를 낼 거예요." 프란체스카가 다시 입을 열었다. "언니는 선교사를 꿈꾸는 건 바보 같은 생각이래요."

"그래, 알았다. 말썽쟁이 꼬마 선교사님. 하지만 먼저 다시는 운하에 가지 않겠다고 약속해야 해."

체키나는 다시는 베네라 운하 변에 가지 않겠다고 진심으로 약속했다. 이 일로 물에 공포증이 생겼기에, 선교사의 야심이 아주 견고하지 않았다면 거기서 꿈이 끝났을 수도 있었다. 그날 걸렸던 감기는 금방 나았지만, 30년 후에 프란체스카가 자신의 영웅인 성 프란치스코 하비에르보다 더 넓은 세상을 누비기 시작할 때까지도 그때의 충격은 사라지지 않았다. 그럼에도 아이는 선교사가 될 거라는 믿음을 포기하지 않았다.

체키나의 출신은 모험과는 거리가 멀었다. 가족은 조용하고 평탄한 롬바르디아의 논밭에 뿌리를 굳건히 내리고 있었다. 체키나의 선조들은 워낙 먼 길을 다니지 않는 편이었다. 예전에 로마에 사는 어느 부유한 친척이 죽었을 때, 직접 가야 유산을 받을 수 있어서 로마로 가다가 두어 시간 만에 돌아온 일도 있었다. 평야를 지나다가 더는 교회 종탑도, 수백 년 전 레지나 비스콘티 델라 스칼라가 지은 붉은 벽돌탑 다섯 개짜리 성도 보이지 않는 곳에 이르자 모두 겁을 먹었다. 그래서 서로를 바라보다가 아무 말 없이 집으로 마차를 돌렸다.

체키나도 타고난 성품 자체는 그들 못지않게 모험과 거리가 멀었다. 여행만을 위한 여행은 전혀 원하지 않았다. 단지 영혼을 구원하기 위해 세계를 여행하려는 소망을 아주 일찍부터 품었을 뿐이었다.

보르고 산타마리아 강변에 있는 집에서 온 가족이 벽난로 앞에 둘러앉아 긴 겨울밤을 보낼 때 이 생각이 뿌리를 내렸다. 장작이 타닥

거리는 동안 아버지는 《신앙 포교 연보》를 읽어주었다. 그 선교 잡지는 체키나의 마음에 불을 붙였다. 반죽대가 있고, 주전자가 벽에 걸리고, 국자로 떠 마시는 물 양동이가 있는 거실 역할을 한 그 큰 구식 부엌에서 체키나의 상상력이 깨어났다. 동방 선교사가 산탄젤로-로디자노에 와서 자신의 선교 활동에 대해 전한 이야기는 열세 살 소녀의 가슴에 조용히 담아둘 수 없을 만큼 큰 열정을 불러일으켰다. 체키나는 자신보다 나이를 두 배는 더 먹은 언니 로제에게 털어놓았다.

"나는 나중에 선교사가 될 거예요."

로제는 그 꿈을 비웃었다. "네가 선교사가 된다고! 너처럼 작고 무식한 애가 어떻게?"

로제의 반응은 어린 프란체스카의 꿈을 흔들기는커녕 오히려 굳게 다져주었다. 하지만 그 뒤로는 꿈을 겉으로 밝히지 않았다. 프란체스카의 강인한 성격은 얼마간 로제 덕분인지도 몰랐다. 로제가 프란체스카에게 하는 말은 따뜻하지 않았지만 이후 어떤 조롱도 감당할 수 있을 만큼 체키나를 단련시켰다.

신의 비둘기 같은 아이

프란체스카는 예정일보다 두 달 빨리 태어났고, 당시 어머니는 쉰두 살이었다. 프란체스카가 태어난 날에는 특별한 징조 같은 게 있었다. 그날 아침 아버지 아고스티노 카브리니가 농장 뜰에서 곡식을 타작할 때 흰 비둘기 무리가 내려왔다. 도리깨로 쫓으려 해도 비둘기들은 자꾸 돌아왔고, 결국 한 마리가 도리깨의 끈에 엉켰다. 다행히 다치지는 않아서 아고스티노는 비둘기를 집에 들고 가서 아이들에게 보여주었다. 아이들은 비둘기를 키우고 싶어했지만 그는 반대했다. "안 돼. 친구들하고 같이 살아야 돼." 그는 창문을 열고 비둘기를 날려 보냈다.

그리고 그날, 1850년 7월 15일 아침에 프란체스카가 태어났다. 그 일이 무엇을 의미하는지는 분명하지 않다. 그저 기분 좋은 우연에 불과할 수도 있겠지만, 식구들은 이를 꽤 진지하게 여겼다. 프란체스카를 흰 비둘기로 여겨 그들의 집에 비둘기를 그리기도 했다. 아이는 태어난 당일에 세례를 받았다.

프란체스카는 비둘기 또는 어린 양 같은 아이였다. 그 수줍은 아이가 자라서 눈부신 성공담으로도 볼 수 있는 인생을 살았다. 프란체스카에게서 대단한 조직 역량이나 실행력을 본 사람은 아무도 없었다. 아이가 '산티나 santina'—꼬마 성인—인 것은 분명했다. 그런 조숙한 신앙심이 얼마나 갈지 의심한 사람들도 있었지만, 새벽에 일어나 한 시간 동안 기도한 뒤 미사에 가고, 잠들기 전에 다시 한번 기도하는 경건한 엄마를 둔 아이라면 당연히 할 법한 행동이기도 했다. 모두가 프란체스카의 아버지를 '크리스티아노네 Cristianone'—진정한 기독교인—라고 생각했다. 로제 역시 아버지의 뒤를 충실히 이었으니 막내였던 프란체스카는 신앙과 힘께 자랄 수밖에 없었다. 프란체스카는 인형들에게 수녀복을 입히고 자신이 원장 수녀 역할을 하며 놀았다.

오늘날과 달리[1] 체키나는 첫 영성체 전에 견진을 받았다. 1857년 7월 1일의 견진성사[이미 세례를 받은 신자들이 신앙을 더욱 확고히 하는 행사로, 주로 청소년기에 받는다.]는 프란체스카 유년의 일대 사건이자 인생의 전환점이었다. 프란체스카가 종교를 바꿀 일은 없었지만 견진을 통해 이제 천진한 어린 시절에서 신과의 의식적인 합일—성인(聖人)의 표지라고 할—로 이동했다. 여러 해가 지난 뒤 이 일에 대해 프란체스카는 성령이 자신에게 빛을 망토처럼 둘러준 듯한 제스처를 했다. "성유(聖油)를 받는 순간 말로는 표현할 수 없는 느낌을 받았습니다……. 지상을 떠난 것만 같았고, 심장에 더없이 순수한 기쁨이 가득했어요. 그 느낌을 말로 표현할 수는 없지만 그것이 성령이었다는 것은 압니다." 그리고 중년 시절 누구에게도 보여줄 생각 없이 혼자 간직하던 노트에 그리스도에 대한 마음을 적었다. "제 심장은 언제나 당신의 것이었습니다." 그 '언제나'라는 말이 프란체스카 인생의 핵심이다.

프란체스카의 첫 영적 지도자는 교구 신부 돈 멜키세데코 아브라미였고, 두 번째 영적 지도자는 열다섯 살 때 만난 돈 바사노 데데 신부였다. 돈 멜키세데코 신부는 작고 여윈 프란체스카를 꼬맹이라고 불렀고, 열한 살의 프란체스카는 그의 앞에서 비공식 정결 서원을 했다. 그는 오랜 시간이 지난 뒤 자신은 예전부터 프란체스카를 성녀로

---

[1] 1910년에 교황 비오 10세가 첫 영성체 참여 연령을 낮추고 견진성사 연령은 그대로 두어서 이 책의 출간 시점인 1943년에는 많은 사람이 첫 영성체 이후에 견진을 받았다. 하지만 2015년에 마더 카브리니에게 익숙한 (첫 영성체보다 견진성사를 먼저 하는) 상황이 복원되었다.

여겼다는 글을 썼다. 프란체스카가 영구 서원을 한 것은 열아홉 살 때였지만 그것도 여전히 원한다면 관면될 수 있는 비공식 서원이었다.

돈 바사노는 말수가 적었고, 프란체스카가 작은 문제들을 의논할 때 늘 거의 똑같이 조언했다. "예수님께 말씀드려보렴." 그는 체키나가 로제로 인해 너무 경직된 사고를 할 위험이 있다고 보고 이를 막기 위해 신과 친근하고 자발적인 대화를 나누기를 권유했다. 그것은 최상의 조언이었다. 이후의 인생에서 프란체스카는 그때처럼 꾸준한 영적 지도를 받는 일이 불가능했다. 어린 나이에 스스로 신의 뜻을 찾는 훈련을 받은 것은 좋은 일이었다.

가족의 오랜 날

체키나는 열세 살 때 성심수녀회가 운영하는 인근 아를루노의 사립 기숙학교에 입학했다. 집에서 지낼 때보다 세상과 더 격리된 생활을 했다. 체키나는 거기서 5년 동안 공부해서 이후 교사 자격증을 땄다. 프란체스카가 편지에 라틴어 문구를 자주 인용하는 것을 보면—옆에 참고할 책이나 사전도 없는 상태에서—, 이때 라틴어를 잘 배운 모양이지만 실용적인 필요 이상으로 나아가지는 않았다. 수학에도 능했는데, 그것은 나중에 중요한 사업 계약을 할 때 도움이 되었다.

체키나는 열여덟 살에 교사 자격증을 땄고, 로디 사범학교의 수업을 끝으로 아를루노의 공부를 마쳤다. 몸이 너무 쇠약해서 시험을 치를 수 있을지도 의문이었지만 체키나는 우등으로 합격하고 곧 수녀회에 지원서를 냈다. 하지만 원장 수녀 조바나 프란체스카 그라시는 체키나의 지원을 거절했다. 체키나의 품성은 높이 샀지만 허약한 건강 상태로는 종교 생활을 감당할 수 없다고 판단했다. 이제 체키나는 집에 돌아가서 살림을 돌보는 것밖에 할 수 있는 일이 없었다.

프란체스카가 이때 수녀회에 들어갔다면 세상은 아마 그 이름을 들을 수 없었을 것이다. 그런데 선교사를 꿈꾸었던 어린 프란체스카를 생각하면 수녀회에 지원한 선택이 약간 의아하다. 선교사는 어린 시절의 꿈으로 지나간 것인가? 그랬을지도 모른다. 그 시절에는 수녀들의 선교회가 없었으니 가능해 보이는 길은 수녀회뿐이었다. 갈 수 있는 곳에 가고자 한다면 합리적인 타협이었다. 하지만 그 바람은 실현되지 않았다.

아직도 아이처럼 어려 보이는 18세의 프란체스카는 1868년에 집으로 돌아온 뒤 교사 자리를 얻으려고 노력하지 않았다. 그저 예전처럼 어머니와 로제의 집안일을 돕고 열심히 기도하고 조용히 자선 활동을 하며 살았다. 인생은 계속 그렇게 이어질 것 같았다. 프란체스카는 그날그날 일어나는 일 이외에 아무런 계획도 세우지 않았다. 다만 신이 자신에게 계획이 있다는 믿음만은 간직하고 있었다.

이 생활은 오래가지 않았다. 이듬해 2월의 어느 아침, 아버지가 교회 갈 준비를 하다가 의자에 털썩 주저앉더니 어머니에게 이상한 목소리로 말했다. "여보, 불을 피워서 커피 좀 데워주오."

"무슨 일이에요? 어디 아파요?"

"아무것도 아니오. 그냥 좀 춥구려. 많이."

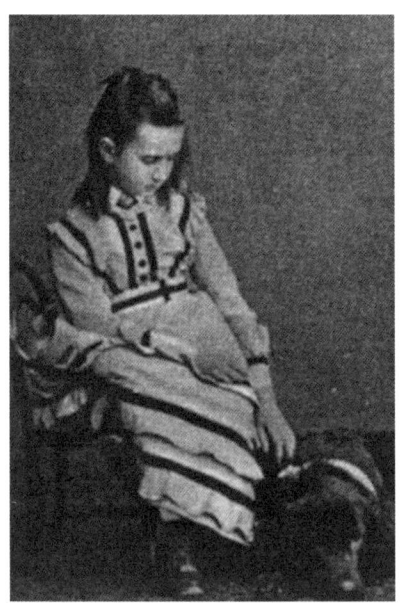

카브리니의 어린 시절 모습

그는 아내가 가져온 커피를 마시지 못했다. 찾아온 의사는 뇌졸중이라고 진단했다.

그는 1년가량 투병한 뒤 아내에게 곧 천국에서 만나자는 말을 남기고 세상을 떠났다. 유언은 예언이 되었다. 같은 해 아내 스텔라 카브리니도 미사에 가려고 하던 중 죽음의 사신이 찾아왔음을 느꼈다. 어머니는 그날 어둠이 내리기도 전에 눈을 감았다.

1871년은 평탄하고 조용히 흘러갔다. 하지만 이듬해 봄에 산탄젤로에 천연두가 돌았고, 프란체스카도 환자들을 돌보다가 병에 걸렸다. 프란체스카가 본래 상처나 진물 같은 걸 잘 보지 못하는 성격임을 생각하면 암 환자를 돌보고 천연두 환자를 간호한 일은 더욱 대단하다. 프란체스카는 수많은 병원을 세웠지만 기질적으로는 병자를 돌보는 일이 힘든 사람이었다.

2장

잘못된 시작

위대한 운명을 개척하는 사람들이 첫걸음에 실수하는 일은 흔하다고 한다. 프란체스카 카브리니의 시작 역시 어려웠다.

8년이 흐르는 동안 프란체스카는 어린 시절 품었던 선교사의 꿈과 점점 더 멀어지는 것 같았다. 그렇게 옛꿈이 다 사라진 것처럼 느껴지던 그때, 그녀는 자신의 모든 발걸음이 꿈으로 이어지고 있었음을 알게 되었다. 나중에 많은 성취를 이루고 뒤돌아보았을 때 프란체스카는 그토록 구불구불한 길을 걷지 않았다면 그 어려움이 갑작스럽고 확실하게 해결되지 않았을 거라고 확고하게 믿었다. 그녀는 신의 손을 잡고 어둠 속으로 들어갔다. 그리고 언덕에서 새벽을 맞이했을 때 모든 것이 부름받은 일을 향한 준비 과정이있음을 깨닐았다.

가르침을 주고받으며

모든 일이 시작된 계기는 지역 사제 돈 바사노 데데의 부탁이었다. 프란체스카가 천연두가 나아서 거동할 수 있게 되자마자 그녀에게 2.5킬로미터 떨어진 비다르도의 공립 학교에서 2주간 임시 교사로 일해달라고 요청했다. 도와주지 않으면 현 교사가 병가 후에 자리를 잃을 수 있다고.

이야기를 들은 프란체스카는 제안을 거절할 수 없어서 비다르도로 향했다. 어쩌다 보니 그녀는 비다르도에서 2년을 머물렀고, 그곳에서 교구 사제 돈 안토니오 세라티를 만났다. 세라티는 이후 프란체스카 인생의 인도자가 되었다. 사실 그는 프란체스카의 소명을 잘 알지 못했고, 큰 온정과 영민함에도 불구하고 무슨 계획을 가지고 행동하지는 않았다. 그럼에도 그가 프란체스카의 인생에 들어오면서 그녀의 인생이 결정되었다는 사실은 변하지 않는다.

하지만 교사 생활 초기는 즐겁지 않았다. 아이들을 가르치는 일이 처음이라 자신감도 없고 어색했다. 아마도 그래서 언니 로제에게 배운 엄격한 방식을 시도했을지도 모른다. 프란체스카는 타고난 교사였는데도 시작이 좋지 않았다.

이 엄격함이 프란체스카를 비난하는 구실이 되었다. 프란체스카가 아픈 교사의 자리를 지켜주려고 임시 교사를 맡았으니 그 자리를 원하던 여자는 기회를 잃었다. 여자와 친구들은 생계를 위해 돈을 벌 필요가 없는 외지인 프란체스카가 기회를 얻은 것을 부당하다고 여졌다. 프란체스카가 봉사하는 마음으로 그 일을 한다는 것은 고려하지 않았다.

프란체스카의 첫 실수는 처음에 교실에서 보인 경직된 태도였고, 이후 또 하나의 실수를 저질렀다. 젊은 날에 흔한 종교적 열정이 불러일으킨 일이었다. 프란체스카는 당시 육체적 고행을 실행했는데, 나중에는 그것을 버리고 내면의 고행을 취하게 되었다. 그렇다고 육체적 고행이 의미가 없다고 여기지는 않았고, 그런 일을 상대적으로 덜 중요하게 여기는 가톨릭 금욕주의의 경향을 따랐을 뿐이다. 이 시절 그녀는 침대가 아니라 나무판자에서 자느라 안 그래도 좋지 않은 건강이 더욱 나빠졌다. 이후 수녀회의 창립자로서 그녀는 규율을 완벽하게 준수하면 그 자체로 충분한 고행일 뿐 아니라 그것이 가장 철저한 고행이라는 성숙한 결론을 내렸다. 비다르도 시절 프란체스카는 판단력이 다소 부족했다. 그녀는 이제 막 활동을 시작한 참이었고 앞으로도 깨달을 일이 많았다.

비다르도 시절, 교구 사제 안토니오 세라티가 이미 그녀를 눈여겨보았다. 그는 유능하고 과묵한 사람으로 다른 사람들의 일을 관리하는 걸 약간 과하게 좋아했다. 충실하고 또 직설적일 만큼 솔직한 사람이지만 가끔은 교활한 방법도 썼다. 그래서 프란체스카가 성심수녀회에 다시 지원하려 한다는 걸 알게 되자 거기 대놓고 반대하는 대신 원장 수녀에게 프란체스카를 거절하라고 조용히 연락했다. 그녀를 자신의 사업에 쓰기 위해서였다. 그는 프란체스카의 건강 문제를 강조했고—그건 사실이었다—, 결국 프린체스카는 입회를 서설닝

했다. 이후 프란체스카가 지원한 크레마 소재 카노사수녀회—그곳은 중국에서 사업을 했기에 혹시 언젠가 중국에 갈 수 있을지도 모른다는 점이 매력이었다—역시 세라티 신부의 조언에 따라 거절했다. 이렇게 영적 지도자의 계략에 따라 수녀회 입회를 거절당한 사례는 성인의 인생에서 찾아보기 힘들다. 프란체스카는 시간이 얼마간 지나서야 자신과 우정을 나누던 사제가 비밀리에 자신을 방해했다는 사실을 알게 되었다.

그의 입장을 고려하면 그런 행동을 할 만했다. 그는 훨씬 더 중요한 임지인 코도뇨로 전보될 예정이었는데, 거기서 프란체스카에게 맡기고 싶은 일이 있었기 때문이다. 그는 이후 승진해서 코도뇨의 주교 겸 수도원장이 되었다.

그런데 이런 세라티 몬시뇰의 작전은 이후 밝혀지듯이 프란체스카에게 최선의 결과를 안겨주었다. 하지만 거기서 더 큰 역할을 한 것은 그의 선견지명보다는 프란체스카의 겸손한 순명 정신이었다. 그가 그녀에게 맡기려 한 일은 몹시 어려운 일이었다. 혼돈의 한가운데 질서를 세우는 일이었다.

코도뇨에 자리 잡다

코도뇨는 세 개의 강—포강, 람브로강, 티치노강—이 합류하는 지점에 있는 작고 아름다운 소읍이었다. 당시 그곳에는 1857년에 세운 고아원 '섭리의 집'이 있었는데 상태가 엉망이었다. 세라티 몬시뇰은 프란체스카에게 그곳을 변화시켜달라고 부탁했다.

고아원 원장은 안토니아 톤디니라는 여자였다. 그녀가 3만 리라를 기부했기 때문에 그 자리에 부적합한 인물이었지만 내쫓을 수가 없었다. 어떻게든 개선을 이루어보려고 로디의 주교인 도미니크 젤미니는 어찌어찌 안토니아, 그녀와 함께 사는 친구 테레사 칼자를 수녀로 만들었다. 물론 그도 그들이 수녀의 삶을 살 뜻이 없다는 것을 알았다. 그들은 나사렛수녀회에 수련 수녀로 들어갔지만 금방 나왔다. 일단 서약하면 수녀처럼 행동하지 않을까 하는 기대에 6일의 피정 기간을 주고 그들을 수녀로 받아들인 세라티 몬시뇰의 믿음을 깨뜨리는 일이었다. 이 시기에 요리사 주세파 알베리치가 이 기이한 집단에 합류했다. 1872년 8월 30일의 일이었다.

세 여자는 일종의 수녀복—검은색의 단순한 원피스, 하지만 베일은 쓰지 않았다—을 입고 서약했지만 수녀처럼 사는 흉내조차 내지 않았다. 안토니아 톤디니는 농담과 냉소를 섞어서 서약을 주머니에 넣었다고 말하곤 했다. 특별히 물의를 불러일으키지는 않았지만 수녀가 되기 전과 똑같은 생활 방식을 유지했다. 톤디니 수녀와 칼자 수녀는 특이한 친구 사이로, 둘은 톤디니에게 얹혀살면서 돈을 펑펑 쓰는 톤디니의 조카 문제로 목소리 높여 싸웠다. 거기 있는 예닐곱 명의 고아 수녀들은 완전히 방임 상태였다. 이 상황에서 세라티 몬시뇰은 프란체스카를 선택해서 섭리의 집에 질서를 세우려고 했다.

"하지만 몬시뇰 님, 저는 못 해요. 그분들은 수녀님이고 저는……"

"프란체스카가 그분들보다 더 수녀다워요. 당신이 이 일을 해주었으면 좋겠어요."

프란체스카는 고개를 저었다. "아뇨, 아시다시피 저는 선교사가 되고 싶어요. 평생 코도뇨에 묶여 있는 건……"

"프란체스카, 그런 걸 요구하는 게 아니에요. 그저 얼마 동안 거기 지내면서 그곳을 좀 바꿔달라는 거예요."

프란체스카가 웃었다. "몬시뇰 님, 설마 진심이신가요?"

"진심이에요. 프란체스카 같은 사람이 도와주지 않으면 그 불쌍한 소녀들이 어찌 되겠어요?"

프란체스카는 생각해보았다. "할 수 있다면 아이들을 돕고 싶어요, 하지만……"

"망설이지 말고 일단 가보세요."

프란체스카는 계속 항변했다. "하지만 몬시뇰 님, 저는 이제 겨우 스물네 살이에요. 안토니아 수녀님은 마흔도 훨씬 넘으셨을 거고요. 제가 그분 앞에서 뭘 어떻게 할 수 있겠어요?"

"그러면 프란체스카도 수녀가 되는 게 어때요?"

"말씀드렸다시피 몬시뇰 님, 저는 선교사가 될 거예요."

"그 소녀들을 돕는 건 선교사명 아닌가요? 하지만 계속 거절하면 수녀가 되라고 하지는 않겠어요. 그냥 가서 2주일만 지내봐요."

"2주일요, 몬시뇰 님? 2주일 동안 제가 뭘 할 수 있나요?"

"많은 걸 할 수 있죠. 지금은 여름 방학이에요. 방학이 끝나면 비다르도의 학교로 돌아가실 수 있어요."

결론적으로 프란체스카는 비다르도로 돌아가지 않았다. 그녀는 처음부터 섭리의 집 상황이 세라티 몬시뇰의 생각처럼 단순하지 않을 거라고 짐작했다. 복잡한 문제를 외면할 수 없어 결국 거기 계속 남게 되었다. 고아 소녀들에게는 그녀가 필요했고, 2주일이 지났을 때 프란체스카는 아이들을 두고 떠날 수가 없었다.

그녀는 안토니아 수녀의 수하이면서도 눈엣가시 같은 존재였다. 그래서 안토니아와 프란체스카 사이의 새로운 다툼이 생겼고, 폭풍 같은 갈등이 터지면 아이들은 프란체스카의 방에 피신했다. 문밖에서는 수녀라는 사람들이 문을 쾅쾅 두드리면서 아이들에게 겁을 주었다.

프란체스카가 안토니아 수녀를 달래려고 해도 돌아오는 것은 모욕뿐이었다. "네가 뭐라고? 어디서 굴러들어와서 참견이야?"

"하지만 수녀님, 저는 그저……"

"네 생각은 관심 없어. 여기는 내 관할이야. 내 돈으로 돌아가는 시설이야. 네가 기여한 게 뭐가 있어? 문제만 일으키지. 너는 여기서 아무런 지위가 없어. 수녀도 아니잖아."

한 시간 뒤 안토니아 수녀가 부엌에서 테레사 수녀와 주세파 수녀에게 요란하게 떠드는 소리가 들렸다. 온화한 성품의 주세파 수녀는 거기 참여하지는 않았지만 그 상황을 피할 수는 없었다. 위층의 프란체스카가 아래층의 말을 똑똑히 들을 수는 없었지만 어조만으로도 안토니아 수녀가 무슨 말을 하는지는 알았다.

몬시뇰은 인내심이 강했고 주교는 더했다. 그들은 안토니아 톤디니를 오래전에 강력하게 제지하지 않은 것이 모두 자기들 잘못이라는 걸 알았다. 이제 그들은 프란체스카에게 도움이 될 수 있을까 싶어 그녀에게 수녀가 될 것을 권유했다. 그러면 그곳의 정식 일원이 될 수 있었다. 자신의 계획에 어긋나는 일이었지만 프란체스카는 동의했다. 당시 그녀는 그들의 말에 복종할 의무가 없었다. 하지만 프란체스카는 이를 고행으로 여기고 순명했다. 그것은 나무판자에서 자는 것보다 훨씬 더 힘든 일이었다.

프란체스카는 2주일을 예상하고 비다르도에 갔다가 거기 2년을 있었다. 코도뇨에는 2주일을 머물 예정으로 갔지만 이번에는 6년 동안 지내게 되었다. 이때가 그녀의 인생에서 가장 어둡고 힘든 시기였다. 그 고초를 통해 프란체스카는 완전히 성숙해서 마침내 위대한 여정에 나설 수 있게 되었다.

세라티 몬시뇰이 젊은 프란체스카에게 그런 일을 맡겼다는 것은 그녀에 대한 큰 믿음의 증거였다. 이후 밝혀지듯이 프란체스카가—아니 그 누구라도—섭리의 집에 질서를 세울 수 있으리라는 그의 믿음은 착각이었다.

하지만 프란체스카는 이 이상한 시설에서 두 달가량 지낸 뒤, 1874년 10월 15일에 그곳의 고아 소녀 두 명과 함께 수녀가 되었고, 얼마 후 다른 소녀 다섯 명도 그 뒤를 따랐다.

프란체스카의 용기와 평정심이 그토록 큰 시련에 시달린 일은 그 뒤로 다시는 없었다. 이제 검은색 수녀복을 입었지만 그녀에게는 아무런 권한이 없었다. 사실 전보다 더 없었다. 그녀는 3년 동안 서약을 하지 않아서 엄밀히 말하면 계속 수련 수녀이자 괴짜 안토니아 톤디니의 수하였다. 그러면서도 수련 수녀들의 지도자 비슷한 존재가 되어서 자기 방에 소녀들을 불러모아 함께 영적 교류를 나누며 그들 모두 선교사가 될 수 있다고 꿈을 불어넣었다. 프란체스카의 이상이 그들에게 열정의 불을 댕겼다. 그 꿈은 어느 때보다 불가능해 보였지만 그 어느 때보다 절실하기도 했다.

한편 프란체스카와 어린 수녀들은 새로 들어온 고아들을 부양하기 위해 바느질과 자수 일에 열중했다. 나중에는 원아가 서른 명에 이르렀다. 섭리의 집은 수녀원으로서는 크게 개선되지 않았지만 애초에 의도했던 고아원의 기능은 조금씩 갖추어갔다.

프란체스카가 거기서 내부 집단을 만든 것은 매우 변칙적인 일이었다. 그것은 수련 수녀들 가운데 또 하나의 비밀 수련 수녀 집단을 만든 것이었다. 어떤 정식 규정도 없고 공식적으로 존재가 인정되지도 않았지만, 주교는 그 집단의 존재를 알았다. 프란체스카는 정식 지위는 없었지만 도덕적 우위로 그들을 이끌었다. 그것이 섭리의 집의 진정한 생명력이었다. 나중에는 결국 내부 집단이 섭리의 집을 바꾸어놓았지만, 그 이전까지 그곳을 유지한 힘도 그것이었다. 프란체스카에게 이 기이한 경험은 영적 발전에 필요한 부분이었고, 수녀로서의 진정한 수련이었다. 그것은 성인을 만든 과정, 성인만이 감당할 수 있는 과정이었다.

섭리의 집을 변화시키다

세라티 몬시뇰의 목표는 분명했다. 그는 교구에 있는 시시한 고아원 하나를 개혁하고자 했을 뿐이다. 그는 섭리의 집에 기존 성원들보다 나은 새 사람을 들이면 그 일이 이루어지리라고 믿었다. 완전한 착각이었다. 섭리의 집은 개선이 불가능했다. 놀라운 것은 그가 선교사가 되고 싶어하는 프란체스카 카브리니를 교구의 작은 시설에 묶어두려고 했다는 사실이고, 그녀가 그를 위해 자신의 계획을 기꺼이 포기하려고 했다는 것은 더욱 놀랍다.

하지만 프란체스카가 자기 계획을 고집했다면 그녀가 나중에 세우는 수도회는 대단하지 않았을 것이다. 프란체스카는 섭리의 집의 수녀가 되기로 한 날, 그 행동이 어떤 결과를 낼지 모르는 가운데 자신만의 진정한 선교 수녀회를 만든 셈이다. 다른 방식은 불가능했을 것이다. 섭리의 집은 안토니아 톤디니의 성격을 생각한다면 아주 부적합한 이름이었지만, 진실로 섭리가 지혜와 힘과 사랑을 보여준 집이었다.

몬시뇰은 그 안에서 벌어지는 일을 자세히 알지는 못했지만 ― 프란체스카가 안토니아 수녀에 대한 불만을 토로한 일이 없기 때문이다 ―, 그렇다고 눈을 감고 있지도 않았다. 프란체스카를 걱정해서 당시 주교 대행이던 자신이 나설 수 있을 때까지 서약을 하지 않게끔 미루었다. 그녀가 1874년에서 1877년까지 종교적 선언에 묶이지 않고 지내게 두다가 그해 9월 13일에 불러들였다.

"프란체스카, 내일 서약을 할 겁니다. 톤디니가 제정신이 아니긴 합니다만 그분께 순명을 약속해야 합니다. 만약 그분이 우물에 빠지라고 하면 어떻게 할 겁니까?"

프란체스카의 대답은 놀라웠지만 어쩌면 예상했던 것이기도 했다.

"제 원장 수녀님의 명령이니 따르겠습니다."

몬시뇰은 그런 일은 절대 일어나게 두지 않을 생각이었다. 그는 서약을 마친 프란체스카를 바로 바로 원장 수녀의 자리에 앉히고 다른 수녀들의 서약을 받았다. 프란체스카는 눈물이 맺힌 눈으로 거기 따랐다. 이로써 안토니아 톤디니는 공식적으로 제거되지는 않았지만 철저하게 무시받았다.

톤디니의 분노는 이루 말할 수 없었다. 지금까지는 욕하는 데 그쳤다면 이제는 원장 수녀 마더 카브리니가 된 프란체스카에게 신체적 공격도 시도했다. 프란체스카가 공격을 피할 수 있던 이유는 모두 신규 수녀들이 감싸고 막아주었기 때문이다. 그날 밤, 또 수없이 많은 밤에 그녀는 방에 혼자 앉아서 눈물을 흘렸지만 다음 날 아침이면 언제나 얼굴에 미소를 띠었다. 프란체스카는 나중에 이때 운 일을 자책했다. "나는 많이 울었어요. 그런데 선교사는 울면 안 돼요. 고통스럽다고 불만을 품지 않고, 끈기 있게 버텨야 했어요……. 하지만 그때 나는 십자가와 고통의 가치를 깨닫지 못했습니다." 힘든 상황에서 흘린 눈물은 놀라울 것이 없다. 프란체스카기 울었던 나닐을 후회했다는 것은 놀라운 일이다.

이 새로운 어려움과 함께 프란체스카는 발전의 새로운 단계에 들어섰다. 그녀는 예전부터 성심에 각별한 신심이 있었다. 이제 그 신심이 더욱 깊어져서 프란체스카의 영성의 중심이 되었다. 그 속에서 그녀는 심장이 상처 입고 불에 타는 것 같은 강렬한 위안을 얻었다. 프란체스카가 상황에 맞설 방법은 단 하나—자신을 완전히 신에게 맡기는 것이었다. 그녀는 신과 그의 모든 피조물을 사랑함으로써 매 순간의 시련을 극복할 수 있다고 믿어야 했다. 자신을 둘러싼 질시와 톤디니가 떠들고 다니는 뒷말을 알았다. 톤디니는 프란체스카를 괴롭힐 수 있는 일이라면 사소한 것도 그냥 지나치지 않았다. 프란체스카는 자신의 마음 상태를 기록한 적이 없지만 이 시절의 노트에 앞으로 올리브 동산에서 '잠든 제자들 대신' 예수의 곁에 있겠다는 글을 썼는데, 이 '잠든 제자들'은 톤디니 무리를 가리키는 것이 분명하다. 또 이런 글도 있다. "주님, 당신의 자비로 인해 저는 당신에 대한 사랑으로 고통받고 당신의 삶을 본받기를 원하게 됩니다. 당신의 삶은 순수한 고통의 연속이었습니다. 또한 당신으로 인해 저는 겸허히 당신의 사랑을 열망하게 됩니다. 당신의 거룩한 가르침을 실천할 용기가 부족한 제가 그것을 이룰 방법을 깨닫게 해주세요." 당시의 어려움을 직접적으로 표현한 것은 이게 거의 전부다. 프란체스카는 내성적인 영혼이 아니었다.

　그로부터 보낸 3년은 이전의 3년보다 더 힘들었다. 이제 프란체스카는 원장으로서 섭리의 집을 통솔해야 했다. 이를 위해서는 우선 안토니아 톤디니가 수녀원의 돈을 건달 같은 조카에게 주지 못하게 막아야 했다. 그러자 수녀원의 돈을 가져오지 못해 현금이 바닥난 안토니아는 어음을 썼다. 상황이 이렇게 되자 주교에게 보고하지 않을 수 없었다.

젤미니 주교는 이 막 나가는 수녀에게 엄한 태도를 보이지 못했다. 서약을 잊지 말라고 호소해도 소용없자 그는 연금이나 일시불로 1만 5천 리라를 받고 수녀원에서 나가달라고 제안했다. 자제하겠다던 안토니아는 금세 원래대로 돌아갔다. 그리고 3만 3천 리라에 대한 소유권을 주장했다. 그녀는 처음에 자신이 그만한 액수의 돈을 기부했다고 했지만 그 돈의 사용 내역에 대해서는 기록이 없는 부분이 많다. 이 주장이 받아들여지지 않자 그녀는 주교에게 민사 소송을 걸었고 즉시 파문되었다.

주교는 그동안 안토니아가 부활절 임무도 무시할 만큼 종교 생활과 거리가 멀다는 걸 알면서도 참고 있었다. 행여나 프란체스카와 신규 수녀들의 모범을 보고 마음을 바꿀지도 모른다고 생각한 것이다. 이제 그녀가 소송을 걸어서 물의를 일으킬 지경이니 조치를 취해야 했다. 그는 1880년 말에 섭리의 집 해체를 선언했다. 안토니아 톤디니에게는 해당 건물의 소유권이 남았다. 주교가 그 문제로는 다투고 싶어하지 않았다. 그는 대가를 크게 치르더라도 그녀와 결별할 기회가 생긴 것에 만족했다.

마더 카브리니와 그녀가 가르친 일곱 명의 수녀를 어떻게 할지가 문제였다. 젤미니 주교가 그녀를 불러들였다. "수녀님이 신교사가 되고자 하는 걸 압니다. 그런데 내가 아는 한 선교 수녀회는 없어요. 그러니 수녀님이 직접 만드는 건 어떤가요?"

프란체스카는 의외의 제안에 놀라서 잠시 말을 잃었다. 그런 뒤 마침내 기회가 왔다는 사실에 신에게 감사하며 젤미니 주교에게 짧게 대답했다. "집을 찾아볼게요."

3장

목가의 시절

 불가능할 것 같던 꿈이 실현되었다. 프란체스카가 이끄는 작은 수녀 집단은 갑자기 혼탁했던 섭리의 집을 벗어나 독자적 수녀원이라는 목가적인 평화 속으로 들어갔다. 초기 시절의 고생과 희망은 이후 수도회가 따뜻하게 돌아보는 추억이 되었다. 창립 초기의 궁핍은 금빛 하늘 같은 여정에 풍성함을 더해주었을 뿐이다. 극심한 궁핍은 그 뒤로도 여러 번 찾아왔고, 수도회가 영광을 누릴 때에도 수녀들 개인은 가난했다. 하지만 그들이 아직 정식 규칙도 없이 사발적이고 풍성한 사랑만으로 묶여 있던 코도뇨 시절의 달콤한 궁핍 같은 것은 그 후로 거의 없었다.
 어쩌면 그들이 젊었기 때문일지도 모른다. 그렇다 해두 그 시절의 향수는 영영 시들지 않았다. 프란체스카는 67세로 죽을 때까지도 정신은 늙지 않았고 휘하 수녀들 역시 마찬가지였다. 그들은 언제나 이 창립 초기를 다정하게 돌아보았다. 봄날 같고, 사랑스러운 시 같고, 음악의 선율 같은 시간이었다. 그 시절은 그들의 마음속에서 오래도록 부드러운 빛에 감싸여 있었다.

성심 선교수녀회의 시작

로디의 주교 젤미니는 안토니아 톤디니와 맞서기 전에 프란체스카와 일곱 수녀에게 필요한 것을 약간 준비해두었다. 주교는 마더 카브리니를 관구 내 다른 수녀원들에 보내서 그곳들에 활력을 불어넣고자 했다. 섭리의 집처럼 과감한 개혁이 필요한 곳은 없겠지만, 프란체스카의 자비심과 열정에 도움을 받지 않을 장소는 없었다. 하지만 프란체스카가 반대해서 그 계획은 폐기되었다. 프란체스카는 새 수도회를 설립하는 일에 자신의 모든 노력을 바치고자 했다.

충실한 친구 세라티 몬시뇰도 그녀를 잊지 않았다. 프란체스카가 그의 부탁으로 섭리의 집에 갔으므로 그는 그 일에 책임감을 느꼈고, 그래서 수녀원으로 쓸 집을 사는 데 1만 리라를 보냈다. 또 수녀들이 당장 이사할 만한 집의 계약금도 주도적으로 지불했다. 이때 프란체스카는 독립적으로 판단했다. 그녀는 온순한 복종심으로 코도뇨에서 어두운 6년을 보냈지만 이제 새로운 수도회의 창립자가 되었으니 전에 없던 책임을 맡아야 했다. 프란체스카는 실제로 언제나 몬시뇰에게 감사했고, 새로운 상황에서도 최대한 그에게 복종했다. 그러나 몬시뇰도 주교와 마찬가지로 처음부터 프란체스카가 할 일의 범위를 그녀 자신보다 훨씬 작게 본다고 여겼다. 그가 마련해준 집을 거절한 것은 확실한 자유를 원한다는 첫 번째 신호였다. 프란체스카는 몬시뇰에게 프란치스코회 교회 인근에서 수녀원을 알아보겠다고 했다.

그녀는 교회 뒤쪽에 있던 17세기 수도원을 염두에 두었다. 당시 우니오네 거리—지금은 카브리니 거리로 개명—에 있던 그 수도원은 1층의 공방 몇 개만 사용되고 있었다. 약간의 수리는 필요했지만 견고하게 지은 모양새가 프란체스카가 원하는 것과 딱 맞았다. 젤미니 주교는 밀라노 출신 젊은 건축가에게 시설 조사와 매매 계약 대행을 의뢰했다. 그는 꼼꼼하게 조사하고 소유주들에게는 건물을 생석회 창고로 쓸 거라고 말했다. 수녀원으로 쓰겠다고 하면 가격이 올라간다는 것을 알았기 때문이다. 그 수도원은 부동산 가치가 별로 없었기 때문에 소유주들은 그가 제시한 가격을 순순히 받아들였다. 생석회 창고 이야기를 듣고 프란체스카는 웃었다. "맞아요. 그건 거짓말이 아니에요. 우리가 석회가 되어서 전 세계에 강력한 영적 건물을 지을 거예요." 건강이 위태로웠던 프란체스카는 혹시라도 자신이 죽으면 상속세가 나올까 봐 부동산을 자기 명의로 하고 싶어하지 않았다. 그래서 세라티 몬시뇰과 다른 사제 두 명이 그곳의 법적 소유자가 되었다.

계약 체결 당일—11월 10일—에 수녀회는 앞으로 수도회 본부가 될 건물에 그들의 간소한 살림을 옮겼다. 세간이 너무도 없어서 벤치에 앉아 첫 식사를 했다. 램프조차 없어서 어둠 속에서 잠자리에 들었다. 첫 저녁 식사 때는 나이프와 포크와 숟가락이 부족했다. 아무리 부실해도 지금까지 한 그 어떤 식사보다 더 성찬이었다. 그들은 마침내 자신의 집을 찾았다. 신이 그들을 이곳으로 이끌었다. 이제 그들의 일이 곧 시작되려 하고 있었다.

그다음 며칠은 모두 바닥에 엎드려 맹렬히 문지르고 닦느라 바빴다. 1층의 큰방을 성당으로 마련했는데, 그 방 앞의 아치문 위에 열락에 든 아시시의 성 프란치스코 그림이 희미하게 보였다. 이 그림과 돌출 현관 위의 반월형 벽화는 파괴를 이기고 살아남았다.

몇 주일 후―성 프란치스코 하비에르 축일인 12월 3일―젤미니 주교가 프란체스카에게 6천 리라를 주었다. (거기에 딸린 '조건'이 그의 사후에 문제를 일으키기는 했다.) 그 돈의 일부는 그 방을 성당으로 만드는 데 들어갔다.

세라티 몬시뇰도 성당에 선물을 주었다. 그가 제단 위쪽 벽감에 넣을 성모상을 가져오자 프란체스카는 약간 실망했다. 그곳에는 예수성심상을 둘 생각이었기 때문이다. 하지만 몬시뇰의 선물을 거절할 수는 없었다. 이런 거절은 그에게도 또 성모에게도 무례한 행동이 될 수 있었다. 그런데 조각상이 벽감보다 몇 센티미터 더 커서 자리에 들어가지 않아 문제는 저절로 해결되었다. 프란체스카는 예수성심화 액자를 가져왔다. "별것은 아니지만 혹시……"

"좋아요. 그걸 겁시다."

프란체스카가 설립했거나 설립에 관여한 모든 기관의 성당 제단 위에 예수성심상이 있다. 이사 나흘 후, 1880년 11월 14일에 몬시뇰이 초 두 개만 덜렁 놓인 썰렁한 제단 앞에서 첫 미사를 집전했다. 그날은 수도회의 창립 기념일이 되었다. 한 달 후 젤미니 주교가 수녀회를 공식 인가했고, 그들은 '성심 살레시오 선교수녀회'라는 이름을 채택했다.

"우리의 창립자는 은총의 성모이고, 원장은 예수 성심이고, 우리의 관리자는 성 프란치스코, 우리 생활의 필요를 돌보시는 분은 성 프란치스코 하비에르입니다." 그녀는 이렇게 효과적이고도 광범위한 수호성인을 채택했다. 최종 확정된 이름은 프란체스카의 오랜 생각을 잘 담고 있다. 성심 선교수녀회라는 이름은 그들의 목적과 신심의 중심을 동시에 보여주었다. 프란체스카가 생각하는 완전한 헌신은 바로 사도의 삶이었다.

이제 선교사가 되었기에 프란체스카는 하비에르의 이탈리아어인 '사베리오Saverio'를 종교명으로 썼다. 그런데 프란체스카가 늘 그 이름으로 서명해도 사람들은 그녀를 계속 '카브리니 원장 수녀' 또는 '총원장 수녀'로 불렀다. 프란체스카는 스스로 '창립 이사장'이라는 호칭을 거부했지만, 지난날의 괴짜 안토니아 톤디니를 섭리의 집의 창립 이사장이라고 공경했다. 그리고 그들의 수도회는 예수 성심과 성모 마리아가 창립자라고 거듭 말했다. 나른 창립자의 이름이 필요할 때면 세라티 몬시뇰과 셀미니 주교를 거론했다.

프란체스카의 태도는 타당했다. 그녀는 신의 섭리의 수동적 도구일 뿐이지 스스로 주도해서 일을 실행하려 한 적이 없었기 때문이다.

어린 시절부터 이런 집단을 꿈꾸기는 했지만, 실제로 성심 선교수녀회의 탄생은 사실상 그녀의 뜻에 반하는 일이었다. 이것은 프란체스카가 신의 뜻을 끈기 있게 기다렸기 때문에 가능했다.

원장 선출에 대해서는 아무런 기록이 없다. 누구도 그런 일을 생각조차 하지 않은 것 같다. 프란체스카는 그들이 섭리의 집에 있을 때 세라티 몬시뇰이 임명한 원장이었다. 섭리의 집은 해체되었지만 그들은 그곳에서 시작했고 다른 원장은 생각할 수 없었다. 프란체스카는 다른 사람들처럼 그 지위를 의문 없이 받아들이기는 했지만 원장직을 명예로운 자리로 여기지는 않았다. 그것은 그저 자신이 이 새로운 가족의 자연스러운 수장이라는 의미일 뿐이었다.

수도회의 규칙을 만들 때 마더 카브리니는 참고할 책이 거의 없었다. 그녀는 성 알폰소 리구오리, 예수회 작가 알폰소 로드리게스와 피나몬테 신부의 저작들을 연구했다. 이것들과 《그리스도를 본받아 Imitation of Christ》, 성 이냐시오의 문답집이 프란체스카가 가진 관련 장서의 전부였다. 하지만 무엇보다 섭리의 집에서 겪은 경험이 규칙을 만들 때 가장 도움을 주었다. 그녀가 안토니아 톤디니에게서 하면 안 되는 일들이 무엇인지 배웠고, 그것은 값진 교훈이었다. 프란체스카는 이제 이 수녀원의 진정한 창립자로 삼은 예수 성심과 성모가 그렇게 오래 기다린 이유를 이해했다. 규칙을 구술할 때 프란체스카는 자주 무릎을 꿇거나 눈물을 흘렸다. 비서도 함께 감동했다.

프란체스카가 1881년 여름에 세라티 몬시뇰에게 제출한 규칙 초고는 원칙의 개괄 수준이었다. 물론 그 상태로도 많은 이들의 칭찬을 받았다. 2년 후 젤미니의 공동 보좌신부인 안젤로 베르사니 몬시뇰이 그곳을 꼼꼼히 살펴보고 좀 더 법률적인 형태로 만들자 규칙은 대주교령으로 승인되었고, 이후로는 물리적 수정이 이루어지지 않았다. 마더 카브리니가 처음부터 목표했던 교황청 승인은 얼마 후에 현실이 되었다.

초창기에 가사 노동만 할 수 있는 수녀들은 다른 수녀들과 구별되어 평수녀로 불렸다. 그 구별은 이후 철폐되었다. 신입 수녀는 대부분 주방 일이나 그 비슷한 일만 할 수 있었지만 마더 카브리니까지 포함해서 모든 수녀가 그 일을 나눠 했기에 그들을 두 부류로 나누는 것은 차별적으로 느껴졌다. 이로써 그들은 모두 동일한 지위를 갖게 되었다.

그들은 섭리의 집에서 가져온 수녀복을 그대로 입었다. 그들의 형편으로는 그걸 버리고 새로운 옷을 마련할 수 없었다. 하지만 어떻게든 새로운 시작을 표시해야 했다. 약간의 수선만으로도 충분했다. 섭리의 집에서 수녀가 된 고아들은 모두 바느질과 자수를 배웠고, 생계의 대부분을 수작업에 의존했다. 날랜 손들이 옛 수녀복—검은 서지 천으로 만든 단순한 원피스—을 거의 알아볼 수 없을 만큼 고치기란 어려운 일이 아니었다. 가장 큰 차이는 빨간 테를 두른 검은 하트 마크였다. 그 마크는 나중에 구별이 필요 없어지자 폐기되었다.

마더 카브리니와 수녀 일행은 미국에 온 1889년에야 처음으로 베일을 썼지만 그것은 흰 보닛이었을 뿐이다. 정식으로 베일을 쓰기 시작한 뒤에도 언제나 가벼운 천 조각에 지나지 않았다. 그 실용적인 옷에 리넨은 한 조각도 없었다. 온갖 기후와 난관 속에서 고된 육체 노동을 하며 살아갈 수녀들에게 윤이 나는 리넨은 가당치 않은 사치품이었다. 그들은 행동에 불편을 주지 않도록 묵주도 허리에 걸지 않았다. 묵주는 주머니에 가지고 다녀도 충분했다.

그 시절에 수도회를 만드는 일은 엄청난 용기가 필요했다. 프란체스카의 친구들을 포함해서 많은 사람이 새 수도회 설립은 미친 짓이라고 여겼다. 1870년부터 이탈리아 정부는 교회에 우호적이지 않고 종교 단체를 탄압할 기회만 노리는 사람들이 이끌었다. 그래서 교회 지도자들도 기존의 것을 유지하는 걸로 충분하다고 나름 합리적으로 판단해서 신규 조직 건설에 열정을 보이지 않았다. 그들은 종교 생활에 검증되지 않은 실험을 도입하기보다 옛 수도회들을 통합하고, 확장을 엄격하게 제한하는 일에 주력했다. 교회는 국가가 반대를 제기할 수 있다는 사실을 차치하고라도 기존의 종교 조직이 이미 모든 필요를 충당할 정도가 된다고 생각했다.

프란체스카 카브리니는 가능한 한 외부의 조력을 활용하지 않는 사람이었다. 그녀의 당숙 아고스티노 데프레티스—영광스럽게도 카르두치에게 "스트라델라 출신의 추레하고 핼쑥한 와인 상인"이라고 비하당한—는 1881년에 재차 총리가 되어서 죽을 때까지 6년 간 그 자리에 있었다. 프란체스카가 요청하지도 않았는데 그가 도움을 주겠다고 자청했다. 그의 지원은 유용했겠지만 그녀는 그 제안을 받아들이지 않고 모든 것을 완전히 신의 뜻에 맡겼다. 1년에 한 번가량 오간 그들의 편지는 친척 간의 안부 편지에 지나지 않았다. 프란체스카는 총리가 된 당숙에게 한 번도 접근하지 않았다.

프란체스카가 로마에서 마주칠 어려움에 대해서는 겔미니 주교와 세라티 몬시뇰이 더 잘 알았다. 그들은 그녀의 확장 추구를 만류하는 것이 합리적이라고 생각했다. 수도회가 관구 조직으로 남아서 주교의 직접 관할하에 있으면 그의 보호를 받을 수 있었다. 일을 너무 크게 벌이면 반대를 일으킬 수 있고, 그로 인해 행적이 두드러지면 공격받을 가능성이 높았다. 그들은 프란체스카가 처음에 한 일을 그대로 하는 것─그러니까 섭리의 집에서 시도한 것들을 이어가되 그때 할 수 없던 일들을 제대로 하는 것─이 현명하다고 보았다.

합리적일지는 몰라도 야심은 부족한 주장이었다. 처음부터 프란체스카는 자기 조직의 무대가 세계라고 생각했다. 결국 조언자들은 그녀에게 너무 급하게 행동하지 말라고 설득할 뿐이었다. 프란체스카가 자신의 원대한 계획을 말하면 몬시뇰은 이렇게 대꾸했다. "하지만 원장 수녀님은 이미 선교사예요!" 프란체스카는 특유의 웃음을 지었다. "알아요. 하지만 아직 부족해요. 이 정도로는 만족할 수 없어요." 그녀는 현재 상황을 오래 유지하고픈 생각이 없었다.

더 많은 이들을 향해 팔을 뻗다

프란체스카는 학교를 열어서 고아 몇 명을 받았다. 실제로 고아원 설립은 그녀가 끝까지 가장 역점을 둔 사업이었고, 병원 설립은 꼭 필요한 경우에만 어쩔 수 없이 떠맡아서 한 일이었다. 프란체스카는 고아원을 어려운 아이들의 기본 생활을 유지하는 수단으로만 여기지 않았다. 그곳은 고아 소녀의 이후 인생에 필요한 것을 기독교적 미덕과 함께 가르치는 학교였다. 그들은 이후에 다른 학교들—중등학교와 대학, 사범 학생 숙소—도 세웠지만, 그것은 애초의 계획이 자연스럽게 발전한 결과였을 뿐이다.

수녀원 건물에 비해 수녀회는 아직 작았다. 그들은 수녀원 건물에 통학생을 위한 학교와 젊은 여성을 위한 바느질 학교를 운영하고 기숙생도 받았다. 학생들에게 매일 영성체 참여를 독려했는데 그것은 비오 10세가 영성체 참여를 강조하기 한참 전의 일이었다. 그 연장선상에서 사순절 기간에 인근 프란치스코회 교회에 가서 고해와 영성체에 대해 가르치기도 했다. 프란체스카는 필요한 일은 무엇이건 망설임 없이 실행하고 있었다. 그녀의 교육관은 폭넓었고, 그런 활동이 특별하다고 보지도 않았다. 영혼의 구원을 위해서 어떤 일이든 할 수 있다고 생각했다.

코도뇨의 초창기는 목가적인 행복으로 가득했지만, 그 가운데에도 복음을 전 세계로 전하는 프로그램을 준비했다. 프란체스카는 우선 수녀들을 교육했고, 그러는 동안 자투리 일로 자수와 교리문답을 가르쳤다. 그녀는 젤미니 주교에게 자주 이런 이야기를 했다. "하지만 저희 수도회의 활동이 한 도시나 관구에만 국한될 거라고 생각하지 마세요. 저한테는 전 세계도 좁아요."

이 말에 주교는 조용히 미소 지었다. 파란 눈동자를 반짝이며 열정을 표현하는 프란체스카의 모습은 보기 좋았지만 그녀가 너무 많은 일을 시도하다가 실패할까 봐 걱정스럽기도 했다. 프란체스카는 종일 누워 있어야 할 정도로 아픈 날이 많았고, 가장 좋을 때조차 건강한 몸과는 거리가 멀었다. 그토록 연약한 사람이 본인이 계획한 대로 그런 큰일을 해낼 수 있을까? 주교는 프란체스카가 살아생전에 수녀회를 확고하게 만들어서 그녀가 죽은 뒤에도 존속되게 할 수 있을까 걱정했다. 신중한 성품의 주교는 그녀가 열정을 자제하면 더 큰 성취를 이루리라 믿었다. 그래서 다시 미소를 지으며 작은 한숨을 쉬었다. 어쩌면 프란체스카가 적절한 때에 그 모든 것을 깨달을지도 모른다. 그가 그녀를 코도뇨에 묶어두려고 한 것은 그 자신뿐 아니라 그녀를 위한 일이기도 했다. 하지만 젤미니 주교도 세라티 몬시뇰도 그녀의 운명을 전혀 알지 못했다.

그사이에 프란체스카는 서른이 지났지만 외양은 아직도 아이 같았다. 몸이 너무 연약한 탓에 수녀원 안을 돌아다니는 모습은 거의 육신을 탈출한 영혼 같았고, 가볍고 빠른 발걸음은 아예 땅 위를 떠서 가는 것처럼 보였다. 외양과 달리 프란체스카는 성숙하고 결연했다. 또 당시에는 젊은 여자들의 교육에만 집중해야 한다는 걸 알 만큼 현명했다. 대부분 튼튼한 롬바르디아 농민의 딸인 여자들이 점점 수녀원으로 찾아왔다. 프란체스카는 인간적 매력이 있었고 소명으로 가득했다. 그런 매력으로 사람들을 끌어당기고, 에너지와 계획으로 그들의 마음에 불을 댕겼다.

하지만 일의 진척 속도는 만족스럽지 않았다. 매일의 과제를 수행할 수녀들은 이미 충분했지만, 프란체스카는 언제나 장래의 폭넓은 활동에 걸맞은 수녀들을 찾았기에 수녀들이 빠르게 늘었어도 미진함을 느꼈다. 그래서 그녀는 수도회 창립자로서는 특이한 일을 했다. 그 일에 충격받은 사람들도 있었고, 실제로 시복 과정에서 후보자의 흠집을 잡는 악마의 변호인[2]도 이 점을 붙들고 늘어졌다. 그녀는 아를루노에 있는 성심수녀회의 원장 수녀 조반나 프란체스카 그라시—프란체스카를 교육했고 나중에 그녀의 수녀회 입회 요청을 거절한—에게 이렇게 물었다. 그들의 기준에 맞지 않다고 판단한 수녀 지망생이나 수련 수녀를 자신들에게 보내줄 수 있느냐는 것이었다. 아마 자신처럼 몸이 약한 여자들은 건강 문제로 거절당할 가능성이 높다고 생각했을 테고, 다른 요인까지 염두에 둔 판단이었다.

세라티 몬시뇰은 겔미니 주교를 만났을 때 이 일에 대해 이야기했다. 몬시뇰은 이 일로 로디에 왔지만 다른 용무가 있던 차에 잠깐 들른 것처럼 꾸몄다. 와인 잔을 앞에 놓고 앉은 몬시뇰은 주교가 먼저 마더 카브리니 이야기를 꺼내기를 기다렸다.

"코도뇨의 수녀님들은 어떻게 지내시나요, 몬시뇰 님?"

몬시뇰은 고개를 들지 않고 진지한 눈길로 잔을 내려다보며 천천히 잔을 흔들었다. "아름다운 영혼이지요, 주교님. 하지만 가끔 마더 카브리니가 너무 서두른다는 느낌을 받습니다."

온화한 노주교는 미소를 지었다. "저도 그렇습니다." 그리고 잠깐

---

[2] 흔히 '악마의 변호인davocatus diaboli'이라고 칭하지만 공식 명칭은 '신앙의 촉진자'다. 이들은 시성 과정에서 후보자의 시성에 반대하는 역할을 한다. 교황 요한 바오로 2세가 1983년에 이 역할을 크게 변화시켜서 이제 공식적인 악마의 변호인은 없다.

젊은 카브리니의 모습

멈추었다가 다시 물었다. "지금 그분은 무슨 일을 하고 있나요?"

세라티 몬시뇰은 프란체스카가 아를루노의 수녀원에 보낸 요청에 대해 말했다. "수도회를 키우고 싶은 열망에 아무나 받아들이려는 것 같습니다. 사람을 잘못 들이면 수녀회가 망가진다는 걸 알 때도 됐는데."

주교는 와인을 한 모금 마셨다. "그 문제는 걱정하지 마세요, 몬시뇰 님. 마더 카브리니는 적합하지 않은 사람은 바로 내보낼 겁니다. 이제는 제가 안토니아 톤디니 때처럼 물렁하게 굴지 않을 생각입니다. 그때 일은 아직도 자책하고 있습니다."

"그러지 마세요, 주교님. 이렇게 좋은 결과가 나왔잖아요!"

"압니다. 하느님은 주교의 실수도 지워주시죠. 하지만 저는 마더 카브리니가 잘못한다고 생각하지 않습니다. 잘 생각하면 그 일은 칭찬할 만한 일입니다. 가망 없는 재료로 무언가를 만들어낼 수 있는 사람이 있다면 바로 마더 카브리니입니다. 신입 수녀들에게 선의가 있다면 뛰어난 재능까지 요구할 필요가 없어요. 마더 카브리니의 뛰어난 통솔력과 하느님의 은총이 모든 걸 채워줄 겁니다." 그는 잠시 멈추었다가 질문했다. "마더 카브리니의 최고의 재능이 뭐라고 생각하시나요?"

세라티 몬시뇰은 망설이지 않았다. "그분은 타고난 교사예요. 알고 있습니다."

"맞습니다. 그분도 그걸 알아요. 그게 모든 걸 해결해줄 겁니다."

그는 와인을 비우고 몬시뇰에게 미소를 보냈다. 더는 말이 필요가 없다는 걸 두 사람 모두 알았다.

소명을 기르는 공간

프란체스카는 한 수녀회의 단체 입회 요청은 거절했다. 한꺼번에 수용하기에는 너무 많은 인원이기도 했고, 대부분이 인격 형성이 끝나서 견해와 습관이 굳어 있었기에 그들에게 할 수 있는 게 없다고 생각했다. 하지만 가르칠 만한 젊은 여자들은 달랐다. 그런 경우라면 항상 소명의 은총을 느끼고 다시 만들 수 있다고 생각했다.

다음에 세라티 몬시뇰과 만났을 때 주교가 말했다. "마더 카브리니가 옳아요. 소명은 대부분 키워야 하는 거예요."

몬시뇰이 동의했다. "맞습니다. 하늘에서 완성된 상태로 뚝 떨어지지 않지요."

"생각해보면 하느님의 은총은 재능 있는 사람에게 훨씬 더 잘 통합니다. 그럴 때 재능은 그 기회를 더욱 빛나게 해주지요. 하지만 재능은 가진 이에게 오만을 안겨주기 마련입니다. 재능이 자신에게서 비롯된 게 아님을 성찰하지 못하는 어리석음 때문이지요. 그래서 실제로 영적 생활에서는 특별한 재능이 없는 사람들이 재능 있는 사람보다 더 큰 성과를 이루는 일이 많습니다."

몬시뇰이 말했다. "하지만 마더 카브리니는 보기 드문 재능이 있는 분입니다, 주교님."

"맞습니다. 하지만 휘하의 젊은 수녀들은 대부분 평범하거나 그 이하예요. 마더 카브리니가 그들을 하느님께 들어 올려 줍니다. 그들이 자기 자신이 아니라 자기 바깥의 에너지를 찾을 수 있게 해주죠. 사람들에게서 최선의 잠재력을 끌어내는 데 그보다 더 뛰어난 사람을 본 일이 없습니다. 조금만 있으면 우리의 프란체스카가 우리를 놀라게 할 것 같습니다."

"사실을 말씀드리자면, 저는 이미 놀라고 있습니다."

이 시절 프란체스카의 주요 업무는 새로 입회하는 젊은 여자들을 교육하는 것과 자신의 발전을 위한 오랜 시간의 묵상이었다. 기도할 때면 그녀의 모습이 달라지는 듯했다. 주교와 몬시뇰은 프란체스카의 가장 큰 재능이 교육이라는 데 동의했다. 그녀도 이 바쁜 시설 내내 그 재능을 적극 활용했지만 주로 종교적인 영역에서였다. 직접 가르치는 일은 거의 하지 않았다. 겉으로 드러나는 직무는 교육보다는 주로 관리 업무였다. 그러나 프란체스카는 영적 집회나 개인 면담을 할 때마다 수녀들에게 자신의 모습을 강하게 새겼기에 그곳 수녀들 가운데 마더 카브리니의 영향력을 받지 않은 사람은 한 명도 없었다.

프란체스카는 항상 친절하면서도 매사에 확고했다. 수녀회를 이끌기 위해서는 먼저 자신의 활달한 기운부터 다스려야 했다. 살레시오의 프란치스코처럼 프란체스카 역시 천성적으로 성미가 급했다. 프란치스코처럼 프란체스카 역시 그 사실을 잘 감추어서 사람들은 그녀가 다정한 성품을 타고났다고 여겼다. 그것은 단번에 이루어지는 일이 아니었고, 프란체스카는 생이 끝날 때까지 스스로를 다스려야 했다. 수녀회를 창립했을 때 그녀는 차분히 미소 짓는 사람이 되었고, 그 안에 담긴 불길은 이따금 번득이는 재치가 보여주었을 뿐이었다.

프란체스카가 모으는 사람들의 자질이나 그들이 해야 할 일의 성격 때문에 그녀는 그들이 쉽게 이해할 수 있는 신앙 행동을 채택했다. 사실 프란체스카는 영성에 대한 이론이 없었고 특정 학파에 속하지도 않았다. 그래서 수녀들을 혼란스럽게 할 만한 심오하고 신비로운 이론은 펼쳐놓지 않았다. 성모 소성무일도를 포함한 많은 공동 기도, 약간의 개별 묵상, 거기에 소박함과 겸손함, 무엇보다 순명을 더하면 충분했다. 그것이 프란체스카가 설립한 수도회의 정신이었다.

그뿐 아니라 매일 성심 기도를 하게 하면서 그 기도에 "우리 수녀회에서 당신의 영이 힘을 잃느니 차라리 수녀회가 시들게 하소서."라는 내용을 넣었다.

처음부터 가능한지 여부는 따지지 않았다. 자신감이 넘쳐서는 아니었다. 프란체스카는 천성적으로 겸손하고 내향적이며 약간 소심했다. 그것은 신에 대한 믿음으로 나아갔다. 그녀는 "나에게 힘을 주시는 분 안에서 나는 모든 것을 할 수 있습니다."라는 성 바오로의 말을 입에 달고 살았다. 이는 프란체스카의 모토가 되고 이어 수도회의 모토가 되었다. 그녀는 다른 수녀들도 모두 같은 믿음을 갖기를 바랐다. 처음부터 무엇이 가능한지만 따지는 일은 하지 않기로 결심했고, 이제 수녀들에게 불가능한 일을 수행할 준비를 갖추자고 말했다. "어떤 일에도 겁먹지 마세요. 전진하되 여러분의 뜻만으로 움직이지 말고 순명 속에 움직여야 합니다. 나는 내가 겪은 모든 실패가 자신의 힘을 너무 믿은 탓이라는 걸 깨달았습니다. 모든 것을 하느님의 손에 맡기면 누구도 실패하지 않습니다. 그분께 순명하면 가능과 불가능은 아무 의미도 없어집니다."

그 후 코도뇨의 수녀들에게는 놀라운 일이 많이 일어났다. 그중에는 자연스러운 설명이 가능한 일도 있지만 거의 기적이라고 여겨지는 일도 많았다. 프란체스카는 이를 기적이라고 칭하지 않았지만 수녀들이 그렇게 생각하는 것까지 막을 수는 없었다. 그런 일은 코도뇨의 시설에서부터 있었고 그녀의 인생 내내 일어났다.

어느 날 프란체스카가 수녀 한 명에게 와인을 사오라고 했다. 수녀들은 이탈리아인이라서 식사 때 자연스럽게 와인을 곁들였다. 그러나 마더 카브리니에게는 와인 살 돈이 없었고 이미 와인 가게에 외상을 달아둔 상황이었다.

심부름하러 간 수녀는 외상을 별로 문제라고 생각하지 않았다. 와인 상인은 그녀와 같은 고향 출신으로 아는 사이였으니 이번에도 외상으로 와인을 살 수 있을 줄 알았다.

하지만 상인은 돈을 나중에 준다는 이야기에 뚱한 표정을 지었다. "동업자한테 물어봐야겠어요."

그러더니 그가 옆방에서 동업자와 대화하는 소리가 들렸다. "그 수녀들은 너무 가난해. 돈을 언제 받을지 몰라!"

수녀가 프란체스카에게 와인을 못 샀다고 말하자 프란체스카는 처음에는 실망한 기색이었다. 그러다 문득 말했다. "돈이 없나요?"

"네. 어제 장을 보고 남은 동전은 자기 전에 회계 담당자에게 주었어요."

"와인 가격은 얼마인가요?"

"40리라예요, 원장 수녀님."

그 말에 프란체스카는 하늘을 보면서 기도했다. 그러더니 감사 기도를 하듯 성심상 앞에 고개를 숙이고 다시 물었다. "주머니에 돈이 없는 게 확실해요?"

"네, 원장 수녀님."

"수녀님이 제대로 살펴보지 않은 것 같아요."

수녀는 정말로 돈이 없다는 걸 보여주려고 주머니를 뒤집었다. 주머니에는 구슬, 수첩과 손수건뿐이었다.

"그러면 우리가 어떻게 해야 할까요, 수녀님?"

"주님이 돌봐주시겠지만, 그것 말고는 모르겠습니다."

"수녀님, 주머니를 다시 보세요."

― 마더 카브리니

방금 뒤집었던 주머니를 다시 찾아본들 소용없는 일 같았지만, 시키는 대로 했더니 놀랍게도 20리라 지폐 두 장이 나왔다.

수녀는 마더 카브리니가 혹시 자신이 거짓말을 했다고 생각할까 봐 겁을 먹었다. 청빈의 규칙을 어기면 퇴출을 각오해야 했다. 돈을 숨기는 것은 중범죄였다. 순수한 영혼의 소유자였던 수녀는 마더 카브리니에게 그런 생각을 솔직하게 털어놓았다.

그러자 마더 카브리니는 미소로 답을 했다. "걱정 말아요. 이걸로 내보내지는 않아요. 수녀님처럼 솔직한 수녀가 백 명 정도 있으면 좋겠어요."

수녀가 지폐를 가지고 와인을 사러 가자 상인이 비꼬았다. "결국 돈을 찾았군요! 그럴 줄 알았어요."

젊은 수녀가 어떻게 된 일인지 말하자 상인은 감동했다. "정말로 그렇다면 여기 와인을 전부 드리겠습니다." 그리고 큰 와인 술통 두 개를 공짜로 보내주었다.

주방에서 요리사 보조로 일하는 수녀도 비슷한 이야기를 했다. 그 수녀는 빈 우유 통을 보고 마더 카브리니에게 사정을 털어놓았다. "우유가 떨어졌는데 지금 당장 필요해요. 어떻게 해야 할까요?"

"제대로 본 것 맞나요?"

"네, 원장 수녀님. 프란체스 수녀하고 제가 같이 보았어요. 한 방울도 없어요."

프란체스카가 고개를 들어 다시 성심상을 바라보더니 미소를 지었다. "가서 다시 보세요. 이번에는 잘 보세요."

우유 통에 우유가 가득했다. 수녀가 그걸 들고 가서 보여주니 마더 카브리니는 그저 웃어 보였다. 하지만 우유를 본 프란체스 수녀는 소리쳤다. "우리 원장 수녀님은 성녀예요! 기적을 행하세요!"

잠시 후 프란체스카가 우유를 발견한 수녀를 불러서 그 일에 대해 함구하라고 지시했다.

"하지만 프란체스 수녀님이 이미 알고 계세요."

프란체스카가 웃었다. "그러면 다른 사람한테는 말하지 말아요."

수녀원에서 가난은 문제가 되지 않았다. 빵이 거의 다 떨어졌다는 말을 듣자 프란체스카는 말했다. "제대로 찾아보지 않은 것 같네요. 다시 한번 찾아보세요."

수녀는 빵이 없는 걸 잘 알았지만 명령에 따라 찾아보았다. 빵을 담아두는 통에 갓 구운 빵이 가득했다. 그녀는 요리사와 문지기에게 누가 빵을 사왔느냐고 물었다. "아뇨. 돈이 없는데 어떻게 빵을 사요?"

이번에 그들은 용기가 나지 않아서 빵에 대해 말하지 못했다. 그러자 마더 카브리니가 물었다. "그래서 빵을 찾았나요?"

"네, 원장 수녀님. 갓 구운 빵이 잔뜩 있었어요."

잠시 침묵이 흘렀고 프란체스카가 가볍게 말했다. "처음에 잘 찾아보지 않은 거예요."

하지만 필요한 물건을 늘 이런 식으로 충당할 수는 없었다. 프란체스카는 건강이 좋지 않았고 병도 자주 났지만 수녀원장으로서 면제받을 수 있는 자기 몫의 허드렛일을 거르지 않았다. 자수 일도 했다. 특히 급한 주문이 들어와서 밤늦게까지 일해야 할 때면 더더욱 책임을 다했다. 재봉실에 계속 드나들고 양계장에도 가는 등 어떤 작은 일도 그녀의 눈길을 벗어나지 못했다. 아무리 바쁘고 근심이 많아도 프란체스카는 수호성인 살레시오의 성 프란치스코 같은 차분한 온화함을 모범적으로 보여주었다.

누가 기적 이야기를 꺼내면, 그녀는 행여 기적이 있었다면 순명한 덕분이라고 넘겼다. 프란체스카가 볼 때 수녀원 생활을 잘하고 규칙에 철저히 따르면 다른 형태의 금욕주의는 필요 없었다. "완전해지기 위해서 여러분이 할 일은 완전히 순명하는 것뿐입니다. 개인적 취향을 포기하는 것이 그리스도의 십자가 고난을 받아들이는 길입니다."

그녀는 이런 방법을 통해서만 비밀스러운 내면의 기쁨을 얻을 수 있다고 강조했다. 시련 속에서도 그것이 하느님이 보내주신 것임을 잊지 않는다면 기쁨이 떠나지 않는다고, 아플 때도 모든 것을 감사하는 마음으로 받아들이면 기쁨을 누릴 수 있다고. 그들 중 가장 많은 고통을 겪는 사람이 하는 말이었기에 특별한 설득력이 있었다. 프란체스카는 규칙에 이렇게 썼다. "병에 걸려 단체 일과에 참여할 수 없을 때면, 하느님께 마음을 자주 들어 올려서 그분과 합일을 유지하고 불평 없이 자신의 고통을 바쳐야 한다." 그것은 작은 그리스도가 되는 것 아닌가? 그녀는 불평이라면 어떤 것도, 하다못해 날씨에 대한 투덜거림도 싫어했다. 수녀들이 자신들이 짊어진 십자가에 대해 말하는 것은 더 싫어했다. 프란체스카는 따뜻하고 깊은 동정심을 지녔지만 자기 연민은 아무리 경건한 방식으로 표현하더라도 날카롭게 반응했다. 왜 십자가에 대해 이야기하는가? "우리 수도회의 진정한 수녀는 짊어질 십자가가 없습니다. 원장이 모든 짐을 다 지기 때문입니다." 그녀는 수녀들이 자신들 말고 신에게만 생각을 집중하기 바랐다.

프란체스카는 일과 기도라는 오랜 수도 생활의 이상을 철저히 체화했다. 활동하는 삶과 묵상하는 삶, 마르타의 삶과 마리아의 삶[루카복음 10장에서 인용, 예수가 자매의 집에 방문했을 때 마르타는 시중드는 일에 바빴고 마리아는 예수 발치에서 말씀을 들었다.—편집자 주]이 긴밀하게 결합한 방식이었다. 수녀원 생활은 육체노동이 워낙 많아서 기도할 시간을 찾기 어려워 보였지만, 프란체스카는 하루 여섯 시간을 기도와 묵상에 바쳤다. 거기에 금요일 경배와 일주일에 한 번 있는 위령성무일도가 더해졌다. 영혼의 열망을 방해하는 어떤 외적 의무도 불허하는 것이 그들의 기본 원칙이었다. 바빠서 기도할 시간이 없다는 변명은 통하지 않았다. 오히려 일이 많을수록 더 많은 기도가 필요했다. 그들은 사도의 삶을 살지만 동시에 그리스도의 신부라는 걸 한순간도 잊지 말아야 했다.

오래지 않아 그들 중에도 성인이 나왔다. 1884년 5월에 수녀들은 첫 사망자 주세피나 크레마스키 수녀를 묻었다. 그녀는 작별 인사처럼 이 말을 남겼다. "천국에 수녀회를 세울 거예요."

몇 달 뒤 안칠라 마리아가 그 뒤를 따랐다. 그녀는 죽음을 앞두고 프란체스카에게 말했다. "천국에 가면 우리 수녀회에 필요한 모든 은총을 받을게요. 원하는 걸 말씀해주세요." 프란체스카가 대답하자 그녀는 이런 말을 남겼다. "그 모든 걸 예수 성심께 받아서 원장 수녀님께 드릴게요."

그녀가 죽고 몇 시간 후 수녀들이 쉬고 있는데 안뜰에 밝은 빛이 지나갔다. 몇몇 수녀가 소리쳤다. "안칠라 수녀님이 하늘로 올라가시는 빛이에요!" 그녀의 사망 소식이 전해지자 마을 사람들은 "성녀가 죽었다!"고 한탄했다. 그리고 수녀원에 몰려들어 유물을 부탁했다. 폐렴 말기였던 젊은 여자는 혹시 병이 나을까 하고 안칠라 수녀의 관을 무덤까지 들고 가겠다고 했다. 무거운 관을 지고 있는데도 여자는 한 걸음 한 걸음마다 몸에 힘이 생기는 걸 느꼈고, 매장을 끝내고 돌아왔을 때는 병이 다 나아 있었다.

그들 중 가장 위대한 성인은 프란체스카였다. 그 시절 프란체스카는 프란체스키나 카이오 수녀와 한방을 썼다. 어느 날 이 수녀가 잠에서 깨어보니 방에 빛이 넘치고 있었다.

"원장 수녀님, 원장 수녀님! 보셨어요?" 그녀가 소리쳤다.

"봤어요. 아무것도 아니에요. 주무세요."

다음 날 프란체스키나 수녀는 다른 방으로 옮겨졌다. 그 뒤로 마더 카브리니는 웬만하면 어떤 수녀와도 같은 방을 쓰지 않았다.

한낮의 꿈

2부

4장

로마 공략

공략은 급하지 않았다. 프란체스카 카브리니는 전면 공략에 앞서 신성한 도시 로마를 향해 살금살금 기어갔고 한동안은 지역 내 확장에 주력했다. 로마에 진출하려면 먼저 수녀 인력을 충분히 확보해야 했고, 그들 각자가 할 일을 철저히 교육받아야 했다. 프란체스카가 아무리 열심히 하더라도 그런 일에는 시간이 필요했다.

하지만 1884년 봄에 이미 수녀가 너무 늘어나서 코도뇨의 수녀원만으로는 다 수용할 수 없었다. 프란체스카는 건물을 확장하기로 했다. 원래도 신중했지만 나이 들면서 더 신중해진 세라티 몬시뇰은 반대했다. "증축이라뇨? 더 이상 입회를 받지 않는 게 낫지 않나요?"

"하지만 지원자가 계속 밀려들어요, 몬시뇰 님."

"거절하면 돼요."

이 조언에 프란체스카는 놀라고 상처받았다. 그것은 신의 계획에 제한을 두는 것 같다고 몬시뇰에게 말했다.

"하지만 비용을 생각해야죠, 원장 수녀님! 돈이 없잖아요."

그 논리는 대응이 불가능해 보였다. 건축업자는 예상 비용을 2만4천 리라로 추산했다. 처음에 수도원을 산 돈의 두 배도 넘었다. 하지만 프란체스카에게 불가능이란 없었다. 그녀는 일을 전부 건축업자들에게 맡기는 대신 수녀들을 참여시키자고 생각했다. 인부들이 일을 끝내고 떠나면 수녀들은 벽돌공의 딸인 한 수녀의 감독 아래 비계 위로 벽돌과 시멘트를 옮겼다. 튼튼한 시골 여자들인 수녀들은 마지막 햇빛이 사라지기 전까지 일하고 또 새벽에 벽돌공들이 오기 전에도 일했다. 그 일은 힘들지만 재미있었다. 이런 생각을 해내다니 우리 원장 수녀님은 정말 똑똑해! 공사를 감독한 수녀는 나중에 미국에서도 여러 차례 감독을 맡아 건물을 지었다. 프란체스카가 직접 건축주가 된 일이 여러 번 있었기 때문이다. 하지만 그때는 경험을 얻은 후였고, 코도뇨에서는 실험이 당장 성공하지는 못했다.

어느 날 수녀원에 한 남자가 찾아왔다. 프란체스카가 접견실로 가자 그가 말했다. "시청에서 왔습니다."

"네?"

"죄송합니다, 원장 수녀님. 하시만 이 명령서를 읽어보십시오."

프란체스카는 종이를 받아들고 읽었다. "그렇다면……" 그녀는 고개를 들어 그의 얼굴을 보았다. 그 뜻이 무엇인지 알았다.

"벽에는 버팀 장치가 필요합니다. 그게 없으면 무너져서 사람이 죽고 다칠 수 있습니다."

"그런 일이 있어서는 안 되죠. 말씀에 따르겠습니다. 건축업자에게 그렇게 말씀해주세요."

프란체스카는 빠르게 결정했다. 벽돌을 놓은 수녀들은 잘못한 부분을 고쳐야 했다. 수리는 처음에 벽을 쌓는 것보다 더 힘들었지만 수녀들은 좌절하지 않았다. 투박하지만 튼튼한 버팀 장치를 직접 대며 큰돈을 절약했다. 그들은 적은 돈으로 수녀원을 두 배로 늘렸고, 영적인 잠재력도 두 배로 키웠다.

이제 마침내 밖으로 뻗어나갈 때가 왔다.

그들 수도회의 두 번째 기관은 마더 카브리니와 일곱 명의 수녀가 섭리의 집을 떠난 지 2년 후에 설립되었다. 하지만 눈썰미가 유난히 좋은 사람이 아니라면 그 정도의 일을 보고 그녀가 세운 계획의 방향을 유추할 수는 없었을 것이다. 1882년 11월에 수녀 네 명이 아직 25세에 불과한 젊은 수녀를 원장으로 삼고 크레모나 근처의 소읍 그루멜로 떠났다. 프란체스카도 동행했다. 공식 개원식에 참석하기 위해서였다. 그녀는 이후 세 개 대륙에 걸쳐 수많은 기관을 세우면서도 단 한 번만 빼고 모든 개원식에 참석했다.

이 작은 집단은 잔잔한 설렘 속에 코도뇨를 떠났다. 프란체스카는 겉으로는 그들보다 차분했지만 가슴속에는 불이 타오르고 시선은 먼 지평선에 꽂혀 있었다. 다른 수녀들과 작별 인사를 후에 그녀는 함께 떠나는 수녀들에게 침착하게 말했다. "이제 떠납시다. 이제부터 시작이에요."

 다섯 수녀는 시골 지역의 작은 마차를 타고 코도뇨를 떠났고, 가구와 세간살이를 실은 끌차가 그 뒤를 따라갔다. 길에서 그들을 본 누구도 그것이 성 프란치스코 하비에르의 여정조차 뛰어넘는 광대한 선교 여행의 시작임을 짐작하지 못했을 것이다. 프란체스카의 야심을 잘 알던 몬시뇰과 주교도 마찬가지였다. 그들의 마음 한구석에는 그녀가 이런 작은 사업들로 에너지를 소진해서 지금 그 자리에 머물러주었으면 하는 바람이 있었다. 하지만 수녀들은 알았다. 지금부터 그들은 부름이 있는 어디든 갈 것이고, 이미 그 길이 시작되었다는 사실을. 다 함께 안전하게 지내던 코도뇨의 목가적 생활은 이제 끝나갔다. 작별하며 슬픈 눈물을 흘렸지만 미소와 기대의 눈빛도 빛났다. 누군가는 곧 중국에 갈지도 몰랐다! 프란체스카는 그들 모두에게 자신의 선교 열정을 불어넣었다.

 하지만 그루멜로의 수녀원도 코도뇨처럼 작은 규모의 사업만 했다. 인원이 적어서 그보다도 규모가 작았다. 고아원은 없고 여학생을 위한 무료 통학 학교만 있었는데, 학교에서는 현실적인 필요를 반영해서 요리와 바느질 교육을 강조했다. 학생 대부분이 노동자나 농부의 아내가 되었기 때문이다. 하지만 코도뇨에서와 마찬가지로 지역의 성인 여성들을 위한 종교 수업도 있었다. 세상의 눈으로 볼 때 이 일은 작은 수녀원 하나가 더 생긴 것뿐이었다. 하지만 프란체스카와 수녀들에게는 작은 일에 그치지 않았다. 수도회는 이제 뻗어나가기 시작했다. 세상 끝에 이를 때까지 계속 뻗어나갈 것이다.

밀라노로 한 걸음

그 후 2년 동안은 별다른 움직임이 없었다. 그러다 1884년에 로디의 주교 젤미니가 부감독으로 있는 밀라노 대관구에 새 수녀원을 세웠다. 밀라노는 롬바르디아의 중심 도시다. 그래서 그 일은 수녀들이 꿈꾸는 거대한─누구도 상상하지 못할 만큼 거대한─확장의 계획임에도 불구하고 겉으로는 그들을 롬바르디아 지방에 더욱 단단히 묶어놓는 듯한 인상을 주었다. 물론 그것으로도 수녀들을 붙잡을 수는 없었다.

밀라노 수녀원 설립 과정은 겉으로는 평범했다. 마더 카브리니가 성상 구매를 위해 수녀 한 명을 밀라노에 보내면서 그곳에 수녀원을 운영할 만한 건물이 있는지 알아보게 했다. 그 수녀는 밀라노에 있는 아는 신부를 찾아가서 그 일을 의논했다. 그는 수녀들의 계획을 도와주었다. 그 신부의 교구에 기숙학교가 하나 있었는데, 마침 그 학교를 맡아줄 사람이 필요했으므로 선교수녀회에 그 일을 부탁했다.

프란체스카는 여덟 명의 수녀에게 그 일을 맡겼다. 또한 학교의 성격을 바꾸어서 교사 지망생들의 거주 시설로 만들었다. 그녀는 시골을 떠나 큰 도시에 처음 온 젊은 여자들에게 그런 공간이 몹시 필요하다는 걸 알았기 때문에, 이후 유사한 시설을 여러 개 세웠다. 프란체스카가 아는 세속 사범학교들은 대부분 자유주의를 선호해서 완전히 세속적인 세계관을 은근히, 때로는 노골적으로 불어넣었다. 프란체스카는 교사들이야말로 누구보다 더 교육을 잘 받아야 한다고 생각했다. 그들을 좋은 신앙인으로 만들어서 학생들에게 올바른 영향력을 끼치게 하는 것이 그녀의 목표였다. 그래서 이 거주 시설들은 선교 사업의 일환이었다. 이를 통해서 간접적인 방식으로 이탈리아의 종교 생활을 개선하고자 했다.

프란체스카는 1960년 시카고에 있을 때 로마의 기숙사에 사는 사범학교 학생들에게 편지를 보냈다. "교육이라는 위대한 사업을 하는 여러분은 성심선교회 사업의 첫 번째 협력자고, 그 이유로 예수님이 제게 보내주신 이 큰 가족 중에서도 제 마음에 특별히 소중합니다." 이 말이 교육 사업에 대한 프란체스카의 생각이었다.

지금까지 프란체스카의 무대는 시골 마을과 소읍이었지만 이제부터는 되도록 대도시에 시설을 세우는 것이 그녀의 원칙이 되었다. 밀라노는 대도시일 뿐 아니라 이탈리아 교회의 주요 거점이었기에 프란체스카와 잘 맞았다. 그곳에 세워진 많은 종교 단체들은 그런 중심지에서 활동하는 데 만족했다. 하지만 프란체스카는 그럴 수 없었다. 그녀에게 밀라노는 로마로 가는 한 단계였다.

프란체스카가 밀라노에 가보니 사업을 펼칠 기회가 가득해 보였다. 원했다면 거기 머무를 수도 있었고, 그래도 아주 많은 것을 이루었을 것이다. 이듬해 그녀가 보르게토에서 일할 때 카살푸스테를렝고와 리바그라에서도 요청이 왔다. 하지만 그 시절 그녀의 빛나는 눈은 내내 로마를 향했나. 로마! 로마! 로마! 그곳에 가야 했다. 프란체스카는 항상 자신의 수도회를 베드로의 반석 위에 세워야 한다고 말했다. 지금까지는 모든 사업이 롬바르디아 저지대를 무대로 했지만─선교수녀회 창립 7년도 안 돼서 각종 학교를 일곱 개나 세웠다─, 그것은 더 큰일을 위한 예비 과정일 뿐이었다. 그녀는 로마로, 세계로 가야 했다.

1887년 가을은 황금빛, 구릿빛으로 타올랐다. 이때까지 프란체스카의 수도회는 두 지역 주교의 직접적인 관할 아래 있는 교구 차원의 단체에 불과했다. 그녀가 벌써 교황의 승인을 추진한다는 사실은 주위의 조언자들에게는 어리석을 뿐 아니라 거의 주제넘은 일로 보였다.

프란체스카와 가까운 친구 중에 그녀의 야심을 누구보다 잘 아는 사람은 로디의 공동 보좌주교 베사니 몬시뇰이었다. 그해 6월에 그가 죽었을 때 프란체스카는 큰 슬픔뿐 아니라 든든한 지원군을 잃었다는 상실감을 느꼈다. 그가 죽은 다음 날 아침 그녀가 영성체를 받으러 나갈 때 "수녀님, 날 위해 그걸 받아줘요." 하는 목소리가 들렸다. 그 후 한 달 동안 프란체스카는 모든 영성체를 몬시뇰의 영혼의 휴식을 위해 바쳤다. 그렇게 하자 그가 그녀에게 미소 짓고 말하는 것 같았다. "이제 됐어요. 고맙습니다. 수녀님이 도와주셨어요. 이제부터 제가 수녀님을 돕겠습니다."

다른 친구들 중에도 로마행이 옳다고 생각한 사람들이 있었지만─그중에는 코도뇨의 피정 시설과 크레마 참사회에서 활동하는 예수회 신부도 있었다─, 세라티 몬시뇰은 이번에도 새로운 도전을 강력하게 반대했다. 로디의 젤미니 주교는 당시 병중이었고 베르사니 주교도 죽은 뒤였기 때문에 세라티 몬시뇰의 의견은 저항하기 힘든 무게를 지녔다.

몬시뇰은 선교수녀회의 공동 창립자라고 할 만한 사람들 중 유일하게 남아 있는 사람이었다. 그 이유로, 그리고 항상 프란체스카와 굳건한 관계를 유지했기에 그의 의견은 반드시 들어야 했다. 그는 걱정으로 가득했고, 아직은 때가 무르익지 않았다고 경고하는 것이 옳다고 여겼다.

"그 일은 성공하지 못할 겁니다." 그가 단언했다. "수녀님은 나만큼 로마를 잘 알지 못해요. 그곳 사람들은 수녀님을 비웃을 거고 돌아오면 코도뇨에서도 웃음거리가 될 겁니다."

프란체스카가 그 말에 별로 흔들리지 않자 그는 노골적으로 말했다. "이런 일은 성인이 되실 분들이나 하는 일입니다." 그는 그러면 그녀가 멈출 줄 알았다. 성인은 자신이 성인이라고 주장하는 것처럼 보이는 상황을 가장 싫어한다는 걸 알았기 때문이다. 하지만 프란체스카에게 그런 섬세한 방식의 위협은 통하지 않았다.

젤미니 주교는 병중이라 만날 수 없었기 때문에 그녀는 밀라노의 칼라비아나 대주교에게 가보려고 했다. 두 번을 찾아갔지만 그때마다 그는 외출 중이었다. 프란체스카는 굴하지 않고 또 다시 그를 찾아갔다.

그녀를 보러 내려온 대주교는 불쾌한 기색이 역력했다. "로마에 가고 싶은 이유는 무엇인가요? 밀라노로는 부족한가요?"

"대주교님," 그녀가 온화하게 대답했지만 대주교는 그녀의 눈이 번득이는 걸 놓치지 않았다. "저는 처음부터 로마를 생각했습니다. 밀라노는 아름다운 도시지만 제게는 충분하지 않습니다."

"원장 수녀님. 관구 승인을 받은 걸로 만족하세요. 말도 안 되는 생각 접으시고요."

그의 말투가 워낙 강경해서 프란체스카는 혹시 자신에게 복종 명령을 내리는 건가 싶었다. 그가 로마행을 금지하는 것 같아서 프란체스카는 망설였다. 권위에 저항할 수는 없었지만 신이 자신을 부른다는 믿음은 변함없었다.

프란체스카는 의문을 해소하려고 친구인 몬테가자 몬시뇰에게 대주교의 의도가 무엇인지 물었다.

그는 명확한 금지가 아니라 개인적 견해를 전한 것뿐이라고 그녀를 안심시켰다.

"정말인가요, 몬시뇰 님?" 프란체스카가 물었다.

"네, 원장 수녀님. 어떤 주교도 그런 일로 복종 명령을 내리지 않습니다. 걱정하지 말고 로마로 가세요. 그건 불복종이 아닙니다. 내가 책임질 테니 다시 그분을 찾아가서 번거롭게 하지 마세요. 수녀님이 떠나시면 내가 나중에 그분께 설명하겠습니다."

바로 그때 프란체스카의 꿈에 아기 예수가 나타났다. "로마로 가라."

그녀는 기쁨에 몸을 떨며 깨어났다. 주교의 분명한 명령이 있었다면 꿈은 아무것도 아니었겠지만, 몬테가자 몬시뇰이 금지가 아니라고 장담했기 때문에 그녀는 신의 영감을 받았다고 믿을 수 있었다. 프란체스카는 이후로도 그런 꿈을 많이 꾸었다. 기본적으로 냉정하고 현실적인 성품이라 꿈이 계시일지 모른다고 말할 때조차 너무 큰 의미를 부여하지 않았지만, 실제로 자주 꿈의 인도를 받았다. 물론 그것은 직감을 생생하게 확증해주는 것뿐이었을 수도 있다. 프란체스카는 그 직감이 신에게서 왔다고 느꼈기에 그에 따라 행동했다.

그녀는 이제 행동에 나섰고 그 일에 대해 짧은 메모를 남겼다. "언제나 해외 선교를 열망했지만 교황 성하의 승인이나 축복 없이 떠나는 일도 수녀들을 보내는 일도 싫은 프란체스카 카브리니가 1887년 9월에 로마에 왔다."

프란체스카는 그달 24일에 밀라노를 떠났다. 이때 다른 일에 필요한 건강하고 유능한 수녀가 아니라, 건강 문제로 어디서도 큰 쓰임이 없는 세피나를 동행으로 선택했다. 이것은 그녀가 어떤 사람인지 잘 보여주었다. 그 때문에 자신의 짐이 더 무거워진다는 사실은 중요하지 않았다. 두 수녀는 낡은 여행 가방 하나에 모든 짐을 챙겨 넣고 제노바로 갔다.

제노바는 철도가 피사 너머까지 뻗고 바다도 내다보였다. 롬바르디아 내륙 평야에 살던 프란체스카는 바다가 처음이었다. 그때까지는 종이배에 제비꽃을 실어 보내며 해본 상상이 전부였다. 넓고 고요하게 펼쳐진 바다가 달빛 아래 반짝거렸다. 이후 바다는 프란체스카의 거처가 되다시피 했다. 리바그라에서 운하에 빠진 다음 생겨난 공포증은 이제 사라져서 다시는 그녀를 괴롭히지 않았다. 바다는 어떤 모습으로도 신의 광대함을 상징했다. 선교의 길이 될 바다를 왜 두려워하겠는가?

이제 프란체스카의 목표는 어지간한 담력으로 시도할 수 있는 일이 아니었다. 로마로 가지 말라는 조언들은 프란체스카를 곁에 묶어

두고 싶어서만이 아니라 그녀가 상처를 받지 않길 바라는 마음이기도 했다. 그들은 그녀가 겪을 좌절을 그녀보다 더 잘 알았다. 프란체스카도 사람들에게 자신은 흔하디흔한 관구 산하 시골 원장 수녀일 뿐이라는 것을 잘 알았다. 특별 대우를 요청하지는 않았지만 신이 그녀를 호출하고 있음을 확신했다. 신과 소명에 대한 무한한 믿음을 바탕으로 프란체스카는 많은 사람이 헛수고라고 만류하는 일에 나섰다.

프란체스카는 도착 당일에 제수 성당에 있는 성 프란치스코 하비에르 제단에 순례를 갔다. 그의 유해—애초에 광둥 앞바다 상촨섬 Sancian Island의 생석회 속에 묻혔던—는 아직 인도 고아 주에 부패 없이 보존되고 있었다. 제수 성당은 수많은 이교도를 개종하여 세례를 준 그의 오른손을 보관하고 있었다. 그는 프란체스카의 수호성인이었다. 그녀의 이름도 그의 이름에서 땄으니 프란체스카가 그의 가호를 받으러 찾아간 것은 당연한 일이었다. 지상의 친구도 좋지만 하늘의 친구는 더 좋았다.

프란체스카는 두 가지 목적으로 로마에 갔다. 하나는 교황청 승인을 받는 것이고, 또 하나는 앞으로 그들 수도회의 모든 사업을 지도할 기관을 로마에 세우는 것이었다. 그러면 지역 주교들에 대한 의존에서 벗어나서 로마의 본부를 통해 세계를 무대로 사업을 펼칠 수 있었다. 이후 프란체스카가 이탈리아에서 지내는 시간은 많지 않았지만, 공식적으로 모든 일은 이탈리아, 특히 로마에서 결정되었다.

어쩌면 프란체스카가 교황청의 의전 과정을 몰라서 다행이었다. 만약 그 과정을 알았다면 절망했을지도 모른다. 때로 교황청의 기관들이 일하는 방식은 일부러 일을 끝내지 않으려고 하는 것처럼 보이기 때문이다. 신중한 교회 지도자들과의 교류는 별문제 없는 경우에도 시간이 오래 걸리고 외교적 책략은 그보다 긴 시간을 요구한다. 프란체스카는 일을 하염없이 미루는 관료적 절차를 무시하고 뜨거운 정신으로 단숨에 모든 장애물을 뛰어넘었다. 관습적 절차에 대한 무지가 이점이 되었을 수도 있다. 그녀는 열정으로 모든 사람을 사로잡았기 때문이다. 프란체스카는 처음으로 교회 최상층 고위직 인사들과 접촉했고, 그 중대한 순간에 갑자기 비범한 업무 추진 능력이 생긴 것 같았다. 거기에는 그녀의 개인적 역량이 큰 역할을 했다. 하지만 더 중요한 것은 고위 인사들이 아무리 고루할지언정 성인을 만났을 때 그 사실을 감지하지 못할 정도로 무감각하지는 않았다는 사실이다.

프란체스카는 로마 방문이 처음이었다. 로마의 화려하고 유서 깊은 분위기는 그녀의 상상력을 크게 자극했다. 프란체스카의 심장으로 많은 것이 밀려들지만 그런 광경에 압도되지는 않았다. 그녀는 눈을 감실에 고정하고 하루 종일 기도하며 로마에 온 목적에 집중했다. 로마의 물결 속에서 기도했다. 대리석과 황금이 번쩍거리는 눈부신 교회에서 아무것도 보거나 듣지 않고 신과 단둘이 있었다.

방문 목적과 관련해서 프란체스카는 로마 교구장 대리인 루치도 마리아 파로키 추기경을 만나야 했다. 그녀가 같은 롬바르디아 출신인 그에게 로마에 기관을 설립하게 허락해달라는 청원을 넣었기 때문이다. 언제나 행동에 망설임이 없던 프란체스카는 지체 없이 그에게 찾아갔다. 추기경과의 첫 접견은 그녀가 로마에 오고 겨우 사흘 뒤인 28일이었다.

  첫 결과는 실망스러웠다. 추기경은 관례대로 먼저 추천서가 있느냐고 물었다. 프란체스카가 추천서를 받으려 했다 해도 받지 못했을 것이다. 젤미니 주교는 병중이었고, 밀라노 대주교는 확고히 반대해서 감히 추천을 부탁할 수 없었다. 이런 사정을 설명해도 별로 얻을 이득이 없을 테니 추천서는 없다고만 말하자 추기경은 눈썹을 들어 올렸다. 이 시골 수녀는 어떻게 이렇게 단순한 걸까? 그 정도는 알아야 하지 않나? 추천서가 도움이 안 되는 경우가 많다고 해도 추천서가 아예 없는 것은 큰 감점 요인이었다! 그는 다시 프란체스카를 보았다. 솔직하지만 영민한 눈이었다.

  "왜 여기 오신 건가요?" 그가 물었다. "수녀님의 수도회는 아직 신생에 가까워요. 수녀님은 코도뇨에서는 많은 일을 할 수 있지만 로마에서는 하실 일이 없어요. 여기는 온갖 단체가 봄날의 꽃밭 같아요. 이미 너무 많아요. 코도뇨로 돌아가시는 게 좋을 것 같습니다."

  추기경은 차갑게 말하지 않았다. 미소 띤 얼굴에 눈빛을 반짝이는 프란체스카와 이야기하는 동안 이 낯선 수녀에게 흥미를 느꼈기 때문이다. 그래서 그녀의 계획이 가망 없다고 보면서도 수도회에 대해 설명해달라고 했다. "그곳의 특징적인 정신은 무엇인가요?"

  그러자 세라피나 수녀가 끼어들어서 장황한 설명을 늘어놓았다. 프란체스카가 그녀를 말리고 파로키 추기경에게 대답했다. "추기경님, 저희는 아직 특징적인 정신을 키우지 못한 것 같습니다."

  그 솔직함에 추기경은 다시 미소 지었다. 수녀회가 더 발전한 뒤에 로마에 와야 한다는 생각은 더욱 확고해졌다. 그는 자신이 이런 상황의 해결법을 안다고 생각했다. "기관을 설립할 충분한 자금을 증명해주시면 허락해드리겠습니다."

그것은 약속인 동시에 타격이었다. 프란체스카에게는 자금이랄 게 없었다. 그래도 얼마 정도면 되느냐고 물었다.

"아, 50만 리라요." 그는 그것으로 프란체스카를 물리쳤다고 생각했다. 절대 달성할 수 없을 조건을 제시했다고.

그는 일어섰고, 수녀들도 일어섰다가 무릎을 꿇고 그의 반지에 입을 맞추었다. 이제 모든 희망이 무너진 것 같았다. 그렇게 큰돈을 어디서 마련한다는 말인가? 하지만 프란체스카는 창백한 얼굴로도 나직하게 "데오 그라티아스Deo gratias!"[라틴어로 '하느님 감사합니다'라는 뜻.]라고 말했고, 오히려 함께 간 수녀를 격려했다. "용기를 내세요, 수녀님! 주님이 추기경님의 생각을 바꿔주실 거예요."

그 순간 할 수 있는 것은 기도뿐이었다. 프란체스카는 이제 어느 때보다 더 열심히 기도했다. 그리고 코도뇨로 돌아가지 않고 로마에서 기다렸다.

로마 교구장 대리를 접견할 무렵 그녀는 수도회의 규칙을 관련 업무를 판단하는 기구인 주교성에 제출했다. 조직이었기 때문에 개별 추기경보다 일 처리가 훨씬 느렸다. 결정은 그들의 수도회를 위한 특별법이 발포된 이듬해 3월 12일에야 이루어졌는데 그것도 예외적으로 빠른 경우였다. 확실한 교황 승인은 거의 20년 후에야 내려졌다. 본디 모든 일을 신중하게 진행하는 것이 교황청의 방식이었다.

하지만 규칙 승인은 그렇게 긴급한 문제가 아니었다. 로마에서 기관 설립 허가를 받는 것이 훨씬 긴급했다. 파로키 추기경의 차가운 태도에도 불구하고 프란체스카는 다시 한번 그에게 접견을 요청했다. 그가 그 접견을 허락했다는 것은 전에 좋은 인상을 받았다는 뜻이었다.

"하지만 전에 드린 말씀 이상으로 드릴 말씀이 없습니다." 추기경은 여전히 같은 태도를 고수했다.

프란체스카는 대담한 제안을 준비했다. "추기경님, 교황 성하께 직접 이 일을 여쭈어주실 수 없을지요?"

추기경은 잘 놀라는 사람이 아니었지만 교황과 직접 의논해달라는 부탁은 그를 놀라게 했을 법하다. 그는 이토록 결연하고 담대한 태도에 새로운 흥미가 생겼다. 다른 많은 사람들처럼 추기경도 프란체스카 카브리니의 부탁을 거절하기란 쉽지 않다는 것을 깨닫기 시작했다. 자신이 추기경이고 그녀가 시골 수녀라도 그랬다. 그는 프란체스카를 한참 동안 바라보았다. "알겠습니다. 성하께 직접 말씀드려보겠습니다."

"진심으로 감사드립니다."

"하지만 희망을 품지는 말아요. 성하께서는 지금 여름 거처에 계세요. 그리고 돌아오시면…… 결과가 어떻게 될지 저는 모릅니다."

결과에 아무런 확신을 주지 않았지만 추기경이 그렇게까지 말한 것은 의미가 있었다.

프란체스카는 기뻐하며 떠났다. 며칠 후 그녀는 추기경이 친구에게 한 말을 전해들었다. 프란체스카가 한 말을 그대로 인용하며, 주님이 이 수녀들에 대한 자신의 생각을 바꾸고 있다는 이야기였다. 그녀는 감탄했다. "대단해요! 정말 대단해요!" 프란체스카는 항상 성공을 자신했다. 이제 신의 손이 움직인다고 느꼈다.

그러는 사이 롬바르디아에서 추천서들이 왔다. 몬테가자 몬시뇰은 편지에 자신이 밀라노 대주교를 만났는데 대주교가 자신은 조언했을 뿐, 명령을 내린 건 아니라고 말했다고 전했다. 그가 덧붙였다. "원하시는 대로 하셔도 좋습니다." 장애물이 빠른 속도로 치워지고 있었다.

프란체스카에게는 길기만 했던 2주일이 지나갔다. 이후 그녀를 세 번째 만났을 때 로마 교구장 대리는 다른 사람이 된 것처럼 그들을 미소로 맞이했다. 그는 점잖지만 약간 당혹스러운 농담을 준비해두고 있었다.

"카브리니 원장 수녀님, 순명할 준비가 되셨나요?" 그가 곧바로 물었다.

"물론입니다, 추기경님."

"그렇다면 로마에 기관을 하나 설립하겠다는 뜻을 버리십시오." 그는 잠시 말을 멈추고 프란체스카의 반응을 살폈다. 그녀가 움찔하지 않자 이어 말했다. "대신 두 개 세울 것을 명령합니다."

자신의 재치와 수녀들의 기뻐하는 모습에 그는 뿌듯해셨다. "기관을 두 개 세우셔야 합니다. 하나는 포르타 피아에 빈민을 위한 무료학교, 또 하나는 사비나의 아스프라 지역에 유치원을 세워주세요."

허락에는 무거운 의무가 따라왔다. 프란체스카는 시도한 것보다 훨씬 많은 것을 얻었다. 이제 두 기관을 채울 수녀를 구하고, 재정 지원을 받아내야 했다. 추기경은 포르타 피아의 학교에 대해서는 필요 설비 지원 이상을 말하지 않았다. 수녀들이 임대료를 내고 직접 유지해야 했다. 하지만 이것은 선물이었고 선물을 트집 잡을 수는 없었다. 프란체스카는 망설임 없이 그 말에 복종해서 일을 시작했다.

롬바르디아에 소식이 닿자 수녀들은 물론 주변의 다른 사람들도 모두 기뻐했다. 아무리 낙관적인 사람도 이 정도로 큰 성공을 기대하지는 않았다. 상황이 이렇게 되자 가장 비관적이었던 사람들도 기꺼이 기부했다. 세라티 몬시뇰은 특별히 다섯 수녀의 로마행 여비로 500리라를, 전반적 비용으로 다시 1천 리라를 주었다. 둘 다 큰돈은 아니지만 충분했다. 프란체스카가 충분하게 만들 터였다.

최선을 찾는 사람

프란체스카 카브리니는 신속하고 단호한 행동에 익숙했지만 그 전에 언제나 기도했다. 나중에 그녀는 낯선 외국에서 필요한 시설을 두어 주 만에 설립해서 운영하는 일을 여러 차례 해냈다. 길만 있으면 그 무엇도 프란체스카를 가로막지 못했다. 그녀는 10월 31일에 포르타 피아 근처의 팔라초 마요키 건물의 아파트 한 채를 월세로 구한 뒤 사비나로 향했다.

사비나까지 가는 길이 멀지는 않았지만 날씨가 험하고 교통이 좋지 않아 힘들었다. 프란체스카는 아스프라 유치원 사업에 배정된 수녀들과 함께 폭우와 강풍에도 굴하지 않고 아침 6시에 출발했다.

"원장 수녀님, 오늘 가야 할까요? 내일로 미루면 안 될까요?"

"오늘 가야 돼요." 프란체스카는 우산을 펴고 앞장서서 바람을 뚫고 갔지만 곧 우산이 뒤집혔다. 그러자 그녀는 망가진 우산을 겨드랑이에 끼고 뛰었다. "빨리 갑시다!" 그리고 뒤에서 뛰어오는 수녀들에게 소리쳤다. "기차를 놓치면 안 돼요."

그들은 모두 비에 젖고 진흙에 젖은 채 기차역에 도착했다. 기차도 별 도움이 되지 않았다. 그들이 탄 칸은 창문이 닫히지 않아 비바람이 들이쳤다. 아스프라에서 가장 가까운 역인 포조 미르테토에서는 마차마저 금방 오지 않았다. 수녀들은 한 시간 가까이 마차를 기다리며 젖은 몸으로 덜덜 떨었다. 그들을 딱하게 여긴 역 짐꾼이 작은 방을 내주어서 불가에서 몸을 녹이게 해주었다.

마침내 도착한 마차에는 지붕이 없었다. 그들은 다시 두 시간 동안 비바람을 맞으며 언덕을 넘고 가파른 계곡을 내려가야 했다. 그곳은 이미 때 이른 눈이 내려서 날씨가 추웠다. 프란체스카는 수녀들을 위로하려고 성 테레사가 스페인에서 겪은 일을 이야기했다. 어쨌건 성 테레사는 마차가 뒤집어져서 그리스도에게 농담 삼아 불평까지 했지만—"친구를 이렇게 대접하시니 주님께 친구가 별로 없는 거예요!"—자신들에게 그런 일은 없지 않느냐고.

로마로 돌아온 프란체스카가 고열에 시달린 것도 이상한 일이 아니었다. 나쁜 몸 상태 역시 날씨와 마찬가지로 장애물이 되지 않았다. 프란체스카는 자신은 몸이 나으려면 일해야 한다고 말하곤 했다.

그래서 노멘타라 거리에 아파트를 마련해서 포르타 피아의 학교에서 가르칠 수녀들이 지내도록 준비했다.

프란체스카의 재정 상태로는 저렴한 가구조차 사기 힘들어서 필요한 물건을 경매로 구하기로 했다. 그 일이 금방 끝나지 않을 게 분명한데도 로마에서 교사로 일할 수녀들을 얼른 보내달라고 코도뇨에 연락했다. 모든 성인의 날인 11월 1일에 다섯 명의 수녀가 왔다. 그들은 앞서 지내고 있던 두 수녀처럼 밀짚에서 자고 부엌 개수대에서 씻었다. 일단 그렇게 사업이 시작되었다.

프란체스카는 매일 경매에 갔다. 고열이 있건 없건 아침 미사가 끝나면 식사도 하지 않고 나가서 경매인이 망치를 내려놓는 오후 늦게까지 거기 있었다. 때로는 빵과 치즈를 가져가서 저녁 전까지 그것만 먹으며 버텼다.

그렇게 해서 필요한 가구가 하나둘 들어왔다. 프란체스카는 눈썰미가 좋았고 적은 돈도 효율적으로 썼다. 하지만 지친 상태에서 힘들게 입찰에 성공해도 낙찰 직전에 다른 사람이 더 높은 금액을 불러서 포기할 때가 많았다. 프란체스카로서는 그만한 돈을 쓸 수 없었다. 푼돈이라도 피곤하다고 낭비할 수는 없었다. 그날 구하던 것을 못 구하면 다음 날까지 기다렸다. 아파도 상관없었다. 프란체스카는 이런 식으로 팔라초 마요키의 아파트에 가구들을 채웠다. 이전까지는 밀짚 매트리스를 침대로 쓰고, 받침 다리에 널빤지 얹은 것을 식탁 삼아 지냈다. 마치 코도뇨의 수녀원에서 보낸 첫날 밤 같았기에 수녀들은 행복했다.

준비 마지막 단계에서 파로키 추기경이 노멘타나 거리로 그들을 직접 찾아왔다. 50만 리라의 조건을 내걸었던 이 고위 성식자는 이제 이들에게 각별한 애정을 보였다. 그들이 맞이하는 응접실에 성모상이 있었다. 추기경이 성모의 머리 대신 발판에 놓여 있는 왕관을 보고 물었다. "저 왕관은 언제 씌워주실 겁니까?"

프란체스카는 이번에는 자신이 농담할 차례라고 생각하며 짐짓 근엄하게 말했다. "성모님은 당신께서 마음을 돌려세우신 분이 직접 왕관을 씌워달라고 하시네요."

5장

떠난 이들의 고통

파로키 추기경이 로마 내 기관 설립을 허락하면서 그들은 당면한 목표를 이루었다. 1888년 3월 12일에는 그 성취를 확고하게 하는 일이 일어났다. 코도뇨에서 작성한 규칙이 승인된 것이다. 그날은 성 프란치스코 하비에르에 대한 9일 기도가 끝나는 날이었다. 꼭 성 프란치스코 하비에르의 은혜인 듯했다. 규칙 예비 보고서를 보고 교황 레오 13세가 열렬하게 "승인하세요! 승인하세요!" 하고 말했다는 것을 나중에 알게 되었다. 수년을 끌던 일이 몇 달 안에 해결되는 그런 경우였다. 프란체스카는 기다리는 시간이 길다고 느꼈지만 이런 일을 잘 아는 사람들은 그 신속함에 놀랐다. 자축할 이유가 넘쳤지만 그런 일은 생각하지 않았다. 문제를 신의 손에 맡긴 뒤에는 결과에 대해 의심하지 않았다. 가슴에 감사가 밀려들었다.

그녀에게 늘 있던 능력이었지만, 조용한 수녀원에서는 이렇게까지 드러나지 않았다. 세상과 떨어져 살던 15년 동안 프란체스카는 항상 날개를 펼칠 준비를 하고 있었다. 하지만 그전까지 그녀의 영향력은 자신이 모은 젊은 수녀들에게 조용히 발휘되었을 뿐이다. 그 안에 있을 때 프란체스카는 수줍은 천성 때문에 두드러지지 않았다. 이제 다른 특징들이 드러날 때가 되었다. 담대함과 관리 능력은 이전에도 의심받지 않았다. 겸손하지만 품위 있는 사람이 발휘해서 더욱 효과적이었다. 이제 드러나는 그녀는 이전과 다른 사람이 아니라 더 커다란 사람이었다. 로마는 새로운 전망과 새로운 자신감을 심어주었다. 프란체스카는 기독교 세계의 중심이자 익숙하지 않은 세계의 초입에서 자신의 잠재력을 끌어냈고, 이제 신이 그녀를 30년간 꿈꿔온 운명을 향해 이끌고 있다는 확신을 얻었다.

이 운명은 예상과는 다르게 펼쳐졌다. 아니, 기본적으로는 똑같지만 방식이 달랐다.

레오 13세가 규칙 승인에 직접 참여한 것은 그가 여기 특별한 관심이 있다는 표시였다. 물론 프란체스카가 교황을 직접 만나기까지는 그 후로 많은 시간이 필요했다. 마침내 만났을 때 교황은 그녀에게 상투적인 방식의 승인을 주지 않았다. 개인적이고 분명한 의뢰를 건넸다.

그 일은 아주 우회적으로 이루어졌다.

프란체스카가 로마로 가기 몇 달 전 카스텔 신 조반니의 베네딕토회 수녀들이 프란체스카의 수녀회에 학교와 고아원을 하나씩 제공하겠다며 통합을 요청했다. 그 일은 유야무야되었지만 로마에서 프란체스카는 그 관구의 주교인 피아첸차의 조반니 바티스타 스칼라브리니를 만났다. 이 스칼라브니리와의 친교로 인해 결국 그녀는 미국에 가게 되었다.

스칼라브리니 주교는 이 무렵 〈미국으로 이민한 이탈리아인들〉이라는 소책자를 출간해서 상당한 반향을 일으켰다. 당시 모든 이탈리아인이 알고 있지만 아무도 콕 집어 말하지 않던 문제를 다루었기 때문이다.

스칼라브리니는 책만 쓴 것이 아니었다. 그는 1876년에 피아첸차에 부임한 이후로 내내 이민자의 고난에 깊은 관심을 기울였다. 그의 관구에는 이탈리아에서 살 수가 없어서 해외로 떠난 사람이 2만 8천 명에 이르렀다. 그는 이 상황에 깊은 문제의식을 느끼고 사람들의 관심을 촉구하고자 각지를 다니며 강연했다. 나아가 이민자들에게 물질적 지원을 하는 성라파엘로회를 설립하고, 1888년에는 그들의 종교 생활을 지원할 목적으로 성카를로보로메오회도 세웠다.

이 상황의 또 한 가지 심각한 문제는 미국 이민자의 3분의 2가 남자라는 사실이었다. 조국 땅을 등지고 가족과 결별한 그들에게 이민이 미치는 영향을 익히 짐작할 수 있었다. 그뿐 아니라 그들 중에는 범죄자도 많았다. 시칠리아에서 도적이 사라졌다면 경찰의 수고 덕분이 아니라 도적들이 조국을 떠나주었기 때문이다. 이런 이들 때문에 미국에서는 평화롭고 성실하고 부지런한 대다수 이탈리아인까지 악명을 얻었다. 남자들이 격앙된 싸움을 벌이다가 칼을 꺼내 드는 일들이 생기면서 이탈리아인은 칼을 가지고 다닌다는 말도 생겨났다. 오늘날 흑인은 모두 면도칼을 가지고 다닌다고 생각하는 사람들이 있는 것과 마찬가지다.

프란체스카 카브리니가 처음 뉴욕에 간 1889년은 미국 이민이 정점에 이르기 아직 한참 전이었다. 당시 이탈리아 이민자는 연간 5만 명 정도였다. 미국보다는 브라질과 아르헨티나로 가는 사람이 더 많았다. 이후 브라질 이민은 격감하고 아르헨티나 이민은 소폭 증가했다. 미국 이민은 천천히 증가하다가 1902년 이후 매년 20만 명 이상으로 폭증했다. 마더 카브리니가 활동하던 시절에 전체 이민자 수는 400만 명가량이었을 것이다. 물론 그중 150만 명 이상은 귀국했고, 여러 차례 입국해 중복으로 집계된 경우도 많기는 했다.

이 일은 이탈리아에 심각한 문제였기에 정부는 몇 차례 인구 유출을 통제하려고 시도했다. 시골에는 마을 전체가 텅 비는 경우도 많았다. 마을이 비면 기존의 경제를 유지할 인구가 없어지니 지역 전체의 생활 방식이 바뀌어야 했다. 이탈리아인인 동시에 기독교 세계의 지도자인 교황도 이 문제를 심각하게 생각했다. 하지만 스칼라브리니 주교와 그가 꾸린 조직의 힘겨운 노력을 빼면 흩어진 동포들을 위한 일은 거의 아무것도 이루어지지 않는 상황이었다. 그런 어려움 속에서 레오 13세가 이탈리아 수녀회를 미국에 보내서 지원 사업을 하고자 한 것은 당연한 일이었다.

가장 먼저 스칼라브리니 주교가 프란체스카 카브리니를 설득하려고 했지만, 그는 선교수녀회를 성카를로보로메오회의 주변 단체로 생각했다. 그것만으로도 프란체스카는 그의 제안을 받아들이기 힘들었다. 효과적으로 사업을 운영하려면 독립성과 재량권이 필요하다고 보았기 때문이다. 이후 드러나듯이 그 판단은 전적으로 옳았다. 주교는 그녀에게 최악의 논리로 접근했다.

다만 프란체스카도 그의 열정만큼은 인정해야 했다. 세라티 몬시뇰에게 했던 말, 자신에게는 전 세계도 좁다는 말을 그에게 반복하면서도 프란체스카는 그가 미국에 대해 품은 계획에 공감했다. 뉴욕과 그 인근 지역은 인구가 이미 일부 유럽 국가를 추월했지만, 그녀는 그곳의 사업이 자신에게 너무 제약이 되리라고 보았다. 뉴욕으로 가면 미국 전체를 떠맡게 될 것 같았다. 가톨릭 신자, 특히 이탈리아 출신 가톨릭 신자에 그렇게 적대적인 나라에서 선교 활동을 하면 당장 자신이 감당할 수 없는 범위를 끌어안게 될까 두려웠다. 그로 인해 생기는 난관은 극복할 수 없을 것 같았다.

스칼라브리니 주교는 쉽게 물러서지 않았다. 아마도 그가 교황에게 미국에 이탈리아 수녀들을 보내자는 의견을 전했으리라. 뉴욕의 코리건 대주교에게 연락해서 이 계획을 알린 사람도 그였을 것이 자명하다. 그는 프란체스카가 열정적이되 매우 현실적인 사람이라는 사실을 알았다. 그녀를 설득하는 수단은 확실한 길을 제시하는 것뿐이었다. 현지에서 그들을 환영한다는 확신을 안겨주면 프란체스카의 망설임을 없앨 수 있을지도 몰랐다.

6장

순명의 마음으로

미국의 이탈리아인들을 위해 무언가 할 수 있는 힘이 있는 조직은 이탈리아 정부와 가톨릭교회 두 곳이었다. 불행히도 양자는 그다지 잘 협력하지 못했다. 정부는 1870년 이후 이른바 자유주의자들의 손에 들어가서 교회가 시도하는 모든 일을 질투했다. 반(半)국영 《리포르마 신문》은 이 일을 이렇게 표현했다. "정부는 이런 상황에 무심할 수 없지만 바티칸과 이탈리아 사이에 현재의 갈등이 존재하는 한 교황 사절들의 활동이 국익과 일치할지 합리적인 의심을 품고 있다. 더욱이 해외의 이탈리아인들이 종교적이고 교권주의적인 집단으로 보이는 것은 바람직하지 않다." 다시 말해 이탈리아 정부는 사제와 수녀가 이탈리아 이민자들에게 무슨 일을 하기를 원하지 않았다.

하지만 사제와 수녀만이 그들을 위해 효과적으로 일할 수 있었다. 사회적 측면에서 봐도 그랬다. 이탈리아 정부는 큰 문제가 벌어지면 항의할 수 있었다. 실제로 항의하기도 했지만 그 빈도가 드물었다. 이탈리아 이민자가 부당한 차별이나 사기나 멸시를 당한다고 본국 정부가 개입할 수는 없었다. 미국 정부는 개별 미국인의 행동을 책임지지 않았고, 항의를 고려할 만큼 부당한 행동에도 마찬가지였다. 게다가 가장 큰 문제는 이탈리아인이 이탈리아인을 착취하는 것이었다. 수많은 이민 브로커가 곤궁한 이탈리아인들을 손아귀에 넣으려 기를 썼다. 이민자를 위해 할 수 있는 일이 많지 않은 가운데, 이탈리아 정부는 무엇이라도 해야 할 유일한 조직을 방해하기만 했다. 언제나 그 근거는 이탈리아인이 해외에서 종교적이고 교권주의적 집단으로 보이는 상황은 바람직하지 않다는 것이었다.

나중에 이 점에서 분위기의 변화가 생기기는 했다. 하지만 프란체스카가 미국에서 활동을 마무리할 즈음이었고, 그녀가 벌인 사업이 사회적 가치를 증명한 다음이었다. 그녀가 일을 시작할 때의 환경은 호의적이지 않았다. 사업의 가치가 드러나자 프란체스카는 명예 대사로 임명되었으며 작은 지원금과 서훈을 받았다. 하지만 물론 그녀가 한 일은 이탈리아만이 아니라 신을 위한 일이기도 했다. "내가 나의 이탈리아인 됨을 발견하는 곳은 내 신앙의 동족이자 영혼인 빈자들의 심장 속입니다." 프란체스카는 이런 정신으로 미국에 갔다. 그녀는 배타적인 의미의 이탈리아인이 아니었다. 미국 활동을 받아들인 이유는 그 일이 긴급하다는 사실을 알았고 또 교황이 명령했기 때

— 마더 카브리니

문이었으며, 활동 무대를 미국에 국한하지는 않았다. 물론 나중에 프란체스카는 미국 시민으로 귀화했다. 그럼에도 그녀는 이탈리아 이민자들에 대한 사회적 지원 가운데 손꼽힐 만큼 두드러진 일을 해냈다는 사실은 변치 않는다. 프란체스카가 스스로 선택하지 않은, 상황에 의해 강제된 일이었는데도.

프란체스카는 바로 결정하지 않았다. 스칼라브리니 주교의 권유와 코리건 주교의 초대를 받고도 망설였다. 그녀가 세라티 몬시뇰에게 "주교님께 뭐라고 할까요?" 하고 조언을 구하자 몬시뇰은 그답게 "아무 말도 하지 말아요." 하고 답했다. 그가 프란체스카에게 한 모든 조언과 같은 결이었다. 그는 그녀가 지나치게 속도를 내고 감당하기 힘든 일을 떠맡을까 걱정했다.

그의 걱정에는 이유가 있었다. 처음에 스칼라브리니 주교가 접근했을 때 프란체스카도 그건 가망성 없어 보인다고 말했다. 몬시뇰은 그녀가 8년 전 코도뇨의 첫 수녀원을 샀을 때 건강이 극도로 나빴던 일을 떠올릴 수밖에 없었다. 그 뒤로도 그녀의 건강은 좋아지지 않았다. 하지만 그는 프란체스카의 종교적 의지가 건강 문제에도 불구하고 점점 커졌다는 사실을 알지 못했다. 그는 이제 나이가 들었고 프란체스카와 자신의 생각이 크게 다르다는 것을 알았다. 누가 의견을 물어도 그저 어깨를 으쓱하고 말 때가 많았다.

그는 프란체스카에게 판결을 내리는 최종 법원이 아니었다. 그녀는 1888년에 12월에 코도뇨를 떠나 다시 로마로 갔다. 이번에는 교황을 만날 생각이었다.

그 사이에 프란체스카는 로마에 영향력 있는 친구들이 꽤 생겼다. 그래서 그리 어렵지 않게 레오 13세와 단독 접견 기회를 마련할 수 있었다. 작은 관구 수녀회의 수장이라 해도 무명 수녀가 그런 혜택을 받는 일은 드물었다. 하지만 프란체스카의 경우는 약간 달랐다. 사람들은 교황에게 그가 그 전해에 프란체스카가 작성한 규칙에 매우 만족했다는 사실을 상기시켜 주었고, 이미 프란체스카를 알고 있는 파로키 추기경 등 몇몇 고위 성직자가 프란체스카는 만나볼 가치가 있는 여성이라고 장담했다.

프란체스카는 심장에 존경심을 가득 담고 교황 앞에 나아갔다. 그 심장에는 그리스도의 대리자의 뜻에 따라 신에게 봉사하려는 열망 또한 타올랐기에, 그 사랑이 교황 앞에 무릎을 꿇는 그녀에게 편안함을 안겨주었다. 프란체스카는 수줍고 겸손했지만 자신을 잊는 데서 오는 자연스러움이 있었다. 교황은 자기 앞에 있는 여자의 꾸밈없는 얼굴에서 영적인 빛을 보았다. 거기에는 솔직함과 용기와 연민이 있었고, 그는 그녀가 남다른 사람임을 바로 알아보았다.

교황 레오 13세에 대해서도 똑같은 말을 할 수 있다. 그는 세계 최고위직의 성직자인데도 (고위 성직자로서는 드물게도) 높은 인격으로 존경받았다. 고위 성직자에 그치지 않고 시인, 학자, 재담꾼, 정치인의 면모를 동시에 지닌 인물이었다. 섬세하게 주름진 얼굴에 자리한 깊고 예리한 눈은 그의 인품을 드러냈다. 그는 품위를 잃지 않고도 다정함, 더 나아가 친밀함을 보일 수 있었다. 물론 그를 성미가 급한 독설가라고 생각하는 사람들도 있었지만, 처음 만난 그 순간부터 레오와 프란체스카는 평생에 걸친 친구가 되었다.

프란체스카는 미국에 가는 문제를 상의하기 위해서 로마에 왔지만, 교황과의 첫 만남에서는 미국 이야기를 꺼내지 않았다. 뉴욕에 있는 코리건 주교의 후속 소식이 아직 도착하지 않은 까닭에 이번 접견에서는 미국 이야기를 하지 않는 게 낫겠다고 생각했다. 그래서 대화의 주제는 프란체스카가 세우고 교황이 이미 관심을 보인 수도회의 활동에 국한되었다. 그녀는 소속 수녀가 145명이라고 말했다. 8년 만에 이룬 성과로 매우 훌륭했지만 프란체스카 본인의 기준에는 미흡했다. 그녀는 교황의 여러 가지 질문에 대답했고 교황은 축복해 주었다. 둘은 우호적 관계를 이루었지만 그때는 그게 다였다.

하지만 스칼라브리니 주교는 이제 미국행 문제에 확실한 답을 달라고 재촉했다. 그에 대한 답을 찾기 위해 프란체스카는 스스로 기도하고, 다른 사람들에게도 기도를 부탁하고, 또 당시 로마에서 시복 절차가 진행 중이던 가경자[시복 후보자, '존엄한 자'를 의미한다.-편집자 주] 코도뇨의 클라라 수녀회의 안토니아 벨로니 수녀에게 9일 기도도 시작했다. 코도뇨 출신인 안토니아는 이 일로 기도할 적절한 수호성인이었다.

9일 기도가 끝나기 전에 프란체스카는 또 한 번 예지몽을 꾸었다. 어려운 상황에서 지혜가 필요할 때 늘 이런 꿈이 찾아오는 것 같았다. 꿈에 안토니아 벨로니가 나와서 기다리던 다음 날 뉴욕 대주교의 편지가 올 것이라고 말했다. 벨로니 가경자 뒤에는 성인들이 무리를 지어 있었는데 그중에 프란체스카의 어머니도 있었다. 어머니가 프란체스카를 꾸짖었다. "그렇게 선교사로 가고 싶어하더니 이제 와서 왜 망설이느냐?" 그리고 마지막으로 성모와 예수성심의 환상이 왔다. 그리스도는 자신의 흰옷에 새겨진 이니셜 IHS―'예수'―를 가리키며 말했다. "내 딸아, 무얼 두려워하느냐? 너는 내 이름을 머나먼 나라들에 전해야 한다. 용기를 내라. 내가 너와 함께 있다."

다음 날 아침 프란체스카는 바티칸에 가기 전에 스칼라브리니 주교를 만났다. 꿈 이야기에 주교가 웃었고 그녀도 웃었다. 몇몇 수녀들과 달리 프란체스카는 그런 일을 진지하게 여기지 않았다.

그 뒤 그녀는 성베드로교회에 가서 한 시간 동안 기도했다. 집에 돌아와보니 팔라초 마조키 앞에 마차가 있었다. 스칼라브리니 주교가 손에 편지를 들고 기다리고 있었다. "수녀님 꿈이 맞았어요." 그가 인사 대신 말했다. "코리건 주교님이 편지를 보냈어요. 이제 떠날 준비를 하세요."

프란체스카가 하려는 일이 훌륭하다는 사실은 아무도 의심하지 않았다. 유일한 문제는 그것이 현명한 일인지, 가능한 일인지 그 여부였다. 얼마 전 로마의 의사 모르니 박사에게 진료를 받았을 때 프란체스카는 여생이 2년 정도라는 진단을 받았다. 이제 몇몇 수녀의 우려를 불식시키려고 그녀는 다시 그에게 진료를 받았다.

"정말 제 의견을 원하십니까?" 그가 물었다.

"물론이죠, 박사님."

"말씀드리죠. 수녀님이 이탈리아에 계속 계시면 상심해서 돌아가실 겁니다. 수녀님 병은 하느님만이 치료할 수 있어요. 미국에 가시면 좋아지실지 모릅니다."

며칠 후 프란체스카는 교황 앞에 무릎을 꿇었다. 교황이 입을 열기 전에는 한마디도 하지 않을 생각이었다. 중국과 미국 어느 곳으로 할지 하는 결정을 그에게 맡겼다. 그는 미국을 선택했고, 그 뒤로 프란체스카는 추호의 망설임이나 의심이 없었다. 아직도 그녀의 건강을 염려하는 사람들에게는 순명이 모든 문제를 해결해주리라고 말했다. 그리고 교황의 축복에 대해서도 언급했다. "이 축복을 받았으니 이제 아무 불안 없이 세상 끝까지 갈 겁니다."

그녀는 1889년 2월 16일에 로마에서 코리건 대주교에게 편지를 썼다. 스칼라브리니 주교가 일단 수녀 한 명만 데리고 가라고 조언했지만, 그러면 활동이 너무 늦어질까 봐 프란체스카는 5월이나 그 전에 여러 명을 데리고 배를 타겠다고 했다. 그 한 달 전에 스칼라브리니 주교는 대주교에게 수녀들의 미국행을 알리는 편지를 보냈다. 프란체스카가 3월 8일에 교황청 포교성의 신임장을 받은 뒤로는 여행 짐을 꾸리는 일만이 남아 있었다.

미국 선교의 첫 발걸음

끝없는 연민과 용기의 소유자만이 그런 임무를 받아들일 수 있었을 것이다. 일단 받아들이자 프란체스카는 극단적일 만큼 신속하게 직접 행동했다. 우선 시메오니 추기경에게서 신임장을 받자마자—신임장은 그녀가 '포교성의 명령으로' 미국으로 간다고 정확히 명시했다—마지막 준비를 위해 코도뇨로 갔다. 코도뇨에서는 3월 19일 성 요셉 축일에 스칼라브리니 주교가 의식을 집전했다. 교황을 빼면 누구보다 그가 이 미국 사업의 중요한 책임자였으니 적절한 인사였다. 그는 프란체스카 카브리니를 비롯해서 뉴욕에 동행할 수녀들 모두에게 십자가상을 주었다.

세라티 몬시뇰도 와서 그들과 함께 기차를 타고 여행의 첫 단계인 파리까지 동행했다. 프랑스의 르아브르에서 배를 탈 예정이었기 때문이다. 그에게 작별 인사를 할 때 프란체스카는 이런 일은 아무것도 아니라는 듯이 말했다. 기쁜 나머지 어디가 아픈지도 잊어버렸고 아예 아픈 적이 없었던 것 같다고 했다. 그 날랜 모습을 보면 누구도 그녀가 이미 무덤에 한 발을 걸치고 있는 사람이라고는 생각할 수 없을 것이다. 그녀는 빛나는 어린아이인 동시에 상황을 통솔하는 성숙한 인물이었다.

"몬시뇰 님," 프란체스카가 말했다. "아시아와 태평양의 섬들로 가는 길에 비하면 저희 뱃길은 아무것도 아니에요. 저와 제 건강은 걱정하시지 않아도 됩니다. 하느님이 제 모자람을 살피시고 문명국가로 보내주시니까요."

세라티 몬시뇰은 프란체스카의 선교 야심을 흔쾌히 찬성한 적이 한 번도 없었다. 그녀를 롬바르디아에 안전하게 붙들어두기 위해 최선을 다했다. 하지만 이제는 다시 그런 말을 할 때가 아니었다. 프란체스카의 열의를 보면 어쩌면 처음부터 그녀가 옳았던 게 아닌가 싶기도 했고, 프란체스카가 중국을 포기하고 겨우 미국으로 간다는 데 약간의 안타까움도 느꼈다. 수녀들이 모두 축복을 받으려고 승강장에 무릎을 꿇었다. 그가 축복을 내릴 때 그의 엄격한 성품이 전할 수 있는 애정과 존경도 함께 흘러갔다.

그들은 파리에서 단 하루를 머물렀다. 프란체스카는 어디서건 꼭 필요한 이상의 시간을 보내지 않았다. 그리고 그날 그들의 친구인 '마리아의 프란치스코 선교수녀회' 수녀들을 만났다. 마더 카브리니는 파리에서도 평소에 늘 하는 일을 했다. 몽마르트르에 있는 사크레 쾨르 Sacré Coeur[프랑스어로 '성심'을 뜻한다.] 대성당을 방문한 것이다. 그곳은 그녀가 크나큰 신심을 바치는 성소였다.

그런 뒤 르아브르로 갔고, '부르고뉴 호'가 부두를 빠져나갈 때 모두 갑판에 모여서 떨리는 목소리로 "아베 마리스 스텔라 Ave Maris Stella"[라틴어로 '바다의 별이시여'라는 뜻.]를 불렀다. 그 뒤로 이 노래는 여행길의 주제가가 되어서 갑판에 모일 수 있는 날은 빼놓지 않고 불렀다.

하지만 그런 날은 별로 없었다. 내륙 지방인 롬바르디아 출신의 수녀들에게 바다는 무시무시했다. 그것은 배에 동승한 1,500명 이민자들 대부분도 마찬가지였다. 그들이 겁이 많아서 그런 것만은 아니었다. 그 시절의 배는 오늘날의 궁전 같은 대서양 횡단선과 전혀 달랐고, 3등실 이민자들을 수송하는 데는 가장 노후하고 느린 배가 배정되었다. 프란체스키는 수녀들을 격려했다. "날씨가 이렇게 거치니 하느님의 축복이 있다는 신호예요." 수녀들은 선실에서 신음하며 그 말에 희미하게 웃어 보일 뿐이었다.

그런데 바다를 지나 육지에 내리자마자 코리건 대주교가 그들이 올 것을 모르고 있었다는 충격적인 사실을 접했다. 대주교는 체스놀라 백작 부인이 고아원 건물로 제공한 이스트 59번가의 집도 승인하지 않았다. 그때 프란체스카가 할 수 있는 일은 매디슨 대로와 51번가 교차점에 위치한 자선수녀회 고아원에 머물면서 대주교가 마음을 돌리기를 기다리는 것뿐이었다.

프란체스카는 천천히 그의 마음을 움직였다. 아마 몇 차례의 접견은 있었겠지만 그녀가 쓴 편지를 보면 영리한 접근법을 알 수 있다. 4월 6일의 편지는 그의 "부모님 같은 보살핌"에 감사를 전하면서—어쨌건 그가 그들이 기거할 장소를 구해주었으니—교황이 그를 위해 축복을 내려준 그림을 함께 보냈다. 그 일주일 뒤의 편지는 그 "작은 집"을 쓸 수 있도록 허락해달라고 요청하면서, 지금 자신들을 보살펴주는 자선수녀회가 "더없이 친절"하지만 아무래도 폐가 되는 느낌이라고 했다. 4월 18일의 편지는 대주교의 "너그러운 기여"에 감사를 표시했다. 아마도 그날 그가 체스놀라 백작 부인과 만났고, 부인이 그 앞에 무릎까지 꿇고 빌자 마침내 59번가의 집을 써도 좋다고 허락한 것 같다. 어쨌건 프란체스카는 사흘 뒤에 그의 축복 아래 그 집에 들어갔다.

그런데 59번가라는 위치를 반대한 대주교의 생각은 이유가 있었다. 그 집은 유지비가 과하게 들었고, 결국 프란체스카는 1년 뒤에 시설을 이스트 43번가 135번지로 옮겼다. 비용 때문만은 아니었다. 코리건 대주교는 부자 동네에 누더기 아이들이 몰려들었을 때 밀어

—마더 카브리니

닥칠 비난을 걱정했다. 프란체스카가 고아원 이름을 '성천사의 집'으로 지으려고 해서 더 염려했다. 하지만 그는 결국 어쩔 수 없는 상황 앞에 양보하고 5월 3일에 거기서 공식 개원 미사를 집전했다.

닷새 후 아이들이 처음으로 입소했다. 누더기를 걸친 지저분한 여자아이 두 명이었다. 하지만 프란체스카는 그들에게서 신의 형상을 보고 그들을 천사로 맞이했다. "불쌍한 것들! 하지만 이제는 내가 너의 어머니고, 여기 수녀님 한 분 한 분이 다 너희 어머니야. 여기가 너희 집이야."

프란체스카는 먼저 아이들을 목욕시키고 엉킨 머리를 빗겨주었다. 이어 자신의 속치마를 잘라서 옷을 만들어주었다.

그러자 아이들이 어찌나 달라졌는지! 속치마로 만든 옷이 근사할 수는 없었지만 바느질 솜씨가 좋은 수녀가 만들었기에 제법 괜찮았다.

프란체스카는 어떤 보상을 기대하고 자비를 베풀지는 않았지만 보상이 돌아왔다. 그중 한 명이 나중에 선교수녀회에 입회한 것이다.

프란체스카는 백작 부인의 5천 달러가 금방 바닥날 것을 대주교 못지않게 잘 알았기 때문에 곧바로 지원받을 방법을 찾아 사방을 돌아다녔다. 뉴욕 주재 이탈리아 영사관에도 지원을 신청했지만 다른 계획이 있다는 차가운 대답만 들었다. 리마 영사는 그 계획이 무엇인지는 말하지 않았지만 교회 관련 집단과는 협력할 생각이 없음을 분명히 했다. 그와 같은 태도가 이탈리아 공무원들에게 상당히 흔하다는 걸 프란체스카는 곧 알게 되었다. 뉴욕 시에서 지원을 받으려는 시도도 실패했다. 백작 부인이 복권으로 자금을 모으려 하자 대주교가 반대했다. 이제 지원을 기대할 수 있는 상대는 개인들뿐이었다.

그녀는 즉시 모금에 나섰다. 다른 수녀들에게도 모금 일을 시켰다. 아무리 작은 돈도 상관없었다. 프란체스카는 5월 26일에 대주교에게 편지를 보내서 '미스 윌리엄스'라는 여자의 후원을 허락해달라고 부탁했다. 백작 부인의 두 딸인 가브리엘라와 루이자도 친지들에게 모금하고 자신들의 용돈도 털어서 기부했다. 성심 선교수녀회의 일이 계속되기를 바라는 돈이었다. 그 돈이 없었다면 프란체스카는 4개월이 채 지나기 전에 400명으로 늘어난 곤궁한 아이들을 부양할 수 없었을 것이다. 하지만 대부분의 기부가 소액이라서 고아원의 존재는 항상 위태로웠다.

수녀들이 직접 뉴욕의 리틀 이탤리로 나가서 모금하는 일도 잦았

뉴욕에서 고아원을 운영하던 선교수녀회

다. 매일 두 명의 수녀가 나갔고 때로는 프란체스카도 갔다. 프란체스카가 어느 하루를 기록한 글을 보면 수녀들이 리틀 이탤리에서 어떻게 모금했는지를 잘 알 수 있다. 프란체스카는 그 일이 약간 즐거웠다고 말했다.

모금하기 가장 좋은 곳은 맨해튼 남부의 긴 도로인 멀베리 스트리트였다. 도로 한쪽 끝은 아일랜드인 거주 구역이었지만 반대쪽 끝과 거기서 갈라져 나간 작은 도로들은 대부분 이탈리아인이 차지하고 있었기 때문이다. 블록마다 분위기가 달랐다. 다른 사람들은 그 차이를 몰라도 이탈리아인들은 알아차릴 수 있었다. 각기 다른 지역 출신 이민자들이 한데 모여서 지역 풍습과 방언을 지키며 살았기 때문이다. 어쩌다 거기 방문한 미국인들은 베네치아, 아브루치, 칼라브리아, 시칠리아, 어느 지역 출신이건 다 똑같은 이탈리아인으로 보았을 것이다. 프란체스카와 수녀들은 그 미묘한 차이를 쉽게 감지했고, 덕분에 만나는 사람들을 대하는 법도 잘 알았다.

늘 호의적인 대접이 돌아온 것은 아니다. 그들이 북부 출신이라서 남부 출신에게는 의심을 받는 경우가 많았다. 허름하고 북적이는 상점에 들어갔다가 교회에 대한 반감을 접하는 일도 있었다. 그래도 사람들은 소액 모금을 많이 했고, 때로는 어려운 사정에 비해 큰돈을 주는 사람들도 있었다. 모금 가방에는 대부분 1센트 동전뿐이었지만 10센트, 15센트, 25센트 동전도 있었고 가끔 지폐도 들어왔다.

그들은 기부 수첩을 가지고 다니며 1달러 이상의 기부자는 이름을 서명할 수 있게 했다—그러니까 이름을 쓸 수 있는 사람이라면.

수녀들은 큼직한 바구니를 들고 다니면서 돈뿐 아니라 음식도 기부 받았다. 어떤 이는 우유를 담는 작은 주석 통을 주고, 어떤 이는 절인 사과를 주었다. 고기, 토마토소스, 채소―모두 소량의 기부였지만 모이니 수녀들을 휘청이게 할 만큼 무거워졌다. 생선 상인이 길이가 90센티미터 가까운 연어를 주기도 했다.

큰 농산물 상점의 주인은 신심 깊은 가톨릭 신자였다.

"수레 있으세요?" 그가 물었다.

"아뇨, 이 가방이 전부예요."

"뭘 드릴까요? 푸성귀, 마늘, 호박?"

"주시고 싶은 것 아무거나 좋아요."

그들의 가방으로는 받은 농산물을 들고 가기도 어려웠다.

다른 가게에 들어갔더니 또 "뭘 드릴까요?" 하는 질문이 왔다.

프란체스카는 미소를 짓고 아까 받은 빈 우유 통을 내밀었다. "설탕을 조금 주실 수 있을까요?"

우유 통은 설탕이 2킬로그램도 넘게 들어갈 크기였고 점원은 이렇게 농담했다. "설마 이걸 다 채워달라시는 건 아니시죠?"

"아뇨, 그건 너무 많아요. 그냥 한 컵 정도면……."

그는 웃으며 우유 통에 설탕을 가득 채워주었다.

거절을 당하기도 했지만 그러고 나면 옆 가게 사람이 달려와서 양파 한 줄이나 10센트 동전을 내밀었다.

"수녀님들!" 남자가 따라와서 말했다. "여기 길을 잘 모르시는 것 같아요. 엉뚱한 데 가시면 헛수고예요. 걱정 말고 저한테 오세요." 그리고 10달러를 주는 듯한 동작으로 10센트를 건넸다.

그들은 그렇게 물건과 돈을 마련했다. 방문 모금 없이 고아원은 돌아가지 않았을 것이다. 수녀들은 날마다 리틀 이탤리를 누비고 다녔고, 매일 새로운 경험을 하며 시간을 최대한 활용하는 법을 익혔다. 온갖 가게와 노점과 소규모 은행이 가득한 멀베리 스트리트에서는 어떤 일이 일어날지 몰랐다. 이민자들은 견실한 공식 은행보다 멀베리의 소규모 은행을 더 선호했다. 그곳에서는 일자리와 숙소에 대한 정보도 얻고 편지도 대필시킬 수 있었지만 물론 수수료나 비용이 필요했다. 김빠진 맥주 1잔을 1센트에 파는 지하 술집에서는 취업 브로커가 사냥감을 기다렸다. 온갖 움직임과 색깔과 냄새가 들끓는 그곳은 활기찬 동시에 음침했다. 하지만 수녀들은 그곳에도 자주 모금을 나갔다.

프란체스카가 기록한 그날, 수녀들이 붐비는 전차를 타고 귀가하는데 한 젊은 여자가 그들을 유심히 살펴보았다. 여자는 수녀들의 가득한 바구니를 보고 무슨 일인지 알아차렸다. 여자는 핸드백에서 1달러 지폐를 꺼내서 손바닥에서 접더니 전차에서 내리기 직전에 프란체스카의 손에 슥 밀어 넣었다.

"가난한 사람들을 위해 쓰세요."

그 글을 쓴 프란체스카의 어조를 보면 소득이 좋은 날이었던 게 분명하나. 그날의 수확은 고아원의 400명 원아를 먹이는 데 큰 도움이 되었다. 그때 프란체스카와 동행했던 수녀 한 명은 뉴욕의 그 시절에 "빵은 부족한 적이 없었다."라고 회고했다. 하지만 빵만큼 중요한 많은 것이 자주 부족했고, 고아원 운영은 항상 아슬아슬했다. 어쨌거나 그런 방문 모금과 그들을 위해 기부 수첩을 들고 다니며 모금해준 사람들, 그리고 다른 단체들—특히 자선수녀회 병원, 봉스쿠르 수녀회, 맨해튼빌의 성심 여성평신도회, 성십자가 수녀회—의 도움 덕분에 프란체스카의 고아원은 계속 유지될 수 있었다.

이렇게 근근이 유지하던 고아원은 초기 선교수녀회의 핵심 사업이었다. 고아원은 이탈리아 부모에게서 태어난 집 없는 아이들이 신앙을 잃지 않게 해주는 유일한 수단이었다. 물론 수녀회는 고아원을 열기 전에도 루스벨트 스트리트에 있는 성요아킴 교회에 수녀 두 명을 보냈다. 프란체스카는 교구 학교 운영을 그들 수도회의 주요 기능으로 보지는 않았지만, 그 일을 달리 맡을 사람이 없는 경우라면 거절하지 않았다. 오래지 않아 그녀는 어떤 일이건 맡으면 척척 해내는 능력을 보여주었다. 천성적으로 거부감을 느끼는 분야의 일도 마찬가지였다. 이탈리아 빈민을 위한 학교 설립은 수녀회의 중요한 활동이 되었다.

보금자리 같은 학교

프란체스카와 수녀들은 학교가 준비되기를 기다리지 않고—그것은 나중에 루스벨트 스트리트 26번지에 마련된다—, 뉴욕에 도착한 첫 번째 일요일에 성요아킴 교회에서 일하기 시작했다. 미사 진행 중에 아이들을 돌보고 오후에 아이들에게 교리문답을 가르치는 일이었다.

그것은 시작일 뿐이었다. 그들은 4월이 끝나기 전에 거기서 통학 학교를 운영했다. 교회 자체를 그 목적으로 사용했다. 한 반은 2층의 성가대석에서, 다른 반은 그 밑에서 수업을 진행했고, 커튼으로 교회 나머지 부분을 가렸다. 세 번째 반은 성물방 옆방에서 수업했다. 물론 책상은 없고 책도 부족했다. 하지만 이렇게 가설 학교를 운영하면서 수녀들은 뉴욕 로어 이스트사이드 지역의 리틀 이탤리와 접촉할 수 있게 되었다.

이런 학교 운영에는 여러 가지 큰 단점이 있었다. 결혼식이나 장례식으로 수업이 중단되기 일쑤였고, 교회가 성체 조배를 오는 사람들에게 온종일 열려 있어서 아이들이 수업에 집중하기 어려웠다. 그래도 매일 아이들 200명이 수업을 받았다. 현대의 교육적 관점에서 보면 효율이 떨어졌을지 몰라도 의도했던 목적을 기준으로 보면 성과는 훌륭했다.

프란체스카는 거기서 멈추지 않았다. 일요일에는 공립 학교에 다니는 아이들을 위해서 미사와 미사 사이에 교리문답 수업을 했다. 동시에 교회 다른 한편에서는 10대와 20대 여자들에게 이탈리아어로 기독교 교리를 강의했다. 성요아킴 교회는 이탈리아 이민자 사회의 중심이 되어갔다. 프란체스카는 이런 수업으로 활동을 국한하지 않았다. 이미 종교 생활을 접은 이탈리아인들의 집으로 직접 찾아갔다. 그런 집들은 대개 극도로 빈궁하고 방 한 칸에 여러 가족이 살기도 했다. 프란체스카와 수녀들은 경찰도 방문하기를 꺼리는 음침한 장소들에 차분한 미소로 찾아가서 종교를 적대하는 사람들까지 친구로 만들었다.

사실 그들은 적대감보다는 오랜 절망으로 인한 무관심을 더 많이 마주쳤다. 그때가 부활절 무렵이라서 프란체스카는 물었다. "마지막으로 고해 성사를 하신 게 언제인가요?"

그러면 대개 이런 대답이 왔다. "기억 안 나요. 20년에서 30년 전 같아요. 이탈리아에서요."

"하지만 부활절이 다가오는데 부활절 의무를 하지 않으실 생각인가요?"

"이탈리아로 돌아가면 할 거예요. 이 나라에서는 미사에 갈 수가 없어요. 매일매일 먹고살 걱정밖에 아무것도 못 해요."

이 사람들은 교회를 적대하는 게 아니라 스스로 버려졌다고 느꼈다. 그런데 이제 그들에게 작은 희망의 빛이 찾아왔고, 그 빛은 이후 마더 카브리니의 이름이 점점 더 널리 알려지면서 더욱 크고 밝아졌다. 대부분은 여전히 깊은 냉담에 빠져 있었지만 그해 선교수녀회 덕분에 종교 생활을 재개한 사람이 수백 명에 이르렀다. 냉담을 유지하는 사람들도 아이들에게는 기꺼이 종교 교육을 시켰다.

수녀들이 이탈리아인 지역에도, 또 성요아킴 교회에도 더 쉽게 다닐 수 있도록 프란체스카는 화이트 스트리트에 집을 하나 구했다. 화이트 스트리트는 이름과 달리 어둡고 더러운 동네였지만, 그 집은 학교에서 가까웠고 또 아이들이 뛰어놀고 '축제'를 벌일 넓은 마당이 있었다.

그 집은 일단 루스벨트 스트리트의 집이 준비될 때까지 쓸 예정이었다. 임시 거처이다 보니 성가롤로보로메오회 사제들은 가구까지 들여줄 필요는 없다고 생각하는 것 같았다. 침대는 있지만 매트리스는 없었고, 테이블 하나가 식품 보관대를 비롯한 온갖 용도로 쓰였다. 스토브는 망가져서 쓸 수 없었다. 하지만 날씨가 몹시 더웠기 때문에 수녀들은 찬 음식도 꺼리지 않았다.

궁핍은 그들을 좌절시키지 않았으나 과중한 업무와 가용 수단의 부족은 힘들었다. 당시 뉴욕의 이탈리아 이민자는 20만 명에 육박했고, 유럽에서 배가 올 때마다 수백 명이 더 들어왔다. 그중에는 미국의 다른 지역으로 간 사람들도 많아서 마더 카브리니는 나중에 그곳으로도 가게 된다. 하지만 소수의 수녀가 무엇을 할 수 있을까? 프란체스카는 일을 제대로 하려면 그런 거점을 뉴욕 시에만 열 개 이상 만들어야 한다고 생각했다. 그래서 한 편지에 이렇게 썼다. "우리는 광대한 바다에 삼켜진 작은 집단입니다."

그래도 아이들이 애정에 반응하는 모습은 큰 힘이 되었다. 프란체스카는 매일 학교에 갔고, 갈 때마다 어린 소녀들—대개 부모의 돌봄을 받지 못해 몹시 지저분한—에게 둘러싸였다. 그때마다 아이들에게 사탕 한 개씩이라도 건넸다. 그러면 아이들은 다음에 선물을 주었다. 당근 한 묶음을 줄 때도 있고, 상추 한 개, 레몬 두 개를 줄 때도 있었다. 어떤 학생은 밤늦게 문을 두드리고 공작 깃털과 작은 거울을 주고 갔다. 개신교 신자인 어느 소녀가 작은 성모상을 선물한 일도 있었다.

이런 일은 프란체스카에게 기쁨이었다. 하지만 미국 지도를 펼쳐놓고 이해하기 힘든 거리를 파악해가면서 공략 지점을 선택하는 일은 무거운 짐이었다. 그래도 신이 자신에게 이 큰일을 시켰다는 확신은 어느 때보다 커졌다. 어떻게 수행해야 할지 방법은 몰라도 신뢰는 절대적이었다. 자신은 그리스도의 대리자인 교황이 보낸 사람이었기에 실패하지 않으리라고 확신했다. 그녀는 교황에게 순명함으로써 그리스도에게 순명했다. 이 시절 프란체스카는 자신이 신의 의지를 실행하도록 선택받았다고 생각했을지 모른다. 하지만 훗날에는 이 시절을 돌아보며 자신은 신의 도구조차 아니었다고 말했다. 자신은 그저 신의 무한한 힘을 목격한 사람일 뿐이라고.

프란체스카는 이제 코리건 대주교와 가까운 친구가 되었다. 그는 이스트 59번가가 고아원 위치로 부적절하다는 의견은 바꾸지 않았지만, 프란체스카와 수녀들이 훌륭한 일을 하고 있음을 인정했다. 프란체스카가 미국을 잘 이해할 수 있도록 이따금 그녀를 뉴욕 시 바깥으로 데리고 나가기도 했다. 어느 날 뉴욕 주 픽스킬에 가자 대주교가 허드슨 강을 가리키며 말했다. "저기야말로 시설을 세우기 적절한 곳입니다, 원장 수녀님." 그 말은 그저 고아원을 운영하는 데는 넓은 시골 지역이 더 적절하다는 뜻이었을 수도 있고, 아직은 말할 수 없는 어떤 계획을 염두에 둔 것이었을 수도 있었다.

프란체스카가 그의 얼굴을 보고 요령 있게 말했다. "대주교님의 혜안을 하느님께서 기뻐하시기 바랍니다."

그녀는 3월 마지막 날에 뉴욕에 도착했다. 그리고 7월 20일에 다시 이탈리아행 배를 탈 때는 세인트로런스오툴 교구의 수녀 지망생

이탈리아 소녀 두 명이 동행했다. 그 교구는 현재 파크 대로의 예수회 교회로 대체되었다. 뉴욕 사업과 별개로 프란체스카가 코도뇨를 너무 오래 비우면 좋지 않았다. 그녀가 옆에서 그곳에 활력을 불어넣어야 했고, 또 미국 선교에 필요한 수녀들을 더 뽑아서 함께 데려가야 했다.

당시 동행했던 두 수녀 지망생 로레토 가비와 엘리자베스 데스몬드는 이탈리아에서 뉴욕 대주교에게 이런 편지를 보냈다. "원장 수녀님은 당신께서 처음 발탁한 미국인인 저희가 나중에 성인이 되었으면 좋겠다고 말씀하십니다."

7장

두 번째 미국행

프란체스카 카브리니는 이제 마흔 살이 되었다. 그녀가 세운 선교수녀회는 아직 10주년도 되지 않았다. 서른 살이 된 수녀들도 있었지만, 대부분은 그보다 훨씬 어렸고 아직 10대도 많았다. 수도회에는 젊음과 에너지와 모험 정신이 가득했다. 하지만 그중 가장 젊고 대담한 심장의 소유자는 그들의 원장 수녀였다.

프란체스카가 이탈리아로 돌아와서 전한 말은 수녀들에게 큰 반향을 일으켰다. 그녀가 교육한 용감한 수녀들은 뉴욕의 궁핍, 고난과 역경 이야기에 더 큰 노력과 헌신을 결심했다. 미국 내 이탈리아 이민자들에 대한 프란체스카의 경험담은 수녀들을 우울하게 만들지 않고, 반대로 그 임무가 정말로 큰 영광이라고 생각하게 만들었다.

그것은 정말로 필요한 일이었다. 미국에 가서 선교 활동을 해야 하기에, 다른 기독교를 모르는 나라에 복음을 전하는 꿈을 포기하는 것—그걸 포기라고 말할 수 있다면—은 희생이었지만 그들은 불평하지 않았다. 교황이 일러준 곳으로 가지 않는다면 동포들이 기독교를 저버릴 것이다. 자신들이 긴급하게 가야 할 곳이 어디인지 모두 잘 이해했다.

프란체스카는 코도뇨에서 한 달을 지내며 수녀들의 열정을 일깨운 뒤 롬바르디아의 수녀원들을 하나하나 찾아갔다. 공식적 종교 집회뿐 아니라 짧은 대화들을 통해서 미국에 어떤 일이 필요한지 전달했다. 개인적 대화, 한마디 말, 심지어 미소 한 번도 효과가 있었다. 프란체스카의 존재만으로도 수녀들은 사랑과 봉사에 대한 열망을 느꼈다. 그녀가 가는 곳마다 원장 수녀와 함께하는 기쁨이 넘쳐났다. 너도나도 미국 선교에 뽑히고 싶어했다. 그리고 이 모든 일은 프란체스카의 열정을 더욱 키워주었다. 수녀들의 선량한 심장 안에 신이 사도들에게 요구하는 기질이 타오르고 있었다.

롬바르디아 다음에는 로마였다. 거기서 프란체스카는 가망 없어 보이는 과제를 맡으라고 독려한 친구들을 만났다. 그들은 아직도 그녀가 감당하기 어려운 일을 맡은 게 아닌가 우려하기도 했지만 전보다는 그 우려가 덜했다. 프란체스카가 어쨌건 최초의 어려움을 극복한 것을 보았기 때문이다 기쁨으로 빛나는 그녀는 아예 다른 사람처럼 보이기도 했지만, 그들 중에는 건강 문제 때문에 다시는 그녀를 만나지 못할 거라 생각한 이들도 있었다.

프란체스카는 다시 교황과 개별 접견을 했다. 그녀는 그에게 자신이 한 일과 앞으로 긴급히 해야 할 일을 말했다. 뉴욕에 도착해서 받은 대접은 이야기할 필요 없었다. 모든 것이 잘 해결되었기 때문이다. 하지만 그들이 설립한 고아원 이야기는 꺼낼 수 있었다. 지금 그 시설은 운영이 불안하지만 그것을 발판으로 삼아 미국이라는 큰 나라 곳곳으로 진출할 수 있다고 여겼다. 프란체스카는 당면한 어려움은 가볍게 말하고, 이탈리아 이민자들 속에서 일하게 된 기회를 상세히 설명했다.

교황은 무릎 꿇고 앉은 작은 수녀가 열렬하게 전하는 이야기를 들으면서 해쓱한 얼굴을 숙이고 축복을 내렸다. 프란체스카를 미국으로 보낸 것은 그의 혜안이었다. 그녀는 그가 명령했기 때문에 미국으로 갔다. 그는 오랜 재위로 교황으로서 중세 시대 이후 보기 드물게 높은 위신을 누리고 있었는데, 프란체스카 카브리니를 미국에 보낸 판단 역시 그의 천재성을 빛냈다. 그는 이제 어느 때보다 더 프란체스카의 굳건한 친구이자 지지자가 되었다.

밀라노에서 그녀는 동행할 사람들을 모았다. 그들이 파리행 기차를 타기로 예정된 날 아침이었다. 프란체스카는 미사 막바지가 아니라 초입에 영성체를 받으려고 나갔다. 피로가 과도해서 영성체를 위해 성당에 계속 남아 있고 싶지 않았다. 떠나기 전에 할 일이 너무 많았다. 그때 그곳 원장이 흐릿한 빛 속에서 그녀를 알아보지 못하고 영성체는 나중에 있다고 말하자 프란체스카는 두말없이 자리로 돌아갔다. 휘하 수녀들에게 복종의 태도를 보여줄 기회는 많지 않았다.

그런 기회가 생겼음에 감사했다.

만레사의 꿈

오래지 않아 코리건 대주교가 픽스킬에서 왜 그런 수수께끼 같은 말—허드슨 강 건너편을 가리키며 거기 고아원을 차려야 한다고 한—을 했는지 알게 되었다. 예수회 사제들이 픽스킬 인근 캐스킬 산에 있는 수련 수도자 시설 만레사를 허드슨 강 동쪽으로 옮기려 해서 그 시설이 아주 저렴한 가격에 매물로 나와 있었다. 프란체스카는 그 부지가 아름답고 넓다는 것, 또 큰 건물 두 동과 농장 일꾼들이 쓰던 작은 건물 한 동으로 이루어져 있음을 알게 되었다. 하지만 물이 부족하다는 이야기는 듣지 못했다. 예수회가 그곳을 어이없을 만큼 싼값에 처분하려고 한 것도 바로 그 때문이었다.

어쨌거나 엄청난 염가인 것은 분명했다. 물론 염가라도 돈이 없으면 살 수 없지만 협상은 수월했다. 이탈리아의 친구들이 얼마간 보증도 해주었다. 프란체스카가 만레사를 사려고 생각했다는 사실 자체가 담대함을 보여주는 증거였다. 이 선택을 경솔하다고 여기는 사람도 있었다. 하지만 그것은 프란체스카의 뛰어난 사업가 정신을 보여주는 많은 사례 중에서도 손꼽히는 결단이 되었다.

사실 프란체스카는 이 이야기를 듣기도 전에 만레사가 나오는 꿈을 꾸었다. 숲에 둘러싸인 영지에 큰 집이 있었고, 농지와 과수원, 큰 강이 보였다. 그러니 이게 현실로 구현된 만레사 이야기를 들었을 때 당연히 놀랐다. 만레사가 자신이 꿈꾸던 장소가 될 수 있을까? 그것을 알아보기 위해 1890년 4월 18일 다시 뉴욕행 배를 탔다. 이번에는 일곱 명의 수녀가 동행했다.

두 번째 뉴욕행 당시 프란체스카의 일대기를 쓰는 작가들에게 몹시 중요한 일기 겸 편지가 시작되었다. 그녀는 평소에 사업 관련 메모를 빼면 글을 쓸 만한 시간이 없었다. 그런 메모는 양은 많지만 프란체스카 개인에 대해 알려주는 내용은 찾아보기 힘들었다. 하지만 이때부터 그녀는 후세의 흥미 또는 교육을 위해 갑판 의자에 앉아서 떠오르는 수많은 생각을 실선이 쳐진 종이에 연필로 적어나갔다. 지우개는 쓰지 않았고, 그녀의 표현에 따르자면 물결이 밀려오는 사이사이에 글을 썼다.

이 편지들은 성인의 일대기에서 등장하는 다른 편지들과 조금 다르다. 프란체스카보다 더 많은 글을 남긴 성인들도 있지만, 여러 지역을 다닌 이들도 대체로 그들이 접한 흥미로운 사람과 장소 이야기는 별로 하지 않고 자신들이 맡은 일에 대해서만 기록했기 때문이다. 적어도 프란체스카 사베리오의 수호성인인 성 프란시스코 하비에르는 그랬다. 그의 편지는 열정이 넘치고, 프란체스카의 편지와 마찬가지로—물론 두 사람 다 그럴 의도로 글을 쓴 것은 아니지만—그에 대해 많은 것을 알려준다. 하지만 하비에르의 편지에 낯선 지방의 이야기는 아주 이따금, 우연히 등장할 뿐이다. 그의 목표는 독자에게 이교도들의 땅에 선교사로서 신에게 봉사하려는 열망을 불러일으키는 것뿐이었다. 프란체스카 역시 그런 열망이 컸고 그의 편지를 모범을 삼았을 가능성도 높지만, 그러면서도 재미난 수다 같은 내용을 담았다. 프란체스카는 그 편지들이 사후에 출판될 줄은 전혀 몰랐고, 학교의 문학 교재가 될 줄은 더욱 몰랐다. 그저 수도회 소속 수녀들과 연락을 하는 것이 목적이었고 모든 편지가 '수녀회 가족'을 대상으로 했다.

그 편지의 수신자들은 이미 프란체스카를 잘 알았다. 하지만 그녀를 몰랐던 사람들도 거기서 많은 것을 알 수 있을 것이다. 무엇보다 프란체스카 자신은 의식하지 못했지만 사람들이 왜 그렇게 그녀와 함께 일하고 싶어했는지 짐작할 수 있다. 프란체스카가 편지에 다른 사람들이 베푼 친절을 적었을 뿐이어도, 편지를 읽는 독자는 모든 사람이 그녀에게 친절을 베풀고 싶어했음을 알 수 있다. 모든 여행길에서 프란체스카는 거의 마스코트라고 해도 좋을 지경으로 선박 회사의 특별한 사랑을 받았던 것 같다. 편지에는 프란체스카가 발휘한 영리한 판단도 드러난다. 그녀는 습관적으로 항상 기선 회사 대표를 찾아갔고, 배에 타면 바로 선장과 인사를 나누었다. 프란체스카를 대면한 사람들은 일행에게 많은 편의를 베풀었다. 그런 다음에는 "수녀님들께 뱃삯을 전부 받는 건 말도 안 되죠! 여기 좋은 객실을 반값에 쓰세요." 하거나 선장이 선실로 직접 와서 "여기는 수녀님께 미흡하네요. 저와 함께 가면…… 승무원들이 수녀님들 짐을 돌봐줄 겁니다." 했다. 그런 식으로 프란체스카는 3등실 값을 치르고 갑판 위의 특실에 들어갔다.

프란체스카가 빈약한 자원으로 그렇게 많은 일을 해낸 비결이 여기에 있다. 그녀가 요청하면 거의 예외 없이 응답이 돌아왔다. 사람들이 먼저 선물과 호의를 고집해서 요청 자체가 필요 없는 경우도 많았다. 어떤 초자연적 능력이 있었건, 거기에는 자연스러운 자질에다 은총이 더해졌다. 그녀가 무의식적으로라도 뚜렷하게 보여주는 신의 사랑이 사람들을 이끌었다.

이 모든 것의 토대는 소박하고 가식 없는 자연스러움이었다. 프란체스카는 어떤 상황에서도 흔들림 없이 차분하게 어려움을 극복했다.

프란체스카가 두 번째 뱃길에 대해 쓴 글을 통해 첫 번째 뱃길에서 있었던 일들도 얼마간 유추할 수 있지만, 어쩌면 사정이 전혀 달랐을지도 모른다. 1889년 3월에는 날씨가 거칠어서 프란체스카도 뱃멀미를 피하지 못했다. 하지만 다음 해 4월의 바다는 온화했고 그 사이에 대서양을 두 번 횡단해본 덕에 프란체스카는 뱃길에 익숙해졌다고 느꼈다. 덕분에 다른 수녀들의 공포와 심리적 원인에서 비롯된 뱃멀미를 흥미롭게 바라보기도 했다. 이런 뱃길은 그녀가 쉴 수 있는 유일한 기회였으므로 프란체스카는 차츰 항해를 반겼다. 바다가 자신에게 맞는 것 같았고, 바다의 깨끗한 공기를 마시면 몸이 건강해진다고 느꼈다. 프란체스카가 그만큼 살 수 있던 것은 수많은 바다 여행 덕분인지도 모른다.

프란체스카는 배에 탄 당일부터 일기 겸 편지를 쓰기 시작했다. 그 배에 탑승한 900명 승객 대부분이 이탈리아를 떠나는 이민자들이었다. 하지만 그녀가 르아브르에 도착한 시간은 오후 5시였고, 배는 다음날 오전에 출발이라서 쓸 말이 별로 없었다. 그래서 먼저 파리까지의 여정을 썼다. 특이하다고 할 만한 것은 중간에 기차가 고장 났다는 점뿐이었다. 그때 그들은 새벽 2시쯤 비몽사몽간에 기차에서 내려 열차를 갈아탔다. 큰 위험은 아니었지만 그들은 사고를 피한 것을 신에게 감사하고 열렬히 영적인 영성체를 한 다음 다시 평온하게 잠이 들었다. 이튿날 파리에 도착해서 노트르담데빅투아르 교회에서 미사를 보고 이번에는 실제 영성체를 받은 뒤 르아브르로 떠났다. 별로 소식이라 할 만한 내용은 없지만 이 편지들의 기조는 분명하다. 진정한 선교사는 용기를 가져야 한다는 것, 그리고 그녀는 늘 성심수녀회의 모든 수녀와 함께 있기 때문에 멀리 떨어져도 이별이 아니라는 것, 헤어질 때 느낀 자연스러운 슬픔은 이제 노역과 고난 속 기쁨에 묻혔다는 것이었다.

다음 날 아침 수녀들은 선장에게 인사하러 찾아갔다. 이어 갑판에서 조용히 아베 마리스 스텔라를 읊었다. 다른 승객들에게 폐가 되지 않도록 노래로 부르지는 않았지만 성모는 그들 마음속의 선율을 들을 것이라 확신했다. 프란체스카가 그랬듯이 그들에게 바다는 신의 장대함의 상징으로 와닿았다.

배가 부두를 떠나자 뱃멀미가 시작되었다. 바티스티나 수녀는 출항하기가 무섭게 어지럼증에 시달리다 금방 선실로 갔다. 프란체스카는 아무 문제 없었다. 바다에 니오니 재미난 생각이 떠올랐다. 선교사들을 전 세계로 수송하는 특별한 배를 만들고, 거기에 '그리스도를 낳은 자'라는 뜻의 '크리스토퍼'라는 이름을 붙이면 어떨까? 그러다 곧 이성적으로 덧붙였다. "하지만 이것은 헛된 공상이고 이런 것들에 생각을 빼앗기면 안 됩니다." 그런 상상은 단순한 유희일 뿐이었다. 그녀는 아직도 종이배에 제비꽃을 실어 보내는 아이 같은 면이 있었다.

다른 수녀들에게는 공상도 별 도움이 되지 않았다. 한 수녀—이냐티우스 수녀—는 식당에 갔다가 멀미 탓에 도중에 급하게 일어날 정도였다. 프란체스카는 이런 기록을 남겼다. "그래서 식사가 끝날 때는 식당에는 나 혼자뿐이었습니다. 이렇게 즐거운 아침 식사가 있었는지 기억나지 않네요." 그녀에게 귀여운 허영심이 있었다면 그것은 뱃멀미를 하지 않는다는 자부심이었다.

다가온 일요일은 바다가 호수처럼 잔잔했다. 전날 저녁에는 마더 카브리니가 간신히 수녀들을 모두 갑판에 불러내서 바람을 쐬게 했지만 지금은 불러내기 힘들었다. 간신히 나온 한 명은 정신이 혼미한 나머지 수녀복을 뒤집어 입어서 금세 다시 내려가야 했다.

아침 식사를 함께할 수 있는 사람은 아무도 없었다. 배가 약간만 움직여도 그들에게는 폭풍처럼 느껴졌다. 엘레타 수녀는 식사 시간만이라도 배가 멈추었으면 좋겠다고 했다. 프란체스카가 그 말을 전하자 승무원은 웃음을 터뜨렸다. 프란체스카는 갈색 턱수염이 덥수룩한 승무원의 친절한 얼굴이 살레시오의 성 프란치스코와 닮았다고 생각했다. 그들의 수호성인이 바로 옆에서 보호해준다는 생각도 그녀가 즐긴 무해한 공상 중 하나였다.

프란체스카는 그 승무원과 작은 음모도 꾸몄다. 한 수녀가 식사로 나온 바나나를 유난히 역겨워했다. 그러자 프란체스카가 살레시오의 프란치스코를 닮은 승무원에게 바나나를 튀겨서 송아지 뇌라고 속여보자고 했다. 그리고 수녀들이 모두 보는 가운데 그에게 그 수녀가 비위가 아주 약하니 송아지 뇌를 특별히 잘 익히라고 말했다. 그 수녀가 바나나를 맛있게 잘 먹자 프란체스카가 그 음식의 정체를 밝혔다.

바다가 어떤 모습이건 프란체스카는 거기서 신의 형상을 보았다. 잔잔한 바다에서는 신의 고요한 은총 속에 사는 평온한 사람들을 보았다. "하느님이 명령하면 바다가 순명합니다. 수도 생활에서도 모든 수녀가 자신의 판단에 의존하지 않고 전적으로 원장에게 순명하면 큰 평화와 낙원의 달콤함을 얻을 수 있습니다."

당시 선실에서 뱃멀미로 고생하는 아순타 수녀와 엘레타 수녀에게는 별로 반갑지 않은 비유도 있었다. 그래도 코도뇨에 안전하게 있는 사람들에게는 교훈이 되었을 것이다. "여러분이 모두 날개를 달고 날아올라서 하느님께 바친 영혼의 복된 평화 속에 쉴 수 있기를 바랍니다." 날개! 그것은 영적 인생에 대한 프란체스카의 개인적 상징이었다.

그 후 이틀 동안은 바다가 조금 거칠어서 엘레타 수녀는 바다를 진진하게 해달라고 열심히 기도했다. 그녀들 포함해 수녀들은 모두 신실에만 머물렀고, 프란체스카만이 갑판에 머물며 식당에도 갔다. 이따금 그녀는 수녀들에게 기운을 불어넣으려고 농담이나 재미있는 이야기를 시도했다. 그게 통하지 않으면 가벼운 꾸지람도 효과가 있었다. 조반나 수녀는 괴로워하면서도 웃음을 보였고, 아고스티나 수녀마저 미소를 지을 수 있었다. 엘레타 수녀가 수평선은 왜 항상 똑같은 거리에 있느냐고 천진하게 묻자 그들은 즐거워했다. 하지만 베르나디나와 바티스티나는 하루 종일 아무 말도 하지 않고 죽은 사람처럼 누워 있었다. 그 모습을 보면 프란체스카도 뱃멀미를 느꼈다. 다음 날 아침 일어났더니 집채만 한 파도가 장관을 이루었다. "출렁이는 바다가 얼마나 아름다운지요! 파도가 하얀 거품을 일으킵니다! 환상적이에요!"

그날 밤 엔진 하나가 고장 나서 수리하러 배가 멈추었다. 마더 카브리니는 안개 경보에 깨어서 옷을 입고 무슨 일인지 알아보러 나갔다. 엘레타 수녀가 겁먹은 얼굴로 달려오자 안심시켜 주려고 일부러 크게 웃었다. 밤새 잠을 설친 프란체스카는 갈매기 떼를 보고 그 역시 수호천사라고 상상했다. 아니면 '선교사가 되려고 우리 수녀회에 몰려오는 젊은 여성들'이라고.

다가온 아침 프란체스카는 그런 귀여운 이미지보다 훨씬 강력한 것을 만났다. 바다에 빙산이 가득했다. 엔진이 고장 나지 않았다면 아마도 밤에 거기 충돌했을 것이다. 그 사고를 피했다는 기쁨에 뱃멀미도 사라졌다. 바다는 아직 거칠었지만 수녀들은 갑판에 올라와서 소성무일도를 하고 '아베 마리스 스텔라'도 불렀다. 다른 승객들은 기도하는 수녀들의 존재를 좋아하는 것 같았다. 승객들이 하나둘 거기 참여했다. 안도감이 사람들의 얼굴을 밝혀주었다.

프란체스카는 사소한 일도 경건하게 받아들였다. 짠 공기 속에 오래 있다 보니 코끝과 이마의 피부가 벗겨졌는데, 그녀는 이것을 마음을 바꾸고 새로운 인생을 살라는 신의 명령으로 여겼다. "항상 기도해야 해요! 저는 당신의 손길이 필요합니다. 제가 마음을 바꾸고 좋은 인생을 살면 우리 수녀회에 은총이 많이 내릴 거예요."

그들은 그달 마지막 날에 뉴욕에 닿았다. 바다에 2주 가까이 있던 터라 육지에 닿은 것이 몹시 기뻤다. 지치고 꾀죄죄한 몰골의 작은 수녀 집단은 그날 밤 성천사 고아원에서 잠들었다.

마더 카브리니는 예수회에서 팔려고 내놓은 건물과 영지를 보기 위해서 미국에 왔다. 지체 없이 만레사에 갔고 보자마자 감탄했다. "이럴 수가, 꿈에 나온 바로 그곳이에요!" 수녀들은 프란체스카의 꿈이 계시라고 생각할 수밖에 없었다. 그렇지만 프란체스카가 그다음에 한 말은 별로 반갑지 않았다. "나는 여기 묻힐 거예요." 프란체스카가 언젠가 죽는다는 생각만으로도 그들은 심장이 덜컹했다.

꿈과 상관없이 프란체스카는 현실적인 사람이었고, 그것을 사기로 결정한 이유 역시 현실적인 조건 때문이었다. 그곳은 주변 환경이 아름다웠고, 뉴욕 시와 가까웠으며, 딸린 가구들은 낡았지만 쓸 만했다. 그리고 가격이 저렴했다. 근처에 물이 부족하다는 사실을 알게 되었지만 그 문제로 생각을 바꾸지는 않았다. 이만한 건물이면 여아 300명을 수용할 수 있었다. 도시 슬럼에 살던 아이들에게 이곳은 낙원이 될 것이다.

물 부족 문제는 이후 쉽게 해결되었다. 프란체스카는 처음부터 어디엔가 좋은 우물을 만들 수 있을 거라고 생각했다. 당시에 그곳에는 간신히 식수 정도만 충당하는 작은 우물 하나가 전부였다. 다른 용도의 물은 수녀와 고아들이 가파른 허드슨 강둑을 오르내리며 길어와야 했다. 20분이나 걸리는 길인데도 빨래도 거기서 해야 했다. 이런 문제가 있었음에도 프란체스카는 망설이지 않고 계약을 체결했다.

 이후 그녀는 영지 안에 늘 습기가 찬 땅이 있는지 찾아다니며 은 총의 성모에게 계속 기도했다. 그러다 예리한 눈으로 언덕 기슭의 한 지점을 포착하고 거기 우물을 파게 했다. 그 뒤로는 물 부족 문제가 사라졌다. 우물 옆에는 프란체스카가 직접 성모상을 세웠다. 우물은 '성모의 기적의 샘'이라고 명명했고, 사람들은 아직도 거기서 물을 긷고 기도한다. 강 건너 포킵시 지역으로 이주한 예수회는 만레사—이후 웨스트파크로 이름을 바꾼다—를 포기한 것을 후회했다.

 프란체스카는 만레사를 사랑했고 총원장 자리에서 물러나면 만레사에 살 거라고 자주 말했다. 그런 일은 일어나지 않았지만 죽고 나서 그곳에 묻히겠다는 소망은 실현되었다. 사람들이 프란체스카의 유해를 시카고에서 그리 모셔 왔기 때문이다. (이후 뉴욕의 마더카브리니 고등학교 성당으로 옮기기 전까지는 계속 거기 있었다.) 프란체스카는 웨스트파크를 자주 방문해서 미국 수련 수녀들도 면밀히 살폈다. 그녀는 가능한 한 그들에게 직접적이고 인간적인 영향을 미치고 싶어 했다. 웨스트파크에 가면 프란체스카는 고아원의 행복한 아이들에게 둘러싸였다. 그곳은 고아원 하면 떠오르는 음울한 시설이 아니라 아이들의 진정한 집이었다. 수백 명의 원아들은 학교의 규율을 따라야 했지만 그것은 일반 학교의 규율과 크게 다르지 않았다. 일반 학교의 교장이 '대리 부모'라면 프란체스카와 수녀들은 어머니처럼 사랑을 베풀었다. 그녀는 시간이 날 때마다 아이들과 함께 정원을 거닐고 과일이나 사탕 같은 작은 선물을 주었다. "원장 수녀님이다!" 그녀가 나타나면 아이들이 소리치고 우르르 몰려들었다. 그들에게도 프란체스카에게도 웨스트파크는 낙원에 가까운 곳이었다.

이번에도 미국 체류는 3개월 반을 넘기지 않았다. 프란체스카는 그 짧은 시간에 웨스트파크 운영을 궤도에 올리고, 뉴욕 이스트 59번가의 쉼터를 43번가 135번지로 옮긴 뒤 8월 16일에 엘리자베스와 앤이라는 이름의 젊은 여성 두 명과 함께 배에 올랐다. 그들은 코도뇨에 수련 수녀로 들어갈 예정이었다. 프란체스카는 1891년에야 웨스트파크를 수련 수녀 시설로 만들었다.

날씨가 좋았고 대서양을 건너는 데 일주일도 채 걸리지 않은 행운을 프란체스카는 배에 동승했던 성심회 덕으로 돌렸다. 그들은 수녀가 되려고 파리의 본원으로 가는 길이었다. 바다가 잔잔해도 엘리자베스와 앤은 뱃멀미를 했다. 그들이 선실에서 앓을 때 프란체스카는 갑판에 앉아 묵상하고 다른 승객들과 대화하고 글을 썼다.

프란체스카는 눈에 보이는 모든 것에 깊은 관심을 갖고 자연의 아름다움에서 독창적으로 신의 뜻을 발견했다. 중앙해령에서는 밤 11시까지 갑판에서 바다를 보며 감탄했다. 낮에는 선미에 서서 배가 바다를 가르는 우윳빛 거품을 몇 시간씩 바라보았고, 밤이면 반짝이는 인광에 감동했다. 인광에 대해서 "파도에 천 가지 색깔 등불을 매단 것 같았어요." 하고 묘사했다. 그것을 어떤 신비로운 일로 여기지는 않았지만 깊이 매혹되었다.

    프란체스카는 아침 6시면 다시 갑판에 나가 묵상했다. 서늘하고 깨끗한 공기는 신체뿐 아니라 정신도 상쾌하게 만들어주는 것 같았다. 일기 겸 편지에는 종교적 소명을 받은 자들의 복된 인생에 대해 썼다. "우리는 그분의 사랑을 모릅니다, 여러분! 우리는 몰라요! 우리가 어떻게 이런 생각에 냉담하고 무심하고 무정하기까지 할 수 있나요? 뜨거운 사랑이 없으면 우리는 우리에게 고귀함과 위대함, 나아가 하늘의 천사 같은 존경을 안겨주는 직책을 가질 자격이 없습니다."

8장
―――
중앙아메리카

유럽으로 돌아가는 길에서 일어난 가장 중요한 일은 프란체스카의 편지에 적혀 있지 않다. 아마도 확실히 말할 수 있을 때까지 입을 다 물고 있는 게 좋다고 생각했을 것이다. 너무 일찍 이야기하면 섣불리 희망을 품었다가 실망할 수도 있었다. 어쩌면 뉴욕에 남은 사람들에게 불안을 안겨주기 싫어서였을지도 모른다. 그것은 다름 아니라 미국 활동이 만 2년도 되지 않았고 아직도 많은 지원이 필요한 시기에 중앙아메리카에서 사업을 하는 일이있다. 엘레나 아레야노라는 니카라과 여성 제력기가 프란체스카에세 그라나다에 건물을 하나 줄 테니 학교를 세워달라고 부탁한 것이다.

프란체스카가 그런 제안을 숙려한다는 것 자체가 이상해 보일 수 있다. 그녀가 미국으로 이주한 가난한 이탈리아인들을 위해 사업을 하는 것은 충분히 이해가 갔다. 그 일을 시작하고 얼마 지나지도 않아 이탈리아와 아무 관련이 없고, 가난하고 억압받는 사람들과는 더욱 상관없는 사업에 인력을 빼내는 것은 언뜻 전략적 착오로 보인다. 하지만 프란체스카는 처음부터 자신의 선교 활동을 한 나라 또는 한 사회 계층에 국한하겠다고 생각한 적이 없다. 중국에는 결국 가지 못했지만 프란체스카는 자주 이렇게 말했다. "선교수녀회에게 세계는 작은 공 같아요. 아기 예수가 손에 든 공이요!" 그녀의 유일한 관심은 영혼의 구원이었고 부유한 이들도 가난한 이들 못지않게 영적 도움이 필요했다. 엘레나 부인은 오히려 그런 사람들에게 영적 가르침이 더 간절하다고 말했다. 그래서 이후로 스페인어권 라틴아메리카에 상류층 여학교를 여럿 세웠다.

그런 사업을 아직 이탈리아인뿐인 수녀회가 떠맡았다는 사실은 놀랍다. 그 사업이 성공했고, 또 프란체스카의 북아메리카 사업을 방해하지 않았다니 대단한 일이다. 제안을 수용한 것은 그녀의 열정과 용기에 대한 증명인 동시에 훌륭한 판단력에 대한 증명이기도 했다. 프란체스카는 신에게 의지했고, 동시에 선교수녀회의 에너지와 열정에도 의지했다. 아직 작은 수도회의 약동하는 생명력을 믿고 앞으로 나아갔다.

하지만 최종 결정을 내리기에 앞서 교황청 국무원장인 람폴라 추기경과 의논했다. 진출하겠다는 결론을 얻으면서 프란체스카는 처음부터 그라나다에 학교 하나를 세우는 것 이상을 목표로 삼았다. 그 사업은 수도회의 남아메리카 진출, 그리고 국제화를 의미했다. 남아메리카 학교들에 교사를 보급하기 위해서라도 파리, 마드리드, 런던에 기관을 설립해야 했다. 니카라과는 프란체스카의 선교 활동의 새로운 전환점이 되었다.

    이탈리아에서 이 일을 준비하면서 그녀는 로마에 밀라노에 세운 것 같은 사범 학생 숙소를 만들었다. 프란체스카 마시모 공녀와 카를로타 안티치 마테이 공녀가 이를 위해 기부했고, 구엔달리나 델라 소말리아 백작 부인 등 로마 최상층 귀족이 참여한 위원회가 만들어졌다. 프란체스카는 이제 로마의 유명 인사였다. 그런 상황은 그들에게 위험이 될 수도 있었다. 수녀회가 부유한 상류 사회에 파묻힐 수 있었기 때문이다. 하지만 프란체스카에게는 이렇다 할 위험이 아니었다. 후원자들은 그저 필요한 도움을 주는 사람들일 뿐이었다. 그들의 수도회는 가난한 사람을 돕는 것이 최우선이라는 본래의 정신을 잃지 않았다.

니카라과로 향하다

프란체스카는 1891년에 뉴욕에 돌아오자마자 스물아홉 명의 수녀를 데리고 웨스트파크로 갔다. 그리고 그날 밤 다시 뉴욕으로 돌아와서 니카라과에 함께 갈 수녀 열네 명의 교통편을 예약했다. 미국에 처음 온 지 아직 2년 반도 지나지 않았는데, 수녀들이 이미—갓 입회한 젊은 수녀 일곱 명을 포함해서—쉰이나 되었다. 짧은 시간에 이룬 놀라운 성취였다. 이제 우리는 그녀가 어떻게 갈수록 많은 짐을 떠맡고도 힘이 줄어들지 않았는지 보게 된다. 프란체스카는 항상 일을 많이 맡을수록 더 많은 사람을 얻는다고 믿었다. 고결한 심장은 어려움과 위험에 이끌린다. 프란체스카의 용기가 이미 성과를 내기 시작했다.

니카라과 계획은 마지막 순간에 엎어질 위기에 놓였다. 여비로 쓸 돈이 출발 예정일 이틀 전까지 들어오지 않았기 때문이다. 그날 밤 프란체스카는 성모님이 팔을 벌리고 아들에게 수녀들을 위해 기도해주는 꿈을 꾸었다. 다음 날 아침 그녀는 코리건 대주교에게 가서 자신들이 처한 상황을 말했다. 대주교는 당시 돈이 없었지만 다른 사제에게 빌려 비용을 마련해주었다. 이 도움은 기적과 같았고, 프란체스카는 이 일을 기리기 위해 수녀들에게 하루에 세 번 기도문을 외울 때 꿈에서 본 성모처럼 두 팔을 벌리게 했다.

10월 10일에 그들은 예정대로 배를 탔다.

이전의 뱃길들에서 수녀들은 출렁거리는 바다를 지나왔을 뿐이다. 이번에는 카리브해에서 발원한 허리케인을 만났다. 허리케인은 배가 샌디훅을 벗어나자마자 불어닥쳤다. 프란체스카는 일기에 이렇게 썼다. "이번 여행길이 지난번처럼 순탄할 거라고는 생각하지 않습니다. 우리가 새로운 선교를 위해 떠나기 때문입니다. 이 일에는 많은 은총이, 우리의 가치를 높여주는 새로운 은총이 필요합니다." 이런 관점에서 보면 허리케인과의 조우는 훌륭한 징표였다. 하지만 모두가 익사할 뻔한 순간도 있었다. 그들은 제라드 맨리 홉킨스

[19세기 영국의 예수회 사제 겸 시인.]의 시 〈도이칠란트호의 난파〉에 나오는 수녀들처럼 '겁박하는 바람과 미쳐 날뛰는 바다의 타격'을 경험했다.

번개가 밤새 검은 하늘을 가르고 천둥과 우박 속에 파도가 배를 뒤집어버릴 듯 날뛰자 수녀들은 죽음을 준비하며 기도했다. 프란체스카는 젊은 수녀들이 첫 번째 선교를 떠난 길에서 죽는다는 생각에 가슴이 미어졌지만 신의 뜻을 받아들이라고 말했다. 그녀 자신은 긴급 상황에 대비해서 옷을 입고 있었지만, 열네 명의 수녀는 모두 선실의 침구 속에서 서로를 끌어안고 죽음을 기다렸다. 프란체스카는 혼자 특실에서 망을 보았다. 만약 배가 난파하면 수녀들을 즉시 그리부를 생각이었다. 그런 일이 생기기 전까지는 선실에 계속 있어도 괜찮았다.

때는 묵주기도 성월인 10월이라서 프란체스카는 계속 성모에게 기도했다. 로레토의 성모가 새겨진 초도 밝혔고, 가톨릭 젊은이들의 수호성인인 성 알로이시오에게도 기도했다. 그가 이 젊은 수녀들을 구해주어야 했다.

기도는 통했다. 그날 밤 다른 배들은 뉴저지 연안에서 난파했지만 수녀들이 탄 '뉴욕호'는 외해로 나가서 허리케인의 경로를 벗어났다. 잿빛 새벽하늘 아래 바다는 여전히 거세게 출렁였지만 최악은 지나갔다. 그들은 성모에게 감사를 올렸다. "어머니처럼 우리 한 사람 한 사람에게 깊은 연민을 품은 성모님을 믿고 모두 위험 중에 기도했습니다. 그런 어머니의 자녀인 것이 얼마나 기쁜 일인지!"

프란체스카는 이 편지를 10월 15일에 썼다. 그 뱃길에서 그날 처음으로 글을 쓸 수 있었다. 그날은 성녀 테레사 축일이라서 프란체스카는 그 성인의 스페인 시골 여행기가 떠올랐다. 이런 난관 끝에 그렇게 청명하고 반짝이는 날씨를 보내준 이가 성 테레사라고 믿었다. 이틀 후 배가 바하마제도의 포춘섬[오늘날의 '롱케이' 섬.]에 정박하자 그녀는 눈에 힘을 주고 교회의 첨탑을 찾아보았다. 멀리서라도 성체를 향해 절을 하고 싶었다. 금요일에 도착했기에 선교수녀회의 수녀들은 모두 묵상과 기도를 할 예정이었다. 또한 그날은 그들의 수호성인, 예수 성심에 큰 신심을 바친 성 마르가리타 마리아 축일이기도 했다. 프란체스카는 이런 시간적 우연에서 깊은 의미를 느꼈다.

뉴욕호는 10월 19일에 파나마 해안의 콜론 항에 닻을 내렸다. 당시 그곳에는 파나마 운하 동쪽 출구가 건설되고 있었다. 배의 사무장이 승객의 짐을 무료 기차에 실었고, 선장과 항해사가 그들을 전송하러 왔다. 승무원과 선원들도 작별 인사를 하러 나왔다. 프란체스카는 "누가 보면 가족과 헤어지는 줄 알았을 겁니다."라고 썼다.

파나마 여행길은 프란체스카에게 어린 시절 지리를 익히게 해준 책 《신앙 포교 연보》의 한 페이지 같았다. 코코넛 나무, 바나나 나무, 작고 반짝이는 이파리가 달린 타마린드[북아프리카, 열대 아시아 원산의 콩과의 상록 교목.—편집자 주]가 사방에 있었다. 차창 밖에는 옥색 하늘 아래 밝은 색깔이 다채롭게 펼쳐져 있었다. 화려한 새와 이국적인 꽃, 황금색, 진홍색, 녹색, 검은색의 나비들이 흥미로웠다. 드디어 선교사로서 외국 땅에 왔다는 생각이 들었다. 특히 흑인이나 중국인들이 사는 판자촌을 지나갈 때 더욱 그랬다. 흑인 여자들의 옷이 그들이 보기에 점잖지 않아서 놀랐다. 그에 반해 중국인들은 바지를 제대로 갖춰 입고 있었다. 수녀들은 그들을 위해 달리 할 수 있는 일이 없어서 묵주기도만 했다. "성모님을 닮은 야자수와 꽃이 가득한 이 나라에서 성모님의 이름이 높아지기를!" 프란체스카는 정말로 그렇게 만들 생각이었다.

파나마에 도착한 그들은 곧 기다리는 배에 탔다. 하지만 그날 밤 바로 떠날 줄 알았던 배의 출발일이 이틀 뒤라는 걸 알고 나서 다음 날 아침 작은 보트를 빌려서 육지로 돌아갔다. 그렇게 약한 배는 처음이라서 모두 겁을 먹었으나, 열흘 동안 미사에 참석을 못 해서 영성체가 간절했기에 공포를 이겼다.

다음 날 배로 돌아오는 길에 전날보다 겁이 사라진 그들이 성가를 부르자, 수백 마리 새가 뒤따르며 함께 노래했다. 새를 좋아하는 프란체스카는 그 광경을 보고 기뻐했다. "날개를 달아요!" 그녀는 수녀들에게 자주 말했다. "천국에 가는 길은 좁고 바위와 가시가 가득해서 날개 없이는 지나갈 수 없어요." 몇몇 수녀들은 그 새들이 무슨 징표일까 궁금해했다. 프란체스카는 새들은 앞으로 수녀회에 들어올 사람들이라고 해석했다. 하지만 수녀 한 명이 다른 의견을 냈다. "아니에요, 저 새들은 개종할 영혼들이에요." 그들이 이런 천진한 논쟁을 하는 사이에 새는 수천 마리로 불어나서 거의 하늘을 가릴 지경이었다. 그 모습에 프란체스카가 승복했다. 새들은 수녀들이 구원할 영혼이 맞았다. 프란체스카의 낙관적인 정신으로도 저렇게 많은 새들이 전부 미래의 수녀라고 생각하기는 힘들었다.

다음 날 그들이 계속 항구에 묶여 지루한 시간을 보내고 있는데 몇몇 수녀가 다시 보트를 빌려 근처 섬들을 구경하고 싶다고 했다. 10분 정도 거리라서 카브리니는 흔쾌히 허락했다. 하지만 자신은 배에 남아 있었다. 파도가 출렁거리는 바다라도 영성체를 위해서라면 건널 수 있었지만 구경을 위한 나들이는 달랐다. "가고 싶은 사람은 가세요. 나는 섬 구경은 생각 없어요!" 그리고 일기에 자신은 아직도 바다가 두렵다고 썼다. "신성한 일을 위해서가 아닌 경우, 나는 명령이 아니라면 위험한 곳에 갈 용기가 없습니다." 어린 시절에 생긴 물 공포증의 흔적이었다. 넘치는 기쁨으로 잠시 잊는 경우가 아니라면 그 공포는 언제건 다시 나타날 수 있었다. 이따금 프란체스카는 소심한 성품을 드러냈다. 보트를 타고 나간 수녀들은 그 짧은 나들이를 아이처럼 즐거워했다. 돌아올 때는 해변에서 주운 예쁜 조개껍데기들을 가져왔다.

배는 태평양 연안을 따라 북쪽으로 올라가다가 코스타리카의 푼타아레나스에 잠시 기항했다. 나와 있던 지역 주교가 다 들리는 목소리로 비서에게 속삭였다. "여기도 저 수녀님들이 필요해요." 그는 이어서 자신이 그곳 사정을 잘 아니 숙소가 필요하면 관구에서 구해주겠다고 했다. 프란체스카는 지적이고 활기찬 독일 출신 주교가 중앙아메리카에 꼭 필요한 사람이라고 생각했다.

그들은 10월 25일에 마침내 아름다운 니카라과 만에 들어가서 아침 7시에 코린 앞바다에 닻을 내렸다. 눈앞에 인근 언덕과 야자나무

해안이 아름다운 파노라마를 이루었으며 그 너머로 하얀 집들이 먼 화산을 배경으로 햇빛에 반짝였다. 배가 닻을 내리자 깃발을 꽂은 보트 두 척이 금장이 번쩍거리는 군인을 가득 태우고 그들에게 다가왔고, 금관 악대가 음악을 연주했다. 니카라과 대통령과 주교가 보낸 환영단이었다. 화려한 모습이 너무도 라틴아메리카다웠다. 마을에 가니 훌륭한 아침 식사가 준비되어 있고, 대통령이 보낸 레온행 기차표도 있었다. 이런 공식적인 환영은 아주 기분 좋은 일이었다. 하지만 시간이 지나고 보니 이 일은 수녀들이 호기심의 대상이라는 것 이상의 큰 뜻이 없었다.

그들이 저녁에 레온에 도착했을 때 많은 군중이 모였던 이유도 주로 호기심이었다. 기차에서 내린 수녀들은 사람들의 눈을 피해 옆문으로 역을 빠져나가려고 했지만 소용없었다. 관구 총대리 주교가 그들을 맞아 주교의 이름으로 환영사를 읽었다. 이어 기다리던 마차가 그들을 태우고 두 줄로 도열한 군인들 사이를 지나서 주교가 마련해 준 호텔로 갔다. 그날 저녁 지역 유지들이 호텔에 찾아와서 프란체스카에게 수녀 일곱 명을 여기에 두고 가달라고 부탁했다. 프란체스카는 그럴 수 없다고 힘들게 설득했고, 어쨌건 나중에 그렇게 하겠다고 약속했다.

목적지인 그라나다도 비슷한 분위기였다. 이번에는 군중 때문에 마차가 전진하기도 힘들었다. 사람들이 수녀들을 가까이서 보고 싶어했기 때문이다. 프란체스카는 사람들이 신앙심 또는 호기심 때문에 다칠까 두려웠다. 하지만 군인들이 길을 만들어서 수녀들은 도보로 성당까지 갔고—사제들이 '테 데움'을 불렀다—, 이어 역시 군인들의 보호 아래 그들의 학교가 될 건물로 갔다. 열기가 너무 뜨거워서 프란체스카는 수녀들이 들뜨지 않도록 지금 "호산나!"를 외치는 군중이 며칠 후에 "십자가에 못 박아라!"라고 외칠 수 있다고 말했다. 니카라과는 화산 말고도 격렬함이 들끓는 나라였다. 뉴욕에서 그곳까지 떠난 긴 여행의 피로가 아니었다면 프란체스카는 그 떠들썩한 환영에 불안을 느꼈을 것이다.

실제로 상황의 불안한 점이 곧 드러났다. 도착한 날 밤, 그들은 엘레나 아레야노 부인이 제공하는 성대한 만찬에 갔다. 그런데 시중드는 혼혈 여자들이 상의를 입지 않은 상태였다.

프란체스카가 놀라서 작은 비명을 질렀다.

엘레나 부인이 돌아보고 불안한 목소리로 물었다. "무슨 일인가요, 원장 수녀님?"

"이 여자분들! 옷차림이 좀."

도냐 엘레나가 말했다. "이곳 풍습이에요."

"거슬리지 않나요?"

"생각도 안 해봤어요. 익숙한 일이라서요."

프란체스카는 어물거리지 않았다. "저희는 익숙하지 않습니다, 엘레나 부인. 받아들일 수 없어요."

반라의 여자들이 어깨에 천과 수건을 두른 뒤에야 수녀들은 식사를 시작할 수 있었다.

그 뒤로 더 심한 일들이 이어졌다. 니카라과 인구 중 순수 스페인

혈통은 5퍼센트뿐이었다. 순수 원주민도 5퍼센트였다. 나머지는 백인, 흑인, 원주민의 혼혈이었다. 거기다 기후가 워낙 덥다 보니 사람들의 도덕적 기준이 느슨하기 짝이 없었다. 미사에 참여하는 여자들마저 옷차림이 허술한 경우가 많았고, 모두 그런 것을 당연히 여겼다. 수녀들은 그들에게 복장 예절을 설명해야 했다.

최악은 학교에 등록하는 아이들 상당수가 혼외자라는 사실이었다. 그것 역시 당연한 일로 여겨졌다. 아버지들이 아이들을 거리낌 없이 핏줄로 인정하는 것은 훌륭하다고 할 수도 있었지만, 프란체스카는 그런 아이들을 받아들이는 것은 부도덕에 눈을 감는 일이라고 결론을 내리고 혼외자들의 입학을 금지했다. 최대한 전술적으로 행동해서 학부모 위원회를 꾸린 다음 그들의 손을 빌려서 자신이 원하는 규칙을 통과시켰다. 그래도 주민들은 프란체스카가 혼외자 금지 원칙을 만든 사람임을 알았다.

그로 인해 프란체스카는 뉴저지 해안의 폭풍보다 더 거센 폭풍에 부딪혔다. 특히 아이의 입학을 거절당한 한 유력 인사가 크게 분노했다. 그의 영향력을 고려해서 약간 타협하라는 조언도 있었지만 프란체스카는 흔들리지 않았다.

분노한 사람들은 위협에 그치지 않고 폭력까지 썼다. 남자들이 밤마다 수녀원 주변에서 총을 쏘고 문을 두드렸다. 그때 프란체스카는 몹시 두려웠고, 일주일 내내 잠자리에 들 때마다 누가 죽이러 올 것 같았다고 말했다. 작은 소리에도 깜짝깜짝 놀라기 일쑤였지만 순교가 필요하다면 기쁜 마음으로 임할 각오였다. 하지만 이마 정말로 살

인할 생각은 없었을 것이다. 마더 카브리니를 겁주는 데는 이런 시위 세 번이면 충분하다고 생각했는지도 모른다. 니카라과에서는 아직도 원치 않는 세입자를 내보낼 때 이렇게 군중을 돈 주고 사서 집 주변에서 소음을 일으킨다. 압박을 버틴 프란체스카는 얼마 후 평화를 찾을 수 있었다. 결연하게 혼외자를 쫓아낸 판단은 피해는커녕 더 큰 존경을 안겨주었다. 다른 학생들의 지원이 밀려들어서 학교는 몇 달 뒤 더 큰 건물로 옮겨야 했다.

사소한 불편도 있었다. 우선 더위가 엄청났다. 지진도 잦아서 수녀들은 집이 무너질지 모른다는 걱정에 침대를 집 외벽을 두른 포치에 내놓았다. 그리 멀지 않은 곳에 활화산도 있었다. 야외에서 자면 더위는 견딜 만했지만 벌레와 파충류에 노출되었다. 프란체스카는 자신의 모기장 친 접이식 침대 위로 바퀴벌레와 뱀이 기어오는 상상에 시달렸다. 이 때문에 잠을 너무 못 이루자 젊은 수녀 한 명이 마더 카브리니의 '마타사포스'— 두꺼비잡이—역할을 자청하기도 했다. 하지만 두꺼비와 뱀은 밤중에 수녀원을 둘러싸고 소음을 일으키며 협박하는 군중보다는 나았다. 이후 수녀들은 파충류에, 심지어 잦은 지진에도 익숙해졌다.

또 다른 어려움도 찾아왔다. 수녀들 중 지역 수녀원장까지 포함해서 세 명이 티푸스에 걸렸지만 마더 카브리니의 정성스러운 간호 덕에 살아났다. 기후도 물도 건강에 좋지 않았으나 그곳 사람들에게 니카라과가 그들 생각만큼 지상 낙원은 아니라고 넌지시나마 말하려면 극도의 요령과 조심성이 필요했다. 또한 그라나다에서 벌어지는 일과 최대한 거리를 두는 데는 더 많은 요령이 요구되었다. 지역 사회에 서로에 대한 질투가 많았기에 거기 휘말리지 않으려면 선물을 모조리 거절해야 했다. 물론 대부분은 숨은 의도가 없는 선물이었다. 여러 가지 결함에도 불구하고 니카라과인들은 너그러운 사람들이었기 때문이다. 하지만 겉으로는 좋은 마음으로 주는 듯한 선물이 미묘한 형태의 정치적 행동—그러니까 그들을 손아귀에 넣으려는—인지 아닌지 알 수 없었다. 그런 일을 헤쳐나가려면 세밀히 주의를 기울여야 했다.

그런 여러 가지 어려움이 있었다. 수녀들은 기후, 파충류, 지진처럼 극복할 수 없는 문제는 운명으로 받아들였다. 마더 카브리니는 그들에게 수호성인 프란치스코 하비에르의 말을 상기시켰다. "신성한 선교에 나서는 자는 스스로 더욱 신성해질 수 있는 기회가 많다. 하지만 신성함이 부족한 사람은 그나마 가졌던 미덕을 잃기 쉽다."

프란체스카는 성 프란치스코 하비에르 축일인 12월 3일에 학교를 정식 개교한 뒤에도—개교식에서 프란체스카는 높고 떨리는 목소리로 최선을 다해 스페인어 축사를 했다—, 학교가 원활하게 궤도에 오를 때까지 거기 머물렀다. 학교가 안정적으로 운영될 때까지 성심껏 돌보다가 다시 미국으로 떠났다. 1892년 3월 초였다.

9장

뉴올리언스

미국으로 돌아올 때 프란체스카 카브리니는 니카라과에 갈 때와는 다른 경로를 택했다. 훨씬 더 어려운 길이라는 건 중요하지 않았다. 새로운 길을 통해 처음 올 때는 보지 못했던 니카라과의 다른 지역들을 보고 싶었기 때문이다. 그리고 뉴올리언스에도 가볼 수 있었다.

관광이 목적은 아니었다. 프란체스카는 항상 방문하는 지역을 이해하고자 했다. 그녀가 니카라과에 대해 아는 것은 그라나다와 도중에 스쳐 지나간 몇몇 도시에 국한되어 있었다. 콩키스타도르 Conquistadores[16세기, 남아메리카를 정복한 스페인 군인 겸 모험가. — 편집자 주]의 후예들이 주류인 귀족적이고 부유한 도시는 인구가 희박한 내륙 지방과는 전혀 다를 게 분명했다. 그곳에 관한 1차 정보를 얻으려면 직접 가보는 수밖에 없었기에 이번에는 니카라과 호수와 산후안 강을 통해 이동하기로 했다. 성 프란치스코 하비에르와 마찬가지로 그녀는 먼저 가서 살펴보고 선교의 효과가 높을 지역을 선정하고자 했다. 자신의 활동을 그라나다에 국한할 생각은 전혀 없었다.

프란체스카가 택한 길은 직선거리로는 별로 멀지 않지만 실제로 가는 데는 1개월이 걸렸다. 때로는 빨리 이동하기가 어려웠고 때로는 옆길을 탐방하기도 했다. 호수는 쉽게 건널 수 있었지만 그 뒤로는 니카라과와 코스타리카의 국경을 이루는 산후안 강의 급류가 기다렸다. 이후로는 비교적 큰 배들이 여러 운하를 통해 그 강을 항해하고 있지만 50년 전만 해도 특정 지점들은 경사가 너무 급해서 카누로만 다닐 수 있었다. 평지조차 습지가 많고 나무뿌리가 복잡하게 얽혀 있었다. 나무가 정리된 곳도 있었지만 대부분은 덩굴과 관목에 뒤덮인 어두운 정글이었다. 프란체스카는 이때 지리에 대해 많은 것을 배웠다.

배를 열두 번 갈아탔다. 대부분은 작은 보트와 거룻배였는데, 이 배들은 밤에는 좌초의 위험 때문에 이동할 수 없었다. 때로는 카누가 아니면 갈 수 없는 곳들이 있었다. 프란체스카, 동행한 메르체데스 체페다 수녀는 열대 폭우에 휘말리기도 했다. 순식간에 엄청난 비가 그들의 눈앞을 가리며 쏟아졌다.

보트 선실에는 쥐와 해충이 들끓었다. 메르체데스 수녀는 절망한 눈빛으로 프란체스카를 바라보았다.

"그래도 이것들은 보면 재미있기는 해요." 프란체스카가 그녀를 달랬다.

"잠을 잘 수 있으면 더 재미있을 것 같아요."

"나도 그래요, 수녀님. 나도 잠을 잘 때 이것들이 몸 위를 뛰어다니지 않았으면 좋겠어요."

"으으!" 메르체데스 수녀가 치를 떨었다.

프란체스카는 웃었다. 하지만 그녀 역시 다른 여자들과 마찬가지로 그런 것을 극도로 싫어했다. 할 수 있는 것은 한 가지, 작은 일등석으로 피신하는 것뿐이었다. 메르체데스 수녀가 일등석 소파에 어찌어찌 누우면 프란체스카가 서서 밤새 망을 보며 동시에 기도했다.

이 여행의 주요 목적 중 하나는 모스키티아 보호구역 방문이었다. 모스키티아는 산후안델노르테(19세기 중반의 그레이타운)에 속한 지역으로 온두라스에도 걸쳐 있다. 프란체스카는 람폴라 추기경의 부탁으로 이 여행을 오래전부터 계획했다. 보호구역에는 흑인과 약간의 백인이 함께 살아서 원주민은 대부분 혼혈이었다. 그들의 문화는 원주민 문화에 기초했다. 영국은 1630년에 이 지역에 특허 회사를 설립한 뒤 1850년까지 보호령으로 다스렸고, 처음부터 산후안 강을 운하로 만들려는 생각을 품고 있었다. 이 때문에 영국과 미국은 전쟁 직전까지 갔지만, 결국 니카라과 해안을 양도하는 방식으로 해결되면서 원주민 자치 지역처럼 남았다. 나중에는 다시 니카라과의 손에 들어갔지만 프란체스카가 갔을 때까지는 아직 자치 상태였다.

땅딸막한 체구에 피부가 검은 원주민들은 전혀 아둔한 사람들이 아니었다. 프란체스카는 그들을 보자마자 깊은 연민을 느꼈다. 그들은 여러 면으로, 특히 종교적으로 의지할 데가 없는 상태였기 때문이다. 증기선을 타고 자치구의 수도 블루필즈로 갔을 때 그녀는 족장 두 명을 만나 깊은 인상을 받았다. 그리고 강 하구의 항구에서 보트를 기다리는 동안 원주민의 집에 찾아가서 따뜻한 말을 건넸다. 그때의 일을 이렇게 기록했다. "그들은 수줍음을 누르고 '검은 옷'—그들은 수녀와 사제를 이렇게 부릅니다—에 존경심을 보이면서 교육과 구원을 베풀 수녀와 사제들을 보내달라고 간청했습니다. 불쌍한 사람들! 제가 얼마나 감동했는지 모릅니다! 할 수만 있었다면 당장 거기에 시설을 만들고 싶었습니다."

그 꿈은 실현되지 않았다. 2년 후에 새로 들어선 혁명 정부가 수녀들을 추방했다. 그리고 모스키티아 보호구역은 그때 이미 셀라야라는 행정 구역이 되어 있었다. 이곳은 프란체스카가 이루지 못한 수많은 선교의 꿈 가운데 하나다. 실제로 그녀는 원주민 선교 기구를 설립하려고 유럽에서 모금을 시작했지만 여러 가지 상황으로 계획을 접어야 했다. 1893년 호세 산토스 셀라야가 정권을 잡은 것이 주요 요인이었다. 그는 몹시 검손하게도 모스키티아 자치구에 자기 이름을 붙였지만 미국 정부는 그 정권을 공식적으로 "니카라과 역사의 오점"이라고 불렀다.

뉴올리언스의 빛

힘들게 니카라과를 횡단하던 프란체스카에게는 다른 계획도 있었다. 블루필즈— 이곳은 아직도 영국 보호령 시절의 지명을 그대로 쓴다—에서 쉽고 편하게 뉴욕행 배를 탈 수도 있었지만 프란체스카는 그 대신 뉴올리언스에 가기로 결정했다.

그곳으로 가려고 한 몇 가지 이유가 있다. 많은 이탈리아인이 익숙한 종류의 일을 구할 수 있으리라는 희망을 품고 미국 남부로 갔다. 면화 농업은 낯설었지만 어쨌건 그것도 들판에서 하는 농사일의 하나였다. 거기다 루이지애나 주는 기후가 따뜻하고 가톨릭 인구 비율이 높았다. 개신교가 압도적인 남부의 주들 가운데 가장 높았다.

이민자들은 기대한 바와 달리 모든 점에 실망했다. 날씨는 따뜻했지만 이탈리아와는 크게 달랐다. 플랜테이션에 일자리는 있었지만 흑인과 경쟁했기 때문에 임금이 형편없이 낮았다. 그리고 각종 장치가 이탈리아인들이 면화 농부로 자립하는 길을 막았다. 그곳의 상류층을 차지한 크리올[미국 남부에 정착한 초기 프랑스 이민자들의 후손.]들은 새 이민자들을 깔보았다. 가톨릭 신자들도 모두가 업신여기는 이탈리아인이 밀려들면 자신들의 지역 내 특권이 흔들릴까 두려워했다.

실제로 루이지애나에서는 이탈리아인을 상대로 최악의 가혹 행위가 일어났다. 북부의 이민자들이 단순히 착취에 시달렸다면, 남부의 이민자들은 린치라는 끔찍한 폭력에 노출되었다.

익히 관찰된 사실이지만 린치 행위는 느린 법 집행 속도를 참지 못한 대중이 분노를 터뜨리며 신속한 처벌을 실행하는 일이 아니다. 그것은 만연한 혐오 또는 공포에 뿌리를 내리고 있고, 항상 가장 만만한 상대를 표적으로 삼아 실제 범죄 행위와는 별 관련 없는 곳에서 벌어진다. 그것은 심지어 무미건조한 삶에 생기를 불어넣는 짜릿한 이벤트이기도 하다. 모든 린치가 흑인을 대상으로 하거나 남부에서만 벌어진 것은 아니지만—지난 25년간 최악의 린치 사건 몇 건은 캘리포니아에서 일어났고 백인이 교수형을 당했다—, 남부는 이런 이벤트와 관련해서 가장 악명이 높다.

그래서 마더 카브리니가 뉴올리언스로 갔다.

1892년 봄에 방문했는데, 그 1년 전에 이탈리아 젊은이 무리가 경찰서장 살인 혐의로 체포된 일이 있다. 그중 세 명이 유죄 판결을 받고, 열한 명이 무죄 판결을 받았으며, 아직 재판을 기다리는 사람들도 있었다. 그때 언론의 부추김 속에 분노가 폭발한 군중이 무죄 판결이 나온 사람들이 석방을 기다리는 감옥으로 몰려가서 "이탈리아 놈들을 죽여라!" 하고 소리쳤다. 이런 경우에 흔히 보듯이 간수들도 린치 가해자들에게 은근히 동조해서 저항하는 시늉만 했다. 체포된 자들이 시칠리아인이라는 사실만으로도 충분했다. 그것만으로도 그들 모두 단검을 들고 다니는 마피아 단원으로 여겨졌다. 그들은 전부 끌려나와 나무와 가로등에 교수형을 당했고, 그 시신은 여러 날 동안 거기 매달려 있었다. 살인자들에 대한 경고라기보다 이탈리아인은 흑인과 동급이라는 인식을 암시하는 행동이었다.

미국 전역의 수십만 이탈리아인은 공포에 사로잡혔다. 이탈리아 정부는 해리슨 대통령에게 강력한 유감을 표명했고, 대통령이 이것은 사법 제도 밖에서 벌어진 일이라고 답하자 양국 외교 관계가 단절되었다. 이 일로 린치 가해자들은 처벌을 피할 수 있다는 걸 깨달았고, 이런 범죄가 흔히 그렇듯이 많은 모방 범죄가 잇따랐다. 그 후 규모는 그보다 작아도 비슷한 폭동이 여러 차례 미국의 이름을 얼룩지게 했다. 헨리 캐벗 로지는 《노스아메리카 리뷰》 1891년 5월호에 이런 잔혹 행위를 개탄하면서 이 사건에서 얻을 수 있는 가장 큰 교훈은 이민을 제한해야 한다는 것이라고 썼다.

프란체스카는 뉴올리언스 린치 사건에 큰 충격을 받았다. 그 충격이 뉴올리언스를 찾아가기로 한 주요 이유였다. 그녀는 언제나 최대한 현장에서 정보를 얻고 문제를 분석해서 최선의 해결 방법을 찾은 다음 행동에 들어갔다. 이런 상황을 타개하려면 이탈리아인이 자신들에 대한 편견을 없애는 것이 중요하고, 그들에게 종교적, 도덕적 지원을 하는 것이 가장 효과적인 방법이라고 보았다.

아직 쉰 살도 안 된 열정적인 네덜란드인 대주교 프란시스 얀센스는 프란체스카를 따뜻하게 맞이하며 성가롤로보로메오회의 감베라 신부처럼 거기서 선교 사업을 해달라고 부탁했다. 대주교는 이탈리아 신도들의 어려움을 알았지만 미국 주교들이 대부분 그렇듯이 그에 관해 할 수 있는 일이 별로 없었다. 하지만 프란체스카가 그 일에 딱 맞는 사람이라는 것은 알아보았다 프란체스카는 그에게 가능한 한 빨리 뉴올리언스로 수녀들을 보내겠다고 약속했다.

대주교는 5년 후에 죽었는데 그때의 태도로 그의 성품을 짐작할 수 있다. 유럽행 뱃길에서 갑자기 공격을 당해 죽음을 앞두자 그는 지체 없이 선실에 무릎을 꿇었다. "주님, 감사합니다. 저는 준비되었습니다."

길을 잃지 않는 여정

2개월 후 그녀는 가용 자원이 거의 없는데도 약속을 지켰다. 프란체스카는 어려운 상황에도 굴하지 않았다. 오직 연민과 신에 대한 믿음을 가지고 그녀가 아니면 누구도 시도할 수 없는 방식으로 도움을 주었다.

이곳에는 수녀 세 명을 배정했다. 그중 당시 열일곱 살이었던 수녀의 기억이 이 책을 쓰는 데 많은 도움이 되었다. 이때 프란체스카는 평소보다 더 돈이 없어서 수녀들에게 뉴올리언스까지 갈 기차표도 사주지 못했다. 수녀들은 낯선 중간 지점의 도시에 내려서 거기서부터 구걸하며 가야 했다.

그들은 돈이 허락하는 만큼 천천히 목적지를 향해 갔다. 그러다 중간에 지역 수녀원을 발견하자 거기서 2박을 하고 그사이에 해당 지역의 리틀 이탤리에서 모금을 했다.

그들에게 돈을 준 사람들은 대부분 극도로 가난했다. 기부금은 대부분 5센트, 10센트 동전이었고, 이따금 힘겹게 25센트나 1달러를 꺼내는 사람들이 있었다.

"뉴올리언스로 가시는군요. 거기 동포들은 도움이 필요해요."

"그래서 가고 있어요. 작년에 거기서 여러 사람이 교수형을 당했잖아요!"

"하지만 수녀님이 무슨 일을 하실 수 있나요?"

"무슨 일이라도 할 겁니다. 무슨 일이라도."

어떤 사람에게는 그런 호소가 통했지만 어떤 사람에게는 통하지 않았다.

"수녀들이 뉴올리언스에서 뭘 합니까? 이탈리아인이 린치당하는 걸 어떻게 막을 건데요? 이런 일에 신부와 수녀는 소용없어요. 당신들은 우리를 무지에 가둘 뿐이에요."

"반교권주의신가요?"

"네, 저는 반교권주의예요. 다른 데 가세요. 교회에는 돈을 주지 않아요."

어떤 남자는 반교권주의는 아니지만 기부는 거절했다.

"수녀님이 할 수 있는 일이 없어요. 뉴욕이라면 몰라도 뉴올리언스에서는요. 그냥 뉴욕으로 돌아가세요. 나는 가난해서 한 푼이 아쉬워요."

하지만 이런 거절 속에서도—그들은 이제 이런 일에 익숙했다—몇 달러가 모였고, 기차표를 구해 다음 도시로 이동하면 다시 구걸을 시작했다. 그렇게 수많은 곡절 속에 결국 뉴올리언스에 도착했다.

세 수녀가 도착한 시간은 어두운 밤 11시였다. 그들은 겨드랑이에 짐을 낀 채 어둠 속을 걸었다. 어디가 어디인지도 알 수 없었다.

그때 가장 어린 수녀가 아이디어를 냈다. 자신의 아이디어에 기쁨의 박수까지 쳤다. "아시시의 성 프란치스코가 레오 형제에게 시킨 일 있잖아요. 저도 똑같이 할래요." 그녀는 짐을 다른 수녀들에게 건넨 뒤 자리를 빙글빙글 돌았다. 그러다가 어지러워 쓰러질 지경이 되자 멈추어서 말했다. "레오 형제처럼 해요. 내 얼굴이 저쪽 길을 가리키고 있어요. 저쪽으로 가요. 주님이 우리를 인도하실 거예요."

그들은 그 방향으로 걸어갔지만 여전히 어디가 어디인지 알 수 없었다. 그때 갑자기 뒤쪽에서 마차가 나타나서 빠른 속도로 지나갔다. 그러더니 몇 분 후에 그 마차가 다시 다가와서 멈추었다.

"혹시 여기 오시는 이탈리아 수녀님들이신가요?" 마부가 물었다.

그들은 맞다고 대답했다.

"감베라 신부님께 말씀 들었습니다. 신부님께 모셔다드리겠습니다."

빙글빙글 돌았던 수녀가 용기를 내서 물었다. "혹시 감베라 신부님 거처가 이 방향인가요?"

"네, 그렇습니다."

그녀는 기뻐서 다시 손뼉을 치며 말했다. "보셨죠! 그게 길을 찾는 방법이었다니까요."

감베라 사제가 숙소를 구해주었다. 그 숙소에는 모기장 친 침대 세 개가 전부였다. 그들은 모기장은 사치라고 생각해서 떼어냈는데, 아침에 일어나보니 온몸이 모기에 물려 있었다. 그날 밤 그들은 모기장은 청빈의 서원에 어긋나지 않는다는 결론을 내렸다.

프란체스카는 그들에게 성공의 조짐이 보이면 바로 전보를 보내달라고, 그러면 자신이 즉시 가겠다고 했다. 어느 날 그들은 17달러 30센트라는 당시로서는 큰돈을 모아서 프란체스카에게 선보를 겼다. "성공! 빨리 오세요." 프란체스카는 8월 6일에 수녀 네 명을 데리고 뉴올리언스로 갔다. 그녀는 수녀원 개원식에는 항상 직접 참여하고 싶어 했다.

하지만 수녀원이라고 칭할 만한 것은 없었다. 세인트필립 스트리트 임대 주택 건물의 방 세 칸뿐이었다. 임차인 대부분이 흑인이었고, 방 하나에 두 가족이 사는 경우도 흔했으며, 빌린 방에 다시 세입자를 들이기도 했다. 넓은 안뜰은 공용 거실처럼 쓰이는지 사람들이 모여서 떠들썩하게 놀았다. 그들은 고생스러운 인생에도 불구하고 유쾌했고 술도 자주 마셨다. 벌거벗은 흑인 아이들이 뛰어놀고, 반쯤 헐벗은 여자들이 싸움을 벌였다. 밤이면 노랫소리와 밴조 소리가 들렸다. 새벽이 오기 전에는 잠들 수가 없었다.

수녀들이 요리할 공간은 안뜰에 있는 투박한 벽돌 바비큐 시설뿐이었다. 그들은 거기서 벤치를 식탁 삼아 식사를 했다. 그러면 꼬질꼬질한 개와 배가 볼록한 아이들이 부스러기라도 얻어먹으려고 옆을 얼쩡거렸다. 물이 귀했는데, 그나마도 미시시피 강물을 떠온 것이라 거의 마실 수 없는 수준이었다. 수녀들은 티푸스가 두려워서 집집을 다니면서 정수된 물을 구걸했다. 마침내 그들이 독자적인 수녀원 공간을 얻자 마더 카브리니는 문간에 깨끗한 물을 두어서 목마른 방문객 누구나 마실 수 있게 했다.

그들이 마련한 공간은 다름 아니라 바로 그 임대 주택이었다. 프란체스카는 뉴올리언스에 도착하고 일주일 후에 그 건물을 샀다. 저렴한 가격이 큰 이점이었다. 이탈리아인 거주지—대부분 흑인 구역에 있었지만—의 중심에 있는 위치도 장점이었다. 여기서 수녀들은 그들을 필요로 하는 누구든지 부를 수 있는 거리에 있었다. 그 근처는 거의 이탈리아 영토와도 같았다.

  8월, 프란체스카는 그곳에 수녀원을 만들고 성체를 모실 성당을 마련했다. 일요일에 미사 참석자가 너무 많아 작은 성당에 다 들어갈 수 없을 때는 안뜰에 차양을 치고 이동식 강단을 설치했다. 안뜰은 사교 모임이나 이탈리아 관련 애국 모임의 장소로도 잘 쓰였다. 입교를 원하는 이들을 위한 종교 교육 장소로도 사용했다. 고아들이 모이자 학교를 열었다. 뉴올리언스 사업은 거의 하룻밤 만에 뿌리를 내렸다.

  이탈리아어를 할 줄 아는 사제가 부족해서 많은 사목 활동을 수녀들이 담당했다. 그들은 임종을 앞둔 신자들의 참회, 신앙, 희망, 자선 행동을 도왔다. 어머니들은 낮이고 밤이고 병든 아기를 품에 안고 그들을 찾아왔다. 그러면 수녀들이 세례를 해줘야 했다. 얀센스 대주교는 그런 일을 적극적으로 찬성해서 남들처럼 종을 울리는 대신 지팡이로 문을 두드렸다. 그것이 그가 왔다는 고유한 신호가 되었다.

  뉴올리언스 사업은 초기 재정 상태가 어려웠지만 문제 없이 돌아갔다. 프란체스카도 가가호호 모금을 다녔다. 수녀들이 자꾸 뙤약볕에 나가지 말라고 말려도 듣지 않았다. "아니, 나도 가요. 좋아하는 일은 아니지만 내가 싫다고 수녀님들한테만 맡길 수는 없어요." 그들은 모두 가난을 신이 준 선물로 여기고 버림받은 영혼에게 도움의 손길을 뻗었고, 그를 통해 이탈리아인들의 힘든 인생에 얼마간 희망의 빛이 내려왔다. 세인트 필립스 스트리트 수녀원은 선교 난체일 뿐 아니라 사교 시설이기도 했다. 그들에게 불만을 품은 몇몇 집단을 빼면 뉴올리언스 이탈리아인은 대부분 수녀원을 회합 장소로 이용했다. 오직 열정적인 자기희생으로 이런 일을 이룰 수 있었다. 그러나 다에 상류층 학교를 만들었어도 마더 카브리니는 항상 핵심 목적을 지켰다.

수녀들의 활동 역시 그 도시에 국한되지 않았다. 도시 안에도 할 일이 많았지만 수녀들은 몇 명씩 짝을 지어 루이지애나, 미시시피 주의 논밭이나 면화 플랜테이션에 있는 고립된 집단들을 찾았다. 목적은 언제나 영혼의 구원과 고통의 경감이었다. 절망에 빠진 사람들은 모국어로 따뜻한 말만 들어도 눈물을 흘렸다. 이탈리아의 기억, 오래전에 잊었던 종교의 기억이 살아났다. 대개 그 이상의 일은 없었을 것이다. 물론 그런 만남이 어떤 선을 이루었을지는 신만이 아는 일이다. 풍성한 열매의 증거도 많았다. 이탈리아어를 이해하는 사제 한 명은 많은 곳에 가서 고해성사를 주고, 미사와 영성체를 집전했다. 사람들은 정말로 가톨릭 신앙을 잃은 것이 아니라 신앙생활을 할 기회가 부족했을 뿐이었다. 기회는 아직 미흡했다. 그런 기회가 조금이나마 생긴 것 자체가 모두 선교수녀회의 헌신 덕분이었다. 얀센스 대주교도 때로 그들과 함께 플랜테이션에 나가서 하늘을 성당 삼고 부엌 의자를 주교석 삼아 견진성사를 집전했다.

프란체스카는 새로운 기관이 공식 설립될 때는 언제나 직접 참여하고 싶어했지만, 자신의 도움 없이도 기관이 잘 운영되면 망설임 없이 떠났다. 그녀는 그들을 일으켜 세우고 그들이 스스로 걸어가기를 바랐다. 작별할 때는 이렇게 말했다. "여러분은 이제 앞으로 갈 수 있어요. 모두 각자 맡은 일을 향해서." 그들은 나중에 이 궁핍한 시절을 돌아볼 때 일종의 향수를 느꼈다. 이 시간은 황금 시절, 영원한 사랑의 추억이 가득한 목가적 시절이었다.

10장

첫 병원

프란체스카 카브리니의 큰 특징은 유연함, 즉 상황에 맞추는 능력이 었다. 그녀는 "이건 내가 원하는 일이 아니에요."라고 말하지 않고 "이 일은 해야 하는 일이에요."라고 말했다. 활동 초기부터 일관된 성정이라 프란체스카는 자신의 성향과 맞지 않는데도 섭리의 집에 들어가서 서약하고 거기 남았다. 그로 인해 모든 희망이 끝난 것 같았지만 사실 그것이 시작이었다. 겸손하고 순명하지 않았다면 프란체스카의 적응력이 아무리 뛰어나도 그럴 수 없었을 것이다. 그런 유연함은 프란체스카의 고결함에서 나왔고, 다른 이유로는 설명할 수 없다.

레오 13세가 미국 활동을 요청했을 때 중국 선교라는 평생의 꿈을 기꺼이 접은 것도 마찬가지였다. 미국에서 이탈리아 빈민을 위한 사업을 시작한 후에도 니카라과에서 좋은 일을 할 기회가 생기자 거기 학교를 세웠다.

프란체스카가 중국의 꿈을 완전히 버리지는 않았다. 비록 아시아로 가지 못했어도 그녀는 중국인들을 잊지 않았고, 프란체스카의 수도회는 현재 중국에서도 활동하며 중국인 수녀들도 받아들였다.

이와 비슷하게 프란체스카는 그라나다에 학교를 세우자마자 니카라과 원주민에게 복음을 전할 계획을 세웠다. 나중에는 이누이트인, 푸에블로인, 심지어 북아프리카 선교까지 생각했다. 그녀의 한계는 세상의 한계뿐이었고, 선교적 의미가 있다면 어떤 일이라도 기꺼이 떠맡았다.

하지만 모든 종교 단체는 얼마간 집중하는 분야가 있어야 하고 프란체스카의 수도회처럼 인력이 적은 신생 단체는 더욱 그랬다. 집중 분야가 없으면 에너지가 흩어지고 제대로 효과를 보기 어렵다. 마더 카브리니의 주된 목표는 이탈리아 빈민을 가르치는 것이었고, 학교, 대학, 사범학교를 세우는 것도 그와 어느 정도 연관된 일이었다. 수녀들이 이미 이런 기관들의 인력을 담당하고 있었다. 교육 안에서도 프란체스카가 특히 중심으로 삼은 분야는 빈곤층 소녀들을 신앙심 있는 여성으로 키우는 고아원 설립이었다. 프란체스카는 체스놀라 백작 부인이 준비한 이스트 59번가의 고아원을 인수하려고 뉴욕에 왔고, 고아원을 웨스트파크로 옮겨서 더욱 확고하게 만들었다. 그 후로도 계속 고아원을 자신의 주요 사업으로 생각했다.

그래서 1891년에 병원 설립을 부탁받았을 때 프란체스카는 상당히 놀랐다. 자신이 설정한 한계 범위가 아무리 넓다 해도 이것은 그 바깥의 일 같았다.

하지만 프란체스카도 미국에 이탈리아 이민자를 위한 병원이 필요하다는 것은 알았다. 이민자는 주로 사고가 잦은 거칠고 위험한 직업에 종사했다. 또 그들이 사는 복닥거리는 슬럼가가 질병에 취약하다는 것도, 사람들이 공공 병원에 입원하면 어떻게 되는지도 알았다. 랜들스 섬의 공공 병원에 여러 번 가보았기 때문이다. 그런 곳에서 빈민은 거의 범죄자에 준하는 취급을 받았다. 효율 높은 종합 병원에서도 돈을 내지 않는 환자들은 —오늘날도 마찬가지지만— 1인실의 돈 많은 환자만큼 극진한 대접을 받지 못한다. 아직까지 전 세계의 빈민이 병원을 잘 믿지 않는 건 그런 이유 때문이다.

이탈리아 이민자들처럼 낯선 땅에 고립된 사람들은 이 모든 일을 뼈저리게 느꼈을 테니 그들이 예민하다고 해도 나무랄 수 없었다. 이유가 있는 예민함이었기 때문이다. 미국 땅에서 겪는 고통은 그런 불만을 제대로 표현할 길이 없어서 더 깊어졌다. 무료 진료소와 약품 보급소의 바쁜 의사와 간호사들은 세심한 배려를 하기 힘들었다. 병원에 입원해도 최소한의 치료만 받을 수 있었고, 그들은 결국 무력감에 입을 다물고 불만에 잠겼다.

그뿐이 아니었다. 당시의 이탈리아인들은 대체로 영어를 몰라서 친절을 베풀고자 하는 사람들도 그들과 접촉하기 어려웠다. 그런 기관들이 추구하는 효율적인 운영은 냉정함으로 보이기 일쑤였다. 환자를 돌보는 사람들이 상황이 허락하는 것 이상으로 긴밀한 개인적

―마더 카브리니

관심을 기울이고 싶어도 어쩔 수 없었다. 프란체스카는 어느 공공 병원을 방문했을 때 이것을 절감했다. 한 남자가 3개월 전에 이탈리아에서 온 편지를 읽어달라고 부탁했다. 이 작은 도움을 받는 데도 이렇게 오랜 시간이 걸렸다. 그는 마침내 편지를 읽어줄 사람을 만나서 기뻐했지만, 어머니가 돌아가셨다는 소식을 듣자 슬픔에 잠겼다. 편지를 읽어주면서 프란체스카도 남자와 함께 눈물을 흘렸다.

그런 사람들은 병원에 입원하면 처절한 외로움을 겪어야 했다. 그들의 병든 몸은 약간의 돌봄을 받았지만, 더 깊은 영혼의 병은 아무도 생각하지 않았다. 나아가 이탈리아어로 그들의 고해성사를 듣고 인생 마지막 시간에 종교의 위안을 줄 사제를 찾기란 쉽지 않았다.

이탈리아 이민자 사회는 이탈리아인을 위한 병원이 필요하다는 사실을 일찍부터 인식하고 있었지만 너무 가난해서 할 수 있는 일이 없었다. 게다가 이탈리아인 사회 자체가 극도로 분열되어 있어서 협력이 불가능했다. 처음에는 가리발디 병원을 세우려는 모금 운동이 있었다. 가리발디라는 이름은 병원이 반교권주의는 아니라도 완전히 세속적이어야 한다는 뜻을 담고 있었다. 하지만 모은 기금은 계획한 규모의 병원을 설립하기에는 부족했고, 이러저러한 이유로 미루어지다가 아무런 결과도 내지 못했다.

그 후 스칼라브리니 주교가 이스트 109번가에 작은 이탈리아인 병원을 세우고, 성카돌로보로메오회가 관리를 맡았다. 거기서는 환자의 영혼을 돌볼 수 있었지만 그들은 병원 일에 무지해서 많은 어려움을 겪었다. 선량하지만 유능하지는 않은 모렐리 신부 아내에서 병원이 너무 엉망이 되자 스칼라브리니 주교는 병원 일을 위해 보냈던 수녀들을 다시 이탈리아로 불러들였다. 이런 상황에서 프란체스카가 이탈리아에 돌아갔을 때 스칼라브리니 주교가 병원 관리를 부탁했다.

상황은 분명했다. 프란체스카가 맡지 않으면 병원은 문을 닫을 위기였다. 여러 가지 이유로 프란체스카는 그 부탁을 거절했다. 밤낮없이 병원을 운영하는 일은 수녀들의 종교적 영혼, 그녀가 추구하는 특별한 종류의 영혼에 해로울 거라고 생각했기 때문이다. 더욱이 프란체스카는 아무리 연민이 깊어도 신체의 부패 같은 것에는 어쩔 수 없는 거부감을 느끼는 기질이었다. 절대적으로 필요할 때면―산탄젤로의 소녀 시절에 천연두 환자를 돌봤을 때나 언니 로즈와 함께 죽음을 앞둔 암 환자를 간호했을 때, 또는 선교수녀회에서 병에 걸린 수녀들을 간호했을 때 같은―그런 거부감을 극복했지만, 남녀노소 모두 입원하는 병원을 떠맡을 수 있는 정도는 아니었다.

이런 곤란한 상황에서 프란체스카는 늘 하던 일을 했다. 뜨거운 기도로 조언을 구했다. 처음 미국에 갔을 때처럼 그녀는 적절한 의논 상대인 포교성 장관 시메오니 추기경에게 자신의 어려움을 토로했다. 추기경은 그 일을 맡으라고, 육체를 돌보는 자선 행위는 영적 가치도 크다고 했다. 뉴욕에 가톨릭 병원은 있었지만 이탈리아인을 대상으로 하는 가톨릭 병원은 없었다. 그 일을 맡아도 선교사의 길을 벗어나는 것이 아니라고, 병원을 통해서 영혼을 구원할 수 있다고 설득했다. 로마 교구장 대리가 1891년 6월 16일 자로 보낸 추천서도 병원 일을 직접 가리키며 그런 견해를 확실히 못 박았다.

이번에도 꿈이 프란체스카의 결정에 기여했다. 간호사가 된 성모님이 소매와 치마를 걷어 올리고 병원의 병상 사이를 돌아다니는 꿈을 꾸었다. 프란체스카가 성모를 알아보고 달려가서 도와드리려고 하자 성모가 이렇게 말했다. "나는 네가 거절한 일을 하고 있다." 그 뒤로 프란체스카는 주저하지 않았다. 그녀가 1891년 9월 이탈리아에서 많은 수녀를 데리고 온 이유는 그중 열 명을 성가롤로보로메오회 병원에 배정하기 위해서였다. 그들이 병원 일을 시작할 수 있게 만든 다음 프란체스카는 니카라과로 떠났다.

병원이란 난제

선교수녀회는 떠맡은 병원을 운영하는 데 결국 실패했지만 그들의 잘못은 아니었다. 프란체스카는 뉴올리언스에 있다가 1892년 봄에 이 상황을 해결하기 위해 서둘러 돌아왔다. 스칼라브리니 주교는 항상 수녀를 사제의 부속 인력으로 여겼는데, 바로 이 때문에 프란체스카는 처음에 미국에 오기를 꺼렸다. 그런데 이제 병원에서 모렐리 신부가 강요하는 이런 주종관계를 그녀는 받아들일 수 없었다. 프란체스카는 항상 독립성을 원했고, 처음부터 교황의 승인을 받으려고 했던 이유도 교황 직속 단체로 독립성을 얻기 위해서였다. 병원을 넘겨받을 때도 재량을 발휘할 수 있으리라 기대했다.

하지만 얼마 지나지 않아 거기 자유는 없다는 사실을 깨달았다.

모렐리 신부는 수녀들이 큰 도움이 되지만 어쨌건 자신의 지휘를 따라야 한다는 의견이었다. 병원에서 일하는 열 명의 수녀에게 약속한 25달러의 월급 또한 지급하지 않았다. 설상가상으로 프란체스카는 자신이 그 병원에 들어가기도 전에 생긴 재정적 문제를 떠맡을 처지가 되었다. 성가롤로보로메오회는 빚이 많았고 이자를 내야 했는데 그들은 당연히 그 돈을 프란체스카가 갚으리라 생각했다. 수녀들은 유능한 관리로 지출 비용을 줄이는 동시에 병원 개선을 위한 돈 5천 달러를 마련했다. 하지만 모렐리 신부는 프란체스카의 건전한 사업 감각에 맞지 않는 요구를 일삼았다.

그녀는 병원의 소유권을 자신에게 주지 않으면 묵은 빚을 갚지 않겠다고 했다. 하지만 1892년 봄에 상황은 더 나빠져서 압류가 예고되었고, 여름에 실제로 집행되었다. 그 뒤로 병원 가구 소유권과 1년간의 체불 임금 문제로 사제와 수녀들 사이에 논란이 있었다. 이와 관련해서 남아 있는 편지가 상황을 명확히 밝혀주지는 않지만 분위기가 적대적이었던 것 같지는 않다. 그 편지를 통해 양쪽이 결별에 합의했음을 알 수 있다.

익명의 수녀가 쓴 프란체스카의 일대기에 따르면, 사제들이 코리건 대주교에게 이 문제를 제기하자 그는 프란체스카와 수녀들에게 열흘 안에 병원을 떠나라고 명령했다. 하지만 마더 카브리니가 대주교에게 보낸 편지―뉴욕 대관구 자료실에 보관 중인―를 보면 그렇지 않다. 또 이 수녀의 글은 창립일이 1892년 10월 17일이라고 적고 있는데, 그때는 프란체스카가 이탈리아에 있었기 때문에 그 역시 사실관계가 맞지 않는다. 실제로는, 프란체스카는 5월에 기존 병원에 가망이 없다고 판단하고 이스트 12번가에 새 병원을 세우기로 결심한 것 같다. 그녀가 5월에 그 병원에 갔건 안 갔건 이전할 계획은 이미 확고했다. 그리고 9월 17일에 대주교에게 편지를 썼다. "수녀들은 이제 모두 12번가에 있고 궁핍하지만 평온합니다."

그 수녀가 쓴 프란체스카의 일대기에는 또 한 가지 사소한 실수가 있다. 프란체스카가 두 건의 기부―한 건은 150달러고, 또 한 건은 100달러―로 250달러를 모아 새 병원을 시작했다는 내용이다. 하지만 코리건 대주교는 자신이 프란체스카에게 50달러와 기부 수첩을 주었다고 회상했다. 그와 함께 뉴욕에 사는 이탈리아인 재력가 네 명의 명단을 주고, 대주교의 이름을 대고 찾아가 보라고 했다. 프란체스카는 그 네 명으로부터 각각 50달러를 기부받아 콜럼버스 병원을 시작했다.

이 일은 결심을 확고하게 지키며 묵묵히 앞으로 나아가는 프란체스카의 성격을 더없이 잘 보여준다. 강인한 정신력이 없는 사람이 그런 경험을 했다면 깊이 낙심했을 것이다. 애초에 하고 싶지 않았던 일에서 발을 빼고자 했다면 그때가 바로 기회였다. 양심을 평계 대며 병원을 영원히 포기할 수 있었다. 하지만 프란체스카는 그러지 않았다. 성가롤로보로메오회 병원의 짧은 경험을 통해 그곳에 새로운 봉사의 기회가 있다는 것을 깨달았기에, 이 일을 포기하지 않고 12번가에 나란히 서 있는 건물 두 채를 사서 환자 열 명을 이송시켰다. 프란체스카가 추진하는 신생 병원이 감당하기에는 상태가 심각한 환자 열다섯 명은 공공 병원으로 보냈다.

프란체스카가 어떻게 250달러로 그런 일을 과감하게 시도했는지 놀랍다. 그 돈으로는 1개월치 월세를 내고 싸구려 침대 열 개를 사면 끝이었다. 수녀들은 매트리스를 직접 만들었다. 돈을 최대한 절약하기 위해 프란체스카가 직접 시트를 잘랐다. 첫 주에는 병원에 물도 없고 요리 시설도 없어서 인근 식당에서 산 음식을 병동으로 쓰는 큰 방의 석탄 스토브에 데워서 먹어야 했다. 거기서는 고작 수프만 끓일 수 있었다. 침대를 살 돈이 없어서 수녀들은 바닥에서 잤다. 약국에는 약병 여남은 개가 전부였다. 빌라리 박사라는 의사가 책상과 수술 도구를 기증하고 누군가 구급차를 기증했다. 그런 식으로 겨우 병원을 운영했다.

그렇게 창립한 병원이 많은 비난을 불러일으킨 것은 어떻게 보면 당연했다. 오늘날이라면 즉시 보건 당국이 개입할 만한 상황이었다. 시설이 부족하다 보니 능률로 따지자면 거의 최악에 가까웠지만, 수녀들의 헌신이 넘치게 메워주었다. 전문 간호사를 고용할 여력이 없었기에 숙련되지 않은 간호사들이 전면에서 일해야 했다. 그들의 열정적 희생에 토대한 친절이 여러 결점을 가려주었다.

수녀들이 과제의 무게를 찬찬히 생각해보았다면 좌절했을 것이 분명했다. 하지만 그들은 몸에 익은 순종으로 원장 수녀의 명령에 아무런 판단을 하지 않았다. 그들은 지시받은 임무를 형식적으로 수행하는 것이 아니라 완전한 내적 동의하에 실행했다. 원장 수녀를 전적으로 믿었기 때문이다. 그리고 원장 수녀와 마찬가지로 신에게도 온전히 의지했다. 그들은 봉사할 기회를 얻은 데 대한 기쁨이 넘치는 얼굴로 환자들에게 정성을 기울였다. 다시 목가적인 시절이 돌아왔다.

프란체스카 카브리니에게 좋은 생각이 하나 떠올랐다. "올해는 콜럼버스가 신세계를 발견한 400주년이에요."

병원과 무슨 상관인지 알 수 없었지만 수녀들은 맞다고 했다.

"이곳의 이탈리아인들은 콜럼버스를 좋아해요. 그래서 우리 병원 이름을 콜럼버스 병원으로 하려고 해요. 콜럼버스가 최초의 이탈리아 이민자잖아요. 콜럼버스 병원이라고 하면 이탈리아 이민자들을 위한 병원이라는 걸 알 거예요."

한 수녀가 종교적인 이름이 낫지 않느냐고 묻자 프란체스카는 단호하게 부정했다.

"가리발디 병원 계획이 어떻게 됐는지 알잖아요. 이름 자체가 문제가 돼요. 이 이상의 어려움은 원하지 않아요. 교회가 싫은 사람들도 콜럼버스라는 이름은 반대하지 않을 거예요. 그 이름 아래 모든 이탈리아 집단이 모일 수 있어요."

그래서 뉴욕의 병원은 콜럼버스 병원이 되었고, 이후 프란체스카가 세운 다른 병원들도 같은 이름을 달았다. 프란체스카의 예견대로 그 이름은 적절했다. 병원의 이름이 널리 퍼지면서 그들을 콜럼버스 수녀회라고 부르는 사람들까지 생겨났다.

첫 입원 환자들은 너무 가난해서 병원비를 전혀 낼 수 없었다. 모든 치료 비용을 가난한 수녀들이 마련할 지경이었다. 다행스럽게도 그들의 모범은 전염되었다. 내과 과장 키 박사는 무상으로 진료했을 뿐 아니라 치료비를 청구하려는 다른 의사들을 해고하기까지 했다. 킨 박사처럼 너그러운 의사들—그중에는 개신교 신자들도 있었다—이 병원에 합류했고, 개별 진료하는 돈 있는 환자를 이 병원으로 보내서 병원이 돈을 벌게 해주었다. 많은 사람이 설비와 돈을 기증했다. 그리고 가리발디 병원 모금액 2만 달러 중 남은 7천 달러가 제대로 사용할 수 있는 사람들의 손에 들어왔다. 체스놀라 백작 부인의 남편 체스놀라 장군의 수완 덕분이었다. 비판은 점차 가라앉았다. 이제 빈약한 수단으로 많은 것을 이뤄낸 그들에게 경탄 어린 찬사가 이어졌다.

이렇게 미미한 시작이 얼마나 크게 발전해 나갈지 예견한 사람은 거의 없었다. 프란체스카 카브리니 자신도 오늘날 이스트 19번가에 있는 콜럼버스 병원—규모는 그리 크지 않지만 시설은 최고다—을 보지 못했다. 이후 프란체스카는 시카고와 덴버, 시애틀에도 병원을 세웠는데, 이 모든 것이 250달러로 병원을 설립한다는 대담한 결정에서 시작했다.

11장

다시 이탈리아로

수도원이나 수녀원의 총원장들은 대개 로마에서 지내면서 다른 수녀들에게 지시를 내린다. 마더 카브리니는 그러지 않았다. 기관을 설립하는 지역이 어디건 직접 현장에, 그것도 흔히 선발대로 찾아갔다. 수도회의 공식 본부는 로마였지만 그들의 총원장이 있는 곳이 그들의 실제 본부였다. 프란체스카는 항상 움직였다. 직접 선교 일을 하는 것 말고는 아무것도 그녀의 성에 차지 않았다.

이런 방법은 분명한 장점이 있었다. 프란체스카는 보고서에만 의존할 필요가 없었다. 지역 상황이 어떤지, 문제를 어떻게 해결해야 좋을지 두 눈으로 직접 파악했다. 또 언제나 신규 시설 근처에 있었기 때문에 문제가 생겼을 때 신속하게 대응할 수 있었다. 더 나아가

휘하의 수녀들에게 용기를 주었다. 수녀들 덕분에 프란체스카도 많은 좌절을 피할 수 있었다. 그녀는 불거지는 모든 문제에 과감하게 대응했다. 프란체스카가 함께 있을 때면 많은 문제가 실제로는 아무 문제가 아닌 듯싶었다. 만약 프란체스카가 로마에 있었다면 문제를 상의하고 해결책을 결정하는 데 몇 달이 걸렸을 것이다. 지역 원장들은 월권에 대한 두려움 때문에 중요 단계마다 먼저 수장에게 보고해야 한다는 의무감을 느낀다. 하지만 선교수녀회는 기관을 설립할 때 항상 지역 원장 옆에 총원장이 있어서 시간을 낭비하지 않았고 실수도 없다시피 했다. 마더 카브리니는 새로운 사업이 잘 돌아간다는 확신이 들기 전에는 떠나지 않았지만 상황이 만족스러워지면 바로 다른 곳으로 떠났다.

프란체스카는 1889년 이후 세계 곳곳을 바쁘게 돌아다니며 여생을 보냈고, 이따금 이탈리아에 돌아왔다. 이탈리아에서도 쉬지 않고 움직였으며 로마보다 코도뇨에 더 오래 머물렀다. 그들의 가장 큰 수녀원과 수련소가 코도뇨에 있었기 때문이다. 수련 수녀에게 겸손, 순명, 선교 열정을 불어넣는 일은 수도회의 생명에 너무도 중요했다.

물론 프란체스카가 오래 자리를 비워도 젊은 수녀들의 훈련이 허술하지는 않았다. 그녀에게 훈련받은 믿을 만한 수녀들이 훈련을 맡았기 때문이다. 게다가 프란체스카는 다른 곳에 있을 때도 옆에 있는 듯이, 200명에 이르는 수녀회의 수녀들 한 명 한 명과 유례없을 만큼 긴밀한 개인적 접촉을 유지했다. 수녀들에게 원장 수녀는 전부였고, 그들의 사업에 신 다음으로 중요한 영혼이었다. 수녀들이 프란체스카를 얼마나 존경했는지 그녀가 죽고 27년이 지난 후에도 그들은— 프란체스카를 전혀 몰랐던 이들도 포함해서— 원장 수녀가 바로 근처에 있는 것처럼 말했다. 수도회의 창립자가 각각의 일원과 이토록 큰 사랑을 주고받는 일은 아마 없었으리라. 수녀들은 한 명도 빠짐없이 프란체스카에게 헌신했고, 프란체스카가 자신을 깊이 사랑한다고 믿었다. 프란체스카는 그들의 총원장일 뿐 아니라 정말로 '마더'였다.

하지만 프란체스카는 수녀들 대부분과 자주 만날 수 없었다. 수녀회가 커갈수록 더욱 그랬다. 프란체스카가 죽을 때 수도회 소속 수녀는 1,500명에 이르렀다. 그런 가운데에도 그녀는 한 사람 한 사람의 사정을 잘 알았다. 그들은 편지에 일일이 답장할 수 없는 프란체스카의 상황을 이해했고, 프란체스카가 그들이 꾸준히 보내는 편지를 꼼꼼히 읽고 그 내용을 다 기억한다는 사실을 알았다. 프란체스카는 돋보기를 들고 자리에 앉아 수녀들이 정성껏 쓴 이탈리아어 편지를 몇 시간씩 읽었다. 수녀들은 그렇게 편지를 통해 원장 수녀에게 가깝게 다가갔다. 그것은 하늘의 성인에게 보내는 기도와 비슷했다. 아무 대답이 없어도 자신의 호소가 전달되는 느낌이었다. 모두가 그렇게 특별한 느낌 속에 프란체스카에게 의존했다. 이런 관계가 그녀가 이룬 성공의 비결이었다.

아니, 그 비결의 일부였다. 프란체스카가 수많은 행정 업무에 파묻혀 있으면서도 신 안에서 평온을 유지했다는 것이 그보다 중요했다. 그녀는 엄청난 업무에도 좀처럼 당황하지도 않고, 서두르지도 않았으며, 평온을 잃지도 않았다. 그런 침착함 속에서만 그런 일을 해낼 수 있었다. 프란체스카의 활동은 내면의 영적인 삶에서 자양분을 얻었다. 아주 현실적인 결정도 이런 원천에서 견실하게 내렸다. 그리고 신이 하사한 사랑하는 수녀들을 활용하는 방법을 영성을 통해 배웠다.

이탈리아란 휴식처

콜럼버스 병원 설립 같은 일을 시작했으니 프란체스카가 몇 년 동안은 뉴욕에 묶여 있었으리라고 생각하기 쉽다. 하지만 그녀는 그토록 차분한 태도를 유지하면서 번갯불처럼 일을 처리했다. 프란체스카는 극복 불가능해 보이는 문제를 조용히 효율적으로 해결한 뒤, 병원이 안정적인 궤도에 오르자 10월에 로마로 떠났다.

그해는 레오 13세의 희년이었다. 그는 33세에 주교가 되어 50년 동안 성직자로 살았고, 그 후로 10년을 더 교황 자리에 있었다. 그해 레오 13세는 이미 연로했기에 모두가 그의 죽음을 대비했고 희년은 작별 행사로 여겨졌다. 온 가톨릭 세계가 희년을 기념했으며, 모든 문명국 정상이 축하 메시지를 보냈다. 교황과 친분이 깊은 프란체스카 카브리니가 빠질 수 없었다.

하지만 그녀가 이탈리아에 간 데는 또 하나의 이유가 있었다. 그녀에게는 때로 조용한 수녀원으로 물러나 있을 시간이 필요했다. 거기서 젊은 수녀들도 교육하고 에너지도 재충전해야 했다. 프란체스카는 이런 시간을 보내며 심신을 회복하고 새롭고 담대한 사업을 준비했다. 영적 생활이 깊어질수록 마음 한구석으로 고요한 삶에 대한 열망을 느꼈다. 그녀는 기본적으로 은수자(隱修者)였기에 마르타의 삶은 마리아의 삶으로 뒷받침받아야 했다. 수도회를 세운 직후부터 바란 일반 수녀의 삶은 먼 꿈이었고, 온전히 기도에만 몰두할 수 있는 환경은 생의 끝까지 주어지지 않았다. 하지만 자신의 일이 신과의 내적 교유 없이는 영속하는 열매를 맺을 수 없다는 걸 잘 알았기에 일종의 영적 휴가를 찾아 코도뇨로 갔다.

이때도 프란체스카는 이탈리아에서 몇 가지 일을 했다. 우선 제노바에 사는 데 마리아 대령의 제안에 따라—그의 딸은 이후 수녀회에 들어와서 사비에로 수녀가 되었는데, 이 사람이 앞서 말한 익명의 일대기의 저자다—제노바에 시설을 하나 세웠다. 앞으로는 이 항구를 통해 수녀들을 미국으로 보낼 계획이었다. 또한 몬테 콤파트리의 그림 같은 옛 성에 수녀들의 휴가 시설을 마련했다.

프란체스카는 이탈리아에 거의 2년을 머물렀고, 그동안 연로한 레오 13세를 몇 차례 만났다. 교황은 매번 그녀를 따로 접견해서 깊은 애정을 전했다. 한번은 그가 축복하기 위해 프란체스카의 머리 위에 오른손을 내밀었다. 그런 뒤 그 손을 머리에 얹고, 왼손으로 프란체스카를 앞으로 당겼다. 그때의 감동을 그녀는 이렇게 표현했다. "교회가 두 팔을 벌려 선교수녀회를 안아주는 느낌이었습니다."

프란체스카는 교황을 개인적으로 깊이 경외했지만 그를 만났을 때 불편해하지는 않았다. 프란체스카가 교황을 만나러 가니 국무성 장관 람폴라 추기경이 이렇게 물은 적이 있다. "혹시 제가 원장 수녀님을 대신해서 교황 성하께 전해드릴 특별한 부탁이 있으신지요?"

그녀는 잠시 생각해보고 대답했다. "네, 있어요. 제 말이 너무 대담하다고 생각하지 않으신다면요."

그가 미소 짓고 말했다. "원장 수녀님은 교황 성하가 거절할 부탁을 하실 분이 아닐 텐데요."

"그건 성하께서 제게 친절하셨기 때문이지요. 하지만 저는 가끔 성하께서 제 일에 특별한 선물을 주시면 어떨까 하는 생각을 했어요. 그러니까 교황청 기금 말고 성하의 개인 교부금으로요."

"원장 수녀님, 한번 생각해보겠습니다." 추기경이 말했다.

프란체스카는 작은 우정의 선물 같은 '상징적인 기부'를 생각했다. 그런데 다음에 만났을 때 교황이 "내 개인 돈을 받고 싶으시다고요. 여기 소액을 준비했습니다." 하며 1,000달러를 주었다.

1894년 여름 프란체스카는 미국으로 떠나기 전에 작별 인사를 하러 교황을 방문했다. 당시 그는 일반 접견을 중단한 상태였지만, 람폴라 추기경을 통해서 6월 11일 오후 바티칸 정원 나들이를 마치고 돌아올 때 클레멘스 홀로 오면 된다고 프란체스카에게 전했다. 교황은 프란체스카와 수녀들을 보자 가마꾼들을 세우고 그들을 가까이 불렀다. 그는 늙고 지쳤지만 얼굴에는 섬세한 주름이 가득했으며 두 눈은 여전히 밝았다. 프란체스카가 이제 곧 뉴욕으로 떠난다고 말하자 그는 무릎 꿇은 수녀들 머리에 일일이 손을 얹고 축복해주었다. 그런 뒤에는 격식을 떨치고 본래의 유쾌한 태도—그는 때로는 상당히 신랄하기도 했다—로 돌아가서 말했다.

"우리에게 일하게 해줘요, 카브리니, 우리의 일을. 그러면 우리가 어떤 천국을 맞게 될까요!"

프란체스카가 미소 지었다. "하지만 저는 일하는 게 너무 좋아서 그게 제 장점 같지도 않습니다. 이렇게 일을 하면 천국에 갈까요?"

"당연하죠." 레오가 말했다. "천국은 수녀님처럼 일하는 자들을 위한 곳이에요. 용기를 내요, 카브리니. 끝까지 멈추지 말고 일하세요."

그는 강하게 힘주어 말했다. 그리고 손짓으로 가마꾼들을 부른 뒤 프란체스카를 돌아보면서 다시 소리쳤다. "우리의 일을 해줘요, 카브리니. 우리의 일을!"

프란체스카는 1894년 9월 13일에 제노바에서 배를 탔다. 동행한 열다섯 명의 수녀 중에는 데 마리아 대령의 딸도 있었다. 대령의 개인 보트가 전송 나온 수녀들을 싣고서 한동안 증기선 옆을 나란히 달렸다. 증기선이 속도를 올리면서 보트가 뒤로 처지자 마더 카브리니 일행은 선미로 달려가서 마지막 인사를 했다. 보트가 작은 한 점으로 사라질 때까지 손수건을 흔들며 큰 목소리로 작별 인사를 했다.

바다가 어찌나 파란지 지중해에서는 바다와 하늘이 구별되지 않을 정도였다. 대서양 아조레스 제도의 섬들도 하늘이 떨어져 내린 조각들 같았다. 지나가며 모로코를 힐끔 보기만 해도 프란체스카는 선교의 열정이 불타올랐다. 그녀는 한때 아프리카에 복음을 전하는 꿈을 꾸었다. 새로운 나라를 볼 때마다, 아니 생각할 때마다 거기 가서 영혼을 구하고 싶은 열망이 솟았다. 프란체스카에게는 세상이 너무 좁았다.

이때 프란체스카가 쓴 편지에는 권유가 가득하다. 마더 카브리니가 멀리 있는 수녀들에게 쓴 편지를 보면 그녀가 그들을 지도한 방식도 짐작할 수 있다. "하느님의 왕국은 한계가 없습니다. 그 한계는 세상 자체의 한계뿐입니다. 여러분의 영광이 천상에 있는 배필의 영광이 되게 합시다. 그것은 천상의 재능의 실현이고, 그리스도와 협력해서 영혼을 구원하는 지고의 소명입니다. 위대한 아버지의 포도밭에서 우리는 풍성한 소출을 얻을 것입니다. 나는 너무 가난하고 무지하고 힘이 없어서 그런 일에 어울리지 않는다고 생각하는 사람들이 있습니다. 두려워할 것 없어요. 자신을 믿지 말고 하느님께 맡기세요. 이미 말했듯이 '나에게 힘을 주시는 분 안에서 나는 모든 것을 할 수 있'기 때문입니다." 원장 수녀가 이렇게 말하니 이탈리아에 있는 수녀들이 모두 선교 사업에 뽑히기를 열망하고, 그러지 않으면 실망하는 것도 당연한 일이었다.

언제나 다음이 있다

뉴욕에 당도하니 콜럼버스 병원은 초기의 어려움을 극복하고 잘 운영되고 있었다. 뉴욕에 들어온 이탈리아 전함에 티푸스에 걸린 해군이 두 명 있었는데, 다른 병원에서 모두 그들을 거절했지만 콜럼버스 병원에서 치료받았다는 이야기가 널리 퍼진 덕이었다. 그 일로 망기 제독이 직접 병원을 찾아와서 병원은 큰 홍보 효과를 누렸다. 그런 뒤 조반니 브라키 총영사가 이탈리아 상선 선원이 병에 걸리면 콜럼버스 병원에서 고정 가격에 치료하기로 마더 카브리니와 협약을 맺었다. 그 협약은 그들이 공식적으로 인정을 받았다는 뜻이었다. 뉴욕의 가난한 이탈리아인들은 이미 다른 병원보다 콜럼버스 병원을 선호하기 시작했다. 재정은 여전히 어려웠지만 환자는 미어터졌다.

이제 병원의 성공은 분명했다. 더 큰 공간이 필요해지자 프란체스카는 이스트 20번가의 옛 뉴욕시립 수련병원 건물을 눈여겨보았다. 그곳은 시립 기관이었고, 겨우 6만 달러면 살 수 있었기에 거의 시가 주는 지원금이나 다름없었다. 프란체스카는 병원 사무총장 찰스 루이스 박사에게서 빌린 돈과 이민자 저축은행에서 대출한 돈으로 그 건물을 사서 병상 백 개의 병원을 마련했다.

건물을 사고 보니 수리가 필요했다. 비용을 줄이기 위해 수녀들이 직접 일을 감독했다. 14년 전에 코도뇨에서 처음 그런 일을 하다가 실수했던 바로 그 수녀가 수장을 맡았다. 이번에는 벽돌 쌓는 일을 인부들에게 맡겼기 때문에 그런 방식은 더 효과가 좋았다. 이렇게 해서 상당한 돈을 절약했지만, 그것은 소속 없는 이탈리아 노동자들을 고용한 덕분이기도 했다. 오늘날의 노동조합이라면 금지할 일이었다.

이 시절 프란체스카의 옛 친구인 코도뇨의 세라티 몬시뇰이 짧은 투병 끝에 세상을 떠났다. 그녀는 이 일의 전조를 느끼고 그에게 은총을 내려달라고 계속 기도했다. 그에게 쓴 마지막 편지에서는 영적 완전함에 대해 열렬하게 말했다. 그가 죽은 날 프란체스카도 잠을 이루지 못하고 일어나 두 손에 십자가를 들고 기도했다. 느낌이 심상치 않아서 기도를 더 하려고 성당으로 가긴 했지만 그가 병으로 고통받는다는 느낌은 없었다. 프란체스카가 그에 대해 쓴 글들에는 존경과 감사와 애정이 가득하다. 하지만 그를 훌륭한 친구 베르사니 주교와 같은 반열에 놓지는 않았다. 그녀에게 세라티 몬시뇰은 좋은 사람이었지만 성인은 아니었다.

20번가 병원을 수리하는 동안 수녀들은 그 건물 다락에서 지냈다. 그들은 비가 새는 지붕도 크게 불편해하지 않았다. 그런 불편을 앞으로 받을 축복의 징표라 여겼고, 축복은 잊지 않고 찾아왔다.

한 가지 축복은 뉴욕 내 이탈리아 이민자 사회가 진행한 기금 마련 행사였다. 프란체스카의 생각대로 콜럼버스 병원이라는 이름은 이탈리아인 모든 분파의 호의를 샀다. 하지만 그녀는 호의에 연연하지 않았고, 실제로 한 고액의 기부금을 거절했다. 그 돈이 9월 20일 —1870년에 통일 이탈리아가 로마 교황청을 점령한 날—기념행사에서 모금되었기 때문이었다. 교황의 충실한 딸은 그렇게까지 타협할 수 없다고 느꼈다. 이탈리아 자유주의자들은 마더 카브리니의 거부를 곧 받아들였고, 얼마 후에 몇 트럭 분량의 신선 식품과 통조림을 보내서 화해를 구했다.

이런 선물도 좋았지만 1895년 3월에는 그보다 훨씬 더 중요한 소식이 들려왔다. 뉴욕 주가 콜럼버스 병원을 정식으로 승인했다. 병원이 법인이 되자 마지막 비판자들도 입을 다물었다. 이제 병원의 미래는 탄탄해졌다. 필요한 인가를 얻자 프란체스카는 지체하지 않고 남아메리카로 떠났다.

신의 순례자

12장

안데스산맥을 넘어

프란체스카는 1891년에 니카라과에 세운 선교수녀회 지부를 북미와 중남미를 연결하는 고리로 생각했다. 처음부터 최대한 더 남쪽으로 내려가고 싶었지만, 미국 사업이 확고히 뿌리를 내리기 전에 그런 생각을 하는 것만으로도 성급하다고 여기는 사람이 많았다. 신중한 사람들―신중함이 소심함과 소극성을 의미하는―은 프란체스카의 성급함에 자주 놀랐고 그 일에 얽힐까 봐 두려워했다. 그런데 그런 걱정에 정당한 구실이 생긴 것만 같았다. 니카라과 정부가 수녀원을 강제 폐쇄했기 때문이다.

그라나다에 수녀원을 세울 때 프란체스카는 라틴아메리카에 혁명이 잦다는 위험 요소를 알았다. 그런 혁명으로 니카라과의 성과가 파괴된 듯이 보여도 그녀는 굴하지 않고 남아메리카에 다른 시설들을 만들어나갔다. 그러나다 활동은 한동안 멈추었지만 그들은 아직 중앙아메리카에 교두보가 있었다. 그러나다에서 추방당한 수녀들이 파나마에 정착했기 때문이다. 프란체스카는 그들을 만난 뒤 아르헨티나로 갈 생각이었다.

더불어 뉴올리언스 사업의 상황도 알아보고 싶었기 때문에 거기 가서 배를 탔다. 뉴올리언스 사업은 한눈에 봐도 문제가 없어서 그곳에는 하루이틀 정도만 머물렀다. 오히려 너무 어려움이 없어 보여서 불안할 정도였다. "우리가 하는 일이 모두 뉴올리언스 사업처럼 수월하다면 하늘의 인정을 못 받는 게 아닌가 하는 걱정이 듭니다. 약간의 시련은 영혼의 성장에 도움이 되고 우리가 그리스도를 닮아가게 만들기 때문입니다." 프란체스카는 언제나 이런 척도로 성공의 가능성을 판단했다.

아침에 뉴올리언스의 수녀원을 떠나 부두로 가는 마차를 탔는데, 거센 폭우로 시야가 뿌예져서 배가 떠나기 전에 부두에 닿을 수 없을 것 같았다. 실제로 팰런 씨가 아니었다면 그렇게 될 뻔했다. 그들이 탈 증기선 회사의 직원이었던 그는 배의 출발을 늦추기 위해 스스로 배에 늦게 올랐다. 프란체스카 일행을 리몬까지 공짜로 태워주기까지 했다. 낯선 이들이 또 한 차례 예기치 못한 친절을 베풀었다.

또한 선장은 수녀들을 위해 특별히 갑판에 차양을 설치했고, 자신의 개인 승무원에게 그들을 돌보라고 지시했다. 이렇게 친절이 넘치고 바다도 잔잔했기에 모든 것이 순항하는 듯했다. 프란체스카에게 멕시코만과 카리브해의 고요하고 청명한 날씨는 늘 그렇듯 신에게 순명하는 이미지였다. 폭풍이 닥쳐도 신이 보낸 감사한 시련으로 받아들일 수 있었다. 반짝이는 푸른 바다는 신의 축복이었다. 이런 마음을 담아 수녀들에게 편지를 썼다.

승무원과 승객이 모두 친절해서 프란체스카는 스웨덴인 승무원들을 개종하고픈 희망까지 품었다. 그들은 성실하고 예의 바르고 부지런했다. 그렇게 유능하고 착실한 사람들과 대화를 나눌 수 없어서 안타까웠지만, 프란체스카는 그들에게 교황이 축복한 메달을 선물하면서 위험이 닥쳤을 때 기존에 갖고 있는 상징물 대신 사용해보라고 말했다.

햇빛이 비치는 잔잔한 바다 위에 모든 것이 빛났다. 프란체스카는 희망에 차서 앞으로 많은 개신교 신자가 가톨릭 교회로 올 거라고 말했다. 하지만 미국에 대해서는 낙관하지 못했다. 수녀들에게 보내는 편지에 이렇게 썼다. "그에 대해 개인적 증거가 있어요. 뉴욕의 우리 병원에 열두 명의 의사가 온 것은 제가 하느님 아버지의 축복과 격려를 받고 있다는 뜻입니다. 하느님이 축복한 신성한 물건들 가운데는 일부 개신교 신자들이 좋아하는 것이 많습니다. 지금은 새로운 시대 같아요. 이 평화의 시대에 많은 사람이 십자가와 그리스도의 복음 앞에 고개를 숙일 거예요." 프란체스카 같은 사람이 더 많다면 세상은 분명히 그렇게 나아갈 것이다. 수녀들이 '베니 크레아토르Veni, Creator'[라틴어로 '임하소서 성령이여'라는 뜻.]와 '아베 마리스 스텔라'를 부르면 승무원들이 귀를 기울이는 모습은 그녀를 기쁘게 했다. "우리가 그들에게 가르침을 줄 수 없어서 안타깝습니다."

코스타리카의 실수

리몬항에 도착하자 코스타리카 대통령의 숙부가 그들을 맞이해 콜론행 연안선을 기다리는 동안 코스타리카의 수도인 산호세를 방문하는 게 어떠냐고 제안했다. 그는 리몬의 위생이 좋지 않다는 것을 지적하며, 산호세에 사는 신앙심 깊고 부유한 자기 누이의 집에 가면 환대도 받고 호텔비도 아낄 수 있다고 있다. 프란체스카는 언제나처럼 그것을 장래 사업의 기회로 보고 초대를 받아들였다. 그동안 많은 친절을 베푼 팰런 씨는 수녀들에게 산호세행 기차표를 공짜로 마련해주었다.

그런데 산호세로 떠나려고 할 때 주지사가 보낸 사절이 왔다. 그는 그들에게 요란한 찬사를 퍼붓더니 결론을 전달했다. "죄송합니다, 원장 수녀님. 수녀님들의 국내 이동을 막으라는 지시를 받았습니다. 그러니 이곳에 계셔야 합니다."

프란체스카의 눈에 불길이 일었다. 그녀는 이런 명령을 순순히 받아들이는 사람이 아니었기에 이유를 물었다.

그가 말했다. "성심 선교수녀회 분들 아니신가요?"

"맞습니다."

"그러면 예수회와 가깝다는 뜻인데 예수회는 코스타리카에서 추방되었습니다. 저희 법입니다."

프란체스카는 고개를 젖히고 웃었다. 정부 기관이 자신들을 성심회와 착각해 내린 판단이었다. 그렇지만 차이를 설명해도 이해하지 못할 것 같아서 굳이 다투지 않았다.

주지사의 거처가 그들의 호텔에서 가까웠기에 그를 찾아갔다. 주지사는 정중하게 사과하며 규정을 둘러갈 수 있는 방법을 알려주었다. 프란체스카는 결연히 거부했다.

"아뇨, 속임수는 쓰지 않겠어요." 그리고 결정을 내리면 물러서지 않는 단호한 태도로 덧붙였다. "이 나라를 특별히 보고 싶은 마음도 없습니다. 진보를 자랑하면서 정작 자유와는 반대되는 법을 가진 나라군요."

그는 칭찬과 설명으로 프란체스카를 달래려고 했지만 그녀는 흔들리지 않았다. "저에게 이 나라의 법은 너무 비인간적이에요. 제 동행 수녀는 열대 지방에 처음 왔어요. 그런데 주지사님은 우리가 산호세로 가는 길을 막고 낯선 기후에 갇혀 있게 하시는군요."

주지사는 덩치 크고 수선스러운 남자였는데 작고 맹렬한 수녀에게 추궁을 당하자 어찌해야 할지 난감해하며 그날 밤 회의를 소집했다. 그러더니 아침에 산호세로 가도 좋다는 결정이 내려졌다고 전했다. 하지만 프란체스카는 반교권주의자들의 호의에 의존하지 않았다. 주지사와 지역 정치인들은 자신들이 준 나쁜 인상을 회복할 수 없다는 걸 깨닫고 애석해했다.

프란체스카는 이런 전술적 승리에 만족해서 수도가 있는 서부 고원으로 가지 않고 계속 리몬 해안에 있었다. 그러다 코스타리카가 중남미 중에서 순수 스페인 혈통이 가장 강한 국가인데도 종교는 거의 무시당하고 있다는 걸 알아차렸다. 이 나라 지도자들이 프리메이슨의 영향 아래 있고, 진보를 미신적으로 믿는 탓인 듯했다. 수녀들이 일요일에 미사에 가보니—그날은 프란체스카에게 특별한 성령강림절이었다. '가장 용맹하고 다정한 친구인 성령'에 대한 신심이 깊었기 때문이다—, 출석자 대부분이 코스타리카에 정착한 서인도제도 출신 흑인이었다.

하지만 그들은 신앙이 깊었다. 미사 후에 프란체스카는 학교에서 배운 프랑스어로 그 사람들과 즐겁게 대화를 나누었다. 더 큰 기쁨도 있었다. 성모성월인 5월 미사는 흰 원피스를 입은 서인도제도 흑인 소녀가 성모상에 관을 씌우며 마무리되었다. 그 뒤로 모든 여자가 아이들을 데리고 나왔고, 아이들이 마리아상 앞에 꽃을 놓았다. 그 행동 자체만으로도 사랑스러웠지만 밝은 옷을 입고 발랄한 두건을 두른 흑인 여자들이 하니 더욱 아름다웠다. 프란체스카는 편지에 "성모님이 기뻐하며 그들에게 천국의 망토를 둘러주는 것 같았습니다."라고 썼다. 그리고 성모가 수도회의 어머니이자 창립자라는 사실을 다시 한번 상기시켰다. "우리는 성모님이 자녀들에게 끝없이 퍼붓는 은혜를 풍성하게 받고 있습니다."

리몬에서 본의 아니게 빈둥거리게 된 상황은 뜨거운 날씨보다 더 견디기 힘들었다. 그들은 바다가 내다보이는 호텔 객실의 발코니에서 묵상했다. 프란체스카는 그때 한 몇몇 생각을 코도뇨의 수녀들에게 전했다. "우리의 기도가 불완전해서 하느님께 거절당하는 것이 당연한 경우가 아주 많습니다. 하지만 예수님의 사랑 가득한 심장이 고쳐주십니다. 그분은 우리를 위해 우리에게 가장 좋은 것을 직접 요청하시고, 자격 없는 우리를 당신의 장점으로 따뜻하게 덮어주십니다."

출발 직전에 대통령이 사람을 보내서 장황하게 사과했다. 한 명은 마르고 과묵했고 한 명은 뚱뚱하고 말이 많았다. "모두 실수였습니다." 수다스러운 사람이 말했다. "안타까운 오해였어요. 산호세로 가셔도 좋고 다른 어디로 가셔도 모두 환영할 겁니다. 원장 수녀님, 여기 무료 기차표도 있습니다. 코스타리카 어디서나 쓸 수 있습니다. 이제 더 머무르실 거죠?"

프란체스카는 약간 감동했고 이 조치가 너무 늦지 않았다면 누그러졌을지도 모른다. 하지만 지금은 얼른 파나마로 가고 싶었다. 그래서 상황을 설명하고 덧붙였다. "하지만 대통령님께 감사의 말을 전해주세요. 기차표가 제 이름으로 나왔으니 기념으로 간직하겠습니다." 그것으로 외교적 충돌은 끝났다.

이 시절의 일기 겸 편지에서 프란체스카는 그라나다에서 수녀들이 추방된 경위를 설명한다. 처음에는 일이 잘되었다. 실제로 1892년 7월 2일에 코리건 대주교에게 보낸 편지에는 니카라과 정부가 고아원의 모든 비용을 대주기로 했다고 적혀 있다. 그런데 셀라야 혁명 직후 젊은 사교계 여성이 수녀회에 들어오고 싶어했다. 그러려면 먼저 프란체스카의 허락이 필요했기에 여자는 일단 수녀원의 후원자인 엘레나 아레야노 부인에게 가서 머물렀다. 그러자 여자의 가족과 친구들은 화가 나서 수녀회가 그녀에게 부당한 압력을 가한다고 비난했다. 셀라야 대통령은 전에 수녀원을 지켜주겠다고 약속했지만 그들의 비난을 추방의 핑계로 삼았다.

그는 표리부동한 사람이었다. 지역 원장이 항의하러 방문했을 때는 존경과 약속의 말을 늘어놓았기 때문이다. 그다음 주에는 심지어 수녀회에 학생들에게 줄 책 한 상자와 자신의 선의를 장담하는 편지도 보냈다. 하지만 다음 달, 8월 22일에 새 주지사와 경찰서장이 수녀회를 찾아왔다. 주지사는 무능과 걱정이 담긴 표정으로 수녀들에게 당장 떠나라고 말했다. 증기선이 항구에 기다리고 있다며 되도록 빨리 떠나야 하니 코린토를 경유하지 말고 강을 타고 산후안델노르테로 가라고 명령했다.

원장 수녀가 소리쳤다. "하지만 아직 떠날 수 없어요! 아픈 수녀가 두 명 있는걸요."

경찰서장은 꿈쩍하지 않았다. "죄송합니다, 수녀님. 하지만 연기는 불가능합니다. 지금 바로 떠나십시오."

군인들이 수녀원을 둘러싸고 있어서 대통령에게 협상단을 보낼 수도 없었다. 수녀들이 떠나기 전에는 학생들도 밖으로 나가지 못했다. 부모들이 항의하러 오자 장교가 공무 방해로 벌금을 매기겠다고 했다. 수녀들이 수녀원을 떠날 때는 하나하나 인원을 세었다.

아이들과 어머니들이 소란을 피웠지만 군인들은 차갑고 엄격했다. 수녀들은 침착히게 행동했다. 그들은 누 시간 안에 퇴거해야 했고 짐가방에 옷가지 몇 개만 챙길 수 있었다. 이후 경찰서장이 그들을 마차에 태우고 도열한 군인들 사이로 빠져나갔다. 똑같은 군인이었지만 그들이 도착했을 때 환영하던 의장대와는 너무도 달랐다.

항구까지 많은 군중이 따라오며 니카라과에 신의 분노가 내릴 거라고 소리쳤다. 하지만 시위도 소용없었다. 항구에 도착하자 군중의 접근을 막기 위해 마차 주변에 출입 금지 줄을 둘렀다. 수녀들이 마차에서 내리자 그들은 다시 인원을 점검했다. 니카라과 당국은 수녀가 되려는 여자를 납치했다는 명목으로 수녀원 주재 사제와 교구 사제도 코린토로 추방했고, 도냐 엘레나는 니카라과를 떠나야 했다.

대기 마차에 타기 직전, 한 수녀의 머릿속에 두고 온 슬리퍼가 떠올랐다. 그 수녀가 슬리퍼를 가져올 때까지 잠시 상황이 중단되었다. 그들은 그 일을 재미난 일화로 자주 이야기했다. 이후 마더 카브리니는 수녀들에게 물건을 잘 챙기라고 당부할 때마다 "슬리퍼를 잊지 마세요!" 하고 말했다.

좋은 일도 두 가지 있었다. 라마 마을 원주민들이 그들로서는 큰돈을 모아 보냈고, 돈 콘스탄티노 모톤코라는 학부모도 학부모들에게서 자발적인 수업료를 모금했다. 그 일은 야만적 행정과 대비되어 더욱 빛났다.

그보다 훨씬 좋은 일도 일어났다. 돈 호세 파소스라는 남자는 유명한 반교권주의자로 수녀들 추방에 힘을 보탠 사람이었다. 그는 말을 타고 그들이 한 줄로 걸어가는 모습을 보았다. 그들은 창백하지만 침착했고 모두 십자가를 들고 있었다. 그때 어떤 아이가 한 수녀에게 말했다. "수녀님은 안 우시네요! 너무 침착하세요. 슬픈 건 우리예요." 그러자 수녀가 십자가를 가리키며 대답했다. "우리는 주님과 함께 여기 왔고 주님과 함께 떠난단다." 돈 호세는 그 말에 감동받아 밤새 생각에 잠겼다. 그리고 다음 날 프리메이슨 관련 증명서와 서훈을 모두 레온의 주교에게 제출했다. 8개월 후 그는 매일 새벽 4시에 일어나서 6시에 미사에 가고 영성체를 모시는 모범적인 종교인이 되었다.

니카라과 정부는 곧 그때의 일을 부끄러워하며 대통령이 직접 수녀들의 복귀를 요청하는 편지를 보냈지만, 프란체스카는 이런 사람은 믿을 수 없다고 판단했다. 니카라과의 반교권주의자들에게 교훈도 주어야 했다. 그라나다 최고의 학교를 잃었으니 손해는 그들의 몫이었다. 수녀들은 파나마로 떠났고 다시는 돌아오지 않았다. 1912년에 다시 같은 요청을 받았을 때, 프란체스카는 돌아가고 싶었지만 우선 자신들이 받은 대접에 정당한 보상이 있어야 한다고 답했다. 결국 프란체스카가 죽은 뒤 그녀의 친구 베네딕토 15세 교황의 외교적 중재를 통해서야 선교수녀회는 니카라과에 돌아갔다. 그때는 그라나다가 아닌 마라과에 아이들을 위한 학교 대신 대학을 설립했다.

어디든, 아주 멀리라도

파나마에 간 프란체스카는 열렬한 마음으로 새 수녀원을 설명하는 편지를 썼다. 바다를 굽어보고 있는 수녀원이 아름답다고 표현했다. 이국적 색채가 선명한 곳이었다. "증기선을 타고 있는 것 같은 느낌도 들어요. 남쪽과 남서쪽이 바다와 맞닿아 있어서 정원 벽에 부딪힌 바닷물이 우유보다 더 흰 물보라를 뿌립니다. 수녀들이 준비해준 내 방은 두 면이 큰 오렌지 나무들에 둘러싸여서 오렌지 열매가 창턱에 닿습니다. 바다로 내려가는 오솔길이 보이고 작은 섬들은 만에서 뛰어노는 아이들 같아요……. 정원에는 야자나무 여섯 종, 바나나 나무, 커피나무가 있고 이름도 모를 다양한 과일이 있어요."

곧이어 보낸 편지에는 니카라과 사업의 안타까운 실패를 언급하는 듯한 내용도 썼다. "어떤 일이 성공하지 못하면 그것은 내가 나 자신의 주도권을 지나치게 내세웠기 때문입니다." 하지만 그동안 수많은 어려움을 극복하도록 도와준 예수와 마리아는 이후로는 그녀를 저버리지 않았다. 수녀들은 파나마에서 더 잘 지냈으니 자책할 필요 역시 없었다. 그리고 프란체스카는 니카라과에서 실패한 경험을 통해 아르헨티나와 브라질에서 더 많은 일을 할 준비를 갖추었다. 모두 이탈리아인인 그녀와 휘하 수녀들이 스페인어와 포르투갈어가 모국어인 나라들에 학교를 세우려고 나선 용기는 대단하다. 프란체스카의 남아메리카행은 현지 이탈리아인만을 위한 행보가 아니었다. 프란체스카가 세운 중남미 학교들은 부유층 아이들을 위한 귀족적 학교였다. 그녀의 의도는 한 종류의 교육 사업에 국한되지 않았다.

파나마 지협에 이르자 프란체스카는 세계의 정상에 올랐다는 느낌을 받았다. "학교의 위치가 그렇다 보니 이 거대한 바다에서 세상의 모든 곳을 볼 수 있을 것만 같습니다." 바다를 보니 얼른 다시 배를 타고 선교를 떠나고 싶어졌다. 프란체스카는 세상 모든 곳에 동시에 가고 싶었다. "부르는 곳이 많고 필요한 모든 곳에 갈 수 없기 때문에 힘이 닿는 한 교황 성하께 명령받은 대로 최선을 다해 순명할 것입니다."

그녀는 이미 다음에 갈 곳을 결정해 놓은 상태였다. 부에노스아이레스의 대주교가 학교 설립을 부탁했기 때문이다. 프란체스카는 남아메리카 해안선을 타고 칠레까지 내려간 다음 거기서 안데스산맥을 넘어 아르헨티나로 가는 여정을 선택했다. 그래서 파나마에서 지낸 지 4개월 반 만인 1895년 10월 11일에 키아라 수녀와 함께 부에노스아이레스로 출발했다. 그 여정은 프란체스카의 모든 여정 중 가장 길고 험했다.

프란체스카가 파나마를 떠나기로 하자 모두가 슬퍼했다. 멋진 위치의 학교에서 지내는 생활은 즐거웠다. 약간의 괴로움은 매일 여학생 서른 명이 피아노를 연습하고 열두 명이 노래를 연습해서 생기는 소음뿐이었다. "우리 고막이 얼마나 시달렸는지요!" 프란체스카는 학생들을 사랑했고 학생들도 프란체스카를 사랑했다. 배웅하러 배에 오른 사람들의 눈에 모두 눈물이 그렁그렁했다.

학부모인 돈 에르네스토 이카소가 개인 요트를 빌려주었기 때문에 학생들이 작별 인사를 하러 배에 탈 수 있었다. 그를 비롯한 학부모 위원회는 떠나기 전날 밤 프란체스카를 찾아와서 앞으로도 계속 학교를 지원하겠다고 약속했다. 돈 에르네스토는 또 수녀들에게 배표를 사주는 마지막 친절을 베풀었다. 갑판이 내다보이고 서로 연결된 선실을 이용할 수 있는 표였다.

키아라 수녀는 저녁 식사 후 프란체스카와 함께 기도하고 바로 잠자리에 들었다. 프란체스카는 파나마 등대가 바라다보이는 배에 혼자 앉아서, 고개를 왼쪽으로 돌리면 이제 휴식을 취하면서 이쪽을 바라보는 수녀들과 마주할 수 있다고 상상했다. 성당에서 타오르는 램프 다섯 개―성체 앞에 세 개, 성모 제단 앞과 성 요셉 제단 앞에 하나씩―전부를 머릿속으로 상상했다. 램프들도 무사 항해를 기도하는 수녀들 곁에 있고 싶어하는 것 같았다. 프란체스카는 냉정하고 현실적이었지만 이따금 즐거이 작은 감상에 빠졌다. 그것은 끊임없이 냉철한 판단이 필요한 삶에서 즐기는 소소한 낙이었다. 그날 밤 9시 반에 배가 움직이기 시작하자 프란체스카는 계속 갑판에 머물며 등대 왼편을 열심히 바라보았다. 하지만 곧 어둠이 너무 짙어져서 선실로 들어갔다.

프란체스카는 며칠 뒤에 처음으로 적도를 넘어갔다. 날씨가 너무 추워서 배가 북극으로 가는 것 같았다. 모두 겨울 속옷을 입고 밤에는 이불을 겹겹이 덮어야 했다. 그런 불편은 중요하지 않았다. 인근 에콰도르는 복녀 키토의 마리아나가 탄생한 곳이고, 프란체스카는 그녀에게 남아메리카 선교 사업의 성공을 맹렬히 기도하고 있었기 때문이다. 승객들도 유쾌했다. 그녀가 적도선을 보고 싶어하자 익살맞은 승객 한 명이 망원경 렌즈에 실을 걸쳐서 건넸다. "아, 선이 확실히 보이네요!" 프란체스카가 감탄하자 모두가 즐거워했다.

배가 과야킬에 섰을 때 프란체스카는 내려가지 않고 배에서 도시를 바라보는 데 만족했다. 편지에는 "지금 에콰도르에서 할 일이 없으니 그저 복녀 마리아나에게 이곳이 지난날의 빛과 신앙을 되찾게

―마더 카브리니

해달라고 기도합니다."라고만 썼다. 남아메리카의 모든 나라 중에서 에콰도르는 아마 혁명이 가장 잦고 새 헌법이 가장 자주 수립된 나라였을 것이다. 이른바 '예수회 대통령'이던 가브리엘 가르시아 모레노가 3번째 임기 시작 직후 암살되면서 자유주의 반동이 일어나 교회 재산을 압류하고 종교인들을 추방했다. 프란체스카는 추방된 에콰도르 수녀들을 파나마에서 만났다. 이때 에콰도르는 대통령이 없었고 정당끼리 여전히 싸우던 상황이었다.

과야킬에서도 그녀를 붙잡으려고 했다. 사제 몇 명이 프란체스카를 만나러 배에 올라왔고 주지사와 시장이 따라왔다. 두 사람 다 많은 약속을 늘어놓았다. 정세는 불안하더라도 좋은 여학교를 만들 기회라고 판단했다. 허나 프란체스카가 할 수 있는 일은 그들에게 주소를 알려주고 언젠가의 가능성을 기약하는 것뿐이었다. 하얀 새 한 무리가 하늘을 선회하자 키아라 수녀가 이게 무슨 의미 같냐고 물었다. "에콰도르 사람들도 3년 전 파나마처럼 우리를 부르네요. 하지만 우리는 갈 수 있을 때 갈 거예요."

해안선을 따라 천천히 이동하는 여정은 지루했다. 배에서는 나무도 풀도 강도 보이지 않았고, 온통 메마른 언덕과 관목 사막뿐이었다. 하지만 프란체스카는 지리를 좋아했기에 이 기회를 이용해서 수녀들에게 이 지역의 진정한 천연자원을 알려주었다. 바닷새 수백만 마리의 배설물인 구아노였다. 이야깃거리가 될 만한 특이한 풍물―살라베리 항구에서 승객들이 승선과 하선에 쓰던 술통 모양 장치 같은―이 없을 때 구아노가 코도뇨 수녀들의 볼거리가 되었다. 하루는 승무원들이 밀항을 시도한 행상을 자루에 넣어서 부두에 던져버렸다. 행상은 이런 일에 익숙한 것 같았다. 술통 모양 장치를 탄 사람들은 놀라서 얼굴이 하얘졌지만 그는 가뿐한 모습으로 자루에서 빠져나왔다.

그들은 마침내 카야오에 도착했다. 긴 기착 시간 동안 리마에 가서 성녀 로사가 묻힌 도미니코회 교회를 방문했다. 바로 그곳에서 영성체를 하기로 맹세했기 때문이다. 프란체스카는 제단에 있는 아기 예수상을 보고 기뻐했다. 아기 예수가 미소를 띠고 이렇게 말하는 것 같았다. "네가 여기서 로사를 기릴 때 너에게 은혜를 베풀기를 기다렸다."

미사 후 도미니코회 신부들이 제단으로 안내했다. 수녀들은 성 로사의 머리를 모신 제단에 기도했다. 성 로사의 머리를 담은 은 항아리는 흑인 평수사 성 마르티노 데 포레스의 유해를 담은 다른 항아리 위에 놓여 있었다. 다른 성당에는 성 마르티노가 사용했던 십자가가 있고, 그 제단 양편에는 그의 한쪽 팔이 있었다.

프란체스카는 스페인어권 중남미의 신앙 방식에 약간 비판적이었다. 특히 교회에 걸린 화려한 옷차림의 그림에 대해 그랬다. 몇몇 여자가 성수대 기둥 안의 납 파이프 입구에 손을 대고 기도하길래 무얼 하는 거냐고 물었다. "모르셨어요? 여기 손을 대고 주기도문을 외우면 연옥의 영혼을 구원할 수 있잖아요." 프란체스카는 그 대답에 놀란 기색을 감추었지만 코도뇨의 수녀들에게는 솔직한 심정을 전했다. "그런 신앙 방식은 들어본 적이 없습니다!"

프란체스카는 편지에 쓸 이야깃거리를 찾기 위해서 리마 시내도 방문했다. 한 교회─거기서 본 교회 중 유일하게 화려한 옷차림의 조각상이 없는─에는 프란체스카 수도회의 수호성인인 성 마르가리타 마리아의 그림이 있었다. 그 그림은 예수회 사제들과 성심 여신도회의 친절처럼 프란체스카를 기쁘게 했다. 하지만 대성당은 볼 수 없었다. 사람들이 최근 혁명 때 성당을 겨냥한 포격에 반파되었으니 가지 말라고 조언했다. 그녀는 이렇게 말했다. "혁명가들이 가장 먼저 하는 일 중 하나가 성당을 공격하는 거예요. 적대하는 두 집단 중 성당을 먼저 차지하는 쪽이 승자가 되고요." 이 대답은 지나친 단순화에 가까웠지만, 어쨌건 프란체스카는 너그럽게 결론을 내렸다. "의도는 좋겠지만 승리한 사람들은 성소를 확보하는 행운을 얻어요. 하지만 그들은 결국 하느님의 신전을 훼손하고 아름다운 기념물을 파괴하는 거예요. 그들은 자기들을 '아델란타도스 무초스 adelantados mucho', 즉 '앞서는 사람들'이라고 부르지만 실제로 그 태도는 원주민들과 다를 바 없어요."

산맥을 넘다

배에 다시 탄 이후로는 지루한 해안선 항해가 이어졌다. 얼마 후 코르디에라스산맥의 해안 지맥이 나타났다. 바다 바로 앞에 불쑥 솟아오른 이 산맥은 나란한 안데스산맥보다는 낮지만 상당히 웅장했다. 배는 자주 멈추면서 천천히 발파라이소에 도착했다. 거기부터 두 수녀는 도보로 평원을 건너서 안데스산맥 발치의 산티아고로 갔다. 여기서 산을 넘어야 했다.

대주교는 엄숙한 어조로 그들에게 산티아고에서 몇 달 지내다 가라고 권유하며, 그들에게는 휴식이 필요하니 주변을 둘러보고 기관을 설립할 장소를 찾으라고 했다. 그는 부에노스아이레스의 대주교가 최근에 죽었다는 소식을 전하며, 그러니 지금 가봐야 별소용이 없다고 얘기했다. 하지만 칠레의 한 정치 지도자는 대주교와 입장이 달랐다. 그는 네 살짜리 딸이 있었고 딸을 곧 학교에 보내야 했다. 그는 프란체스카에게 이렇게 말했다. "아르헨티나로 가시는군요. 하지만 2년 안에 돌아오세요. 안 그러면 우리가 아르헨티나와 전쟁해서 수녀님을 포로로 잡고 여기에 학교를 세우게 하겠습니다."

마더 카브리니는 웃었다. 칠레인들은 친절해 보였지만 산티아고에서 25일을 머무를 필요는 없었다. 부에노스아이레스의 대주교가 죽었다고 하니 그곳에 더 가고 싶어졌다. 그녀를 초대한 대주교의 후임이 자신을 어떻게 맞이할지 궁금했다. 하지만 안데스 산길이 눈으로 막혀서 아직 횡단 시즌이 시작되지 않았기 때문에 기다릴 수밖에 없었다. 시즌 첫 횡단은 극도로 위험하다는 말을 들었지만 상관없었다. 어떤 경고도 이렇게 아무 할 일도 없는 상태에 그녀를 오래 묶어 둘 수 없었다. 어떤 어려움이나 위험도 그보다는 나았다.

어느 날 프란체스카가 성 필로메나 성당에서 기도하는데─성 필로메나는 알려진 게 별로 없는 고대의 인물이지만 기도에 응답해주는 것으로 유명하다─, 귀에 부드러운 목소리가 들렸다. "작은 선물입니다." 프란체스카는 기도에 몰두해 있어서 환청을 들었다고 생각했다. 그런데 그 말이 또 들려서 뒤를 돌아보니 성소를 관리하는 작은 체구의 노사제, 페레이라 참사회원이 서 있었다. 그가 금화를 내밀었다. "성 필로메나를 기리는 마음으로 이 작은 선물을 받아주십시오." 성 필로메나는 기도가 끝나기도 전에 프란체스카를 도와주었다! 참사회원은 성 필로메나의 그림도 건넸다. "이걸 수첩에 간직하면 수녀회에 돈이 떨어지는 일이 없을 겁니다." 그날부로 선교수녀회에 수호성인이 하나 더 생겼다.

프란체스카는 여행의 동행을 고를 때 대개 다른 일에 별 쓸모가 없거나 자신에게도 큰 도움이 되지 않는 수녀를 택했다. 키아라 수녀는 병약하고 심약한 여자라서 언뜻 그런 여행에 끌려가는 처지가 딱하게 보일 수 있었다. 하지만 프란체스카가 키아라 수녀에게 케이프혼을 둘러 가는 경로와 안데스산맥 횡단 경로 중 하나를 고르라고 하면, 키아라 수녀는 매번—망설임이 있었던 경우에도—뱃길보다 산길을 선호했다. 그래서 그들은 11월 24일에 안데스산맥 횡단 길에 나섰다.

첫 단계로 기차를 탔다. 기차는 큰 계곡 가장자리를 통해 산을 빙글빙글 돌아 올라갔다. 그중에 '솔저스린'이라는 계곡은 바닥이 안 보일 만큼 높고 좁은 다리로 건너갔다. 까마득히 깊은 계곡에서는 희미한 물소리만이 올라왔다.

기차는 곧 종착지에 닿았고 승객들은 각각 노새 여섯 마리가 끄는 덜컹거리는 마차로 옮겨 탔다. 구불구불한 길 너머로는 깎아지른 절벽이 있었고, 그 밑으로는 거품 이는 강물이 콸콸 흘러갔다. 얼마간의 칙칙한 진녹색 소나무들을 빼면 식생은 거의 없다시피 했다. 그곳은 쿰브레 고개 초입이었고, 그 위로는 해발 고도가 7천 미터에 육박하는 아콩카과 화산이 우뚝 솟아 있었다.

허술하게나마 저녁 식사를 하기 위해 자리에 앉았을 때 프란체스카는 키아라 수녀를 딱하게 여겼지만, 그들은 산 공기에 입맛이 돋아서 변변치 않은 식사와 검은 빵도 최고의 진미처럼 먹었다. 프란체스카가 키아라 수녀에게 마젤란 해협 길이 낫지 않았겠느냐고 다시 묻자 이런 대답이 돌아왔다. "아뇨, 이 길이 천 배는 좋아요." 그러자 프란체스카는 속으로 잘됐다고 생각했다.

식사 후 밝은 달빛 속으로 나가자 하늘에 닿을 듯 솟은 산이 푸른 망토를 두른 것처럼 아름다웠다. 흙도 하늘과 같은 색깔이고, 산과 산 사이 공간도 진청색이었다. 프란체스카는 밤이 그들을 위로하러 온 '달처럼 아름다운 pulchra ut luna' 어머니 마리아라고 생각했다. "묵상의 화두를 마련하고 싶었는데 자연이 이미 준비해놓고 있었어요." 그들은 행복감과 평온함 속에 모텔로 갔다.

모텔 침대는 놀랍게도 스프링이 탄탄했다. 연로하지만 친절한 노새 몰이꾼—두 수녀는 그가 성 요셉을 닮았다고 입을 모았다—이 밤을 안전하게 보내는 법을 알려주었다. 필요한 게 있으면 노새 마구간으로 오라고도 했다. 몹시 피곤했던 그들은 금세 잠들었다가 새벽 3시 반에 노새에 안장 얹는 소리를 듣고 깨어났다. 그날의 여정을 위해 산티아고 여자들이 준, 털로 안감을 댄 갈색 후드 망토를 입었다.

그런 자신들의 모습이 카푸친 수사[프란치스코회 계열 수도회인 카푸친 작은형제회. ─ 편집자 주]같다고 생각했다.

이제 최악의 코스가 시작되었다. 그들은 아침을 먹자마자 출발했다. 프란체스카는 여자용 안장을 얹은 가장 튼튼한 노새 두 마리가 동행 중인 오페라 가수 일행을 위해 준비되었다고 생각했으나 아니었다. 안데스 횡단 회사는 수녀들에게 최고의 노새를 주라는 명령을 보냈다. 하지만 한 가지 문제가 있었다. 가장 좋은 노새를 타면 맨 앞에서 행렬을 이끌어야 했다. 프란체스카는 그런 경험이 없었기에 아마 사양하고 싶었을 것이다. 성 요셉을 닮은 몰이꾼이 안장에 올려주려고 깍지 낀 손을 그녀의 발밑에 댔지만 거절했다. 프란체스카는 키가 작아서 의자를 이용해야 노새에 탈 수 있었다.

한 시간 동안 길은 수월했다. 행렬이 순례단처럼 느껴져서 마더 카브리니는 묵주를 꺼내 들고 다른 사람들에게도 권유할 생각이었다. 그런데 거기서 길이 갑자기 사라지고 깊은 눈이 나타났다. 몰이꾼 두 명이 길을 이끌었다. 자주 절벽 길로 이어졌기 때문이다. 프란체스카는 노새가 절벽 아래를 내려다보지 않게 하려고 최선을 다해 "좋아, 천천히!" 하고 그동안 배운 스페인어를 외쳤다. 하지만 소용없었다. 노새는 등에 태운 사람이 초심자라는 걸 아는 듯 아무리 고삐를 당겨도 아랑곳하지 않고 절벽을 내려다보면서 길을 갔다. 녀석은 프란체스카가 겁을 먹고 내리려고 하자 약간 상처받은 듯했다. 딱한 키아라 수녀는 밀가루 부대처럼 노새 위에 철퍼덕 엎어져 있었다.

천천히 산을 오르던 도중 앞장선 몰이꾼이 모두에게 내리라고 했다. 무슨 일이 생겼다. 키아라 수녀는 겁에 질려서 아무 말도 못 했지만 프란체스카가 보기에는 안데스 산길 선택을 후회하는 기색이 역력했다. 프란체스카는 장대한 풍광에 정신이 고양되는 느낌을 받았다. 한쪽에는 까마득한 심연이, 다른 쪽에는 반짝이는 눈의 벌판이 있었으며, 위쪽으로는 그들이 올라가야 하는 거친 산이 솟아 있었다.

몰이꾼이 내리라고 한 이유는 그들 앞에 모두를 집어삼킬 듯 깊은 홈이 패어 있기 때문이었다. 남자들이 노새 몇 마리를 시험 삼아 먼저 건너보낸 뒤 여행객들에게 그대로 하라고 했다. 프란체스카는 행렬의 선두라서 먼저 뛰어야 했는데, 다른 사람들에게 용기를 주기 위해 기꺼이 시도할 각오가 되어 있었다.

쉽게 건널 수 있으리라고 생각했지만 현실은 그렇지 않았다. 그녀는 강추위에 기력이 떨어져서 점프하자마자 자신의 몸이 바람이 없으면 꼼짝도 하지 않는 깃털 같다는 느낌을 받았다. 몰이꾼이 지켜보지 않았다면 틈새로 떨어질 뻔했다. 그가 몸을 던져서 프란체스카를 붙잡았고, 이어 그의 동료들이 힘을 합해서 그녀를 반대편으로 건너게 해주었다. 프란체스카는 혼이 빠져서 자신이 곧 죽는다고, 눈 위에 떨어져서 기절했다고 느꼈다. 하지만 정신을 차리고 보니 모두 틈을 건넌 상태였다. 몰이꾼이 그녀를 다시 태워주려고 기다리고 있었다. 하지만 프란체스카는 이번에도 그것을 거절하려고 그의 깍지 낀 손을 밟지 않았다. 그녀의 엄격한 성정, 정결한 절제가 그것을 허락하지 않았다. 이번에는 의자가 없었기 때문에 바위를 이용해서 노새에 올랐다.

프란체스카는 곧 두려움을 떨치고 전처럼 열렬하게 장대한 풍경에 감탄했다. 눈의 빛 반사를 막기 위한 반투명 안경을 받았는데도 길을 더 잘 보려고 쓰지 않았다. 안경은 코 위보다 주로 이마나 턱에 걸려 있었다.

산의 고개였지만 고도가 매우 높아서 온 세상이 한눈에 보이는 것 같았다. 이곳이 칠레와 아르헨티나의 국경이었다. 눈이 내리는 가운데 그들은 그 지점에서 점심 먹을 모텔을 향해 하산하기 시작했다. 안데스 횡단 회사가 보낸 직원이 프란체스카가 탄 노새의 고삐를 잡고 길을 이끌었다. 방명록 작성을 부탁받은 프란체스카가 그들이 지나온 길을 칭송하는 글을 쓰자 모두가 놀랐다. 그 길을 좋게 말한 사람은 그녀가 처음이라고 했다. 특히 그녀가 남자도 아니고 계절도 좋지 않았기에 더 신기하게 여겼다. 프란체스카는 모험을 좋아했다. "사실 나는 그렇게 높은 산에 오른 게 정말 기뻤어요. 안데스산맥보다 훨씬 더 높은 영적 완전함을 이루고 싶어졌습니다."

하지만 막바지에 불쾌한 경험도 있었다. 그날 밤 그들이 묵을 푼타 데 바카의 모텔에 도착했더니 아르헨티나에서 온 사람들이 침대를 모두 차지하고 있었다. 수녀들이 앉을 데는 떠들썩한 술집뿐이었는데 밤이 깊을수록 더 시끄러워졌다. 수녀들이 하소연하자 모텔 주인은 해줄 수 있는 최선은 로비에 침대를 놔주는 것뿐이라고 했다. 당연히 그것은 받아들일 수 없었다. 그들은 결국 밤을 새웠고, 그렇게 보내는 밤이 즐거울 리 없었다.

다행히 그들 일행 중에 샌프란시스코 출신 미국인이 있어서 수녀들은 그에게 자신들을 보호해달라고 부탁했다. 그 자신은 침대를 구하지 못했지만 어떻게 해서인지—달러를 썼는지도 모른다—수녀들에게는 침대를 구해주었다. 그리고 어린 사내아이 한 명과 자는 두 여자에게 수녀들을 부탁했다. 사내아이는 로비의 침대로 나갔고, 마더 카브리니와 키아라 수녀는 침대에 쓰러져서 아침이 올 때까지 죽은 듯이 잤다.

13장

남미에서 유럽으로

프란체스카 카브리니는 부에노스아이레스에 도착한 뒤 여행 일기 겸 편지의 마지막 대목을 적었다. "기도, 믿음, 하느님에 대한 완전한 의탁이 언제나 우리 품에 있을 것입니다. 우리는 아무런 쓸모가 없습니다……. 하지만 나에게 힘을 주시는 분 안에서 나는 모든 것을 할 수 있습니다." 프란체스카가 자신의 표어로 삼은 사도 바오로의 금언이 그녀의 유일한 의지처였다.

프란체스카는 이 도시에 대해 아무것도 몰랐다. 그녀를 초대한 대주교는 죽었다. 새 내주교는 모르는 사람이었고 그의 호의를 기대할 이유는 없었다. 물론 파나마뿐 아니라 여행하며 들른 다른 지역에서도 소개장을 받았다. 그것이 프란체스카의 유일한 신임장이었다. 신임 대주교가 그 문서를 인정할지, 또 자신을 어떻게 받아들일지 알 수 없었다. 기차를 타고 팜파스를 건너 12월 1일에 부에노스아이레스에 도착했을 때, 그녀는 다행히 두어 해 전쯤 그곳에 있는 브로지 신부가 제노바의 선교수녀회 수녀원에서 미사를 집전했다는 걸 떠올렸다. 그래서 곧바로 마차를 타고 그를 찾아 나섰다. 두어 시간 수녀원과 교회를 탐문한 결과 그의 소재지를 알아냈다.

브로지 신부는 두 수녀를 따뜻하게 맞이하고 훌륭한 이탈리아식 만찬을 대접한 뒤, 그들을 신임 대주교인 라디슬라오 카스테야노에게 데리고 갔다. 모든 것은 대주교에게 달려 있었다.

대주교는 매우 정중했다. 프란체스카를 아버지처럼 따뜻하게 맞고 전임자가 약속한 모든 지원을 그대로 실행하겠다 말하며, 대주교직을 맡자마자 선교수녀회의 시설을 유치하게 되어 기쁘다고 덧붙였다.

접견장에 함께 방문한 총대리 주교 에스피노스 몬시뇰 역시 호의적이었다. 그는 자기 명함을 여러 장 주면서 그 도시의 유력자들을 만날 때 그 명함을 쓰라고 현실적으로 조언했다.

"그분들께 소개장을 써주시지 않겠습니까, 몬시뇰 님?"

"필요한 문서는 원장 수녀님이 얼마든지 직접 작성하실 수 있습니다."

두 수녀가 갔을 때 대주교관에는 사제들이 가득했다. 그들은 루한의 성모 성소 순례단에 합류하려고 부에노스아이레스에 들른 참이었다. 그 행사는 칠레의 신임 대주교를 축하하고, 또 칠레와 아르헨티나가 평화를 이룬 것을 축하하고자 열렸다. 덕분에 마더 카브리니는 도착 당일에 부에노스아이레스 관구의 주요 성직자 전원을 만났다. 큰 행운이었다. 그녀는 그들에게 호감을 샀고 그들은 앞으로 그녀에게 도움을 줄 수 있었다.

프란체스카에게 필요한 도움과 돕겠다는 약속이 곧바로 찾아왔다. 아르헨티나의 새로운 지인들은 여러 가지 지원을 약속했다. 낯선 도시에 도착한 지친 두 수녀의 모습이 그들의 기사도 정신을 자극했다. 그들이 프란체스카에게 말을 건넨 방식은 약간 희극적이기까지 했다.

"원장 수녀님, 너무 걱정하지 마세요. 끝까지 함께하겠습니다!"

"용기를 내세요, 원장 수녀님, 저희가 도와드릴게요!"

프란체스카는 그날 약간 어리둥절해 보였지만 용기만큼은 충만했다. 이 사제들은 프란체스카 카브리니를 만났지만 아직 그녀를 제대로 알지 못했다.

브로지 신부가 특히 많은 도움을 주었다. 그날 밤 그들이 묵을 이탈리아인의 집을 구해주었고, 다음 날이 되자 독자적 수녀원을 세울 때까지 자비의 수녀회에서 지낼 수 있도록 거처를 마련했다. 그런 뒤 매일 두 수녀를 데리고 다니면서 알아두면 좋은 사람을 소개해주었다.

프란체스카는 시설을 설립할 장소를 결정하기 전에 먼저 도시를 꼼꼼히 돌아보는 것을 원칙으로 삼았다. 매일 부에노스아이레스 시내로 나가 후보지를 찾았다. 몇 년 후에 로스앤젤레스에서도 그곳의 기나긴 대로들—지금보다는 짧았지만 그때도 이미 길었나—을 끝에서 끝까지 걸어 다니면서 모든 것을 샅샅이 살필 정도였다. 저녁이면 몸은 지쳤고 신발에는 금세 구멍이 났다. 그렇게 해서 후보지 60곳을 놓고 검토한 끝에 시내 중심부의 한 건물에 학교를 세우기로 결정했다.

이 계획이 알려지자 브로지 신부와 총대리 주교를 통해서 알게 된 많은 여자가 프란체스카를 찾아왔다. "원장 수녀님, 그곳은 안 돼요. 너무 비싸요. 이곳 사정을 잘 아는 저희 말을 들으세요. 한두 해 동안은 학생이 잘해야 예닐곱 명뿐일 거예요. 그러니까 작게 시작해서 천천히 키우셔야 해요. 그 집을 빌리면 크게 실패하실 거예요."

"말씀 고맙습니다. 하지만 저는 뭐라 말할 수 없는 어떤 영감이 있어요. 가격이 어떻건 그 집으로 정했습니다."

그들은 고개를 젓고 가망 없다고 포기했다. 하지만 그녀의 판단은 결과적으로 현명했다. 자주 그랬지만 언뜻 볼 때 성급하게 보였던 선택이 실제로는 예리한 통찰의 결과였다. "우리가 어려운 사업을 떠맡으며 보인 용기 덕분에 유력 집안의 사람들이 우리에게 아이들을 맡겼습니다. 학교 정원이 이미 차서 이제 더 큰 건물을 또 하나 구해야 합니다."

프란체스카의 대담성은 브로지 신부를 놀라게 했지만 낙담하게도 했다. 그녀가 뉴욕과 이탈리아의 수녀들을 부에노스아이레스로 부르는 전보를 보여주자 그는 소리쳤다. "원장 수녀님, 무슨 일을 하시는 겁니까? 도저히 이해할 수 없습니다. 비싼 건물에 학교를 만들더니 이제는 상황을 지켜보지도 않고 수녀들을 부릅니까? 제발 서두르지 말고 조금 기다려보세요."

프란체스카는 미소만 지었다. "걱정 마세요, 신부님. 제가 돈 문제에 너무 골몰하면 주님은 은혜를 거두실 거예요. 그냥 전보를 보내주세요."

프란체스카의 방식은 항상 그랬다. 그녀도 나름대로 계산하고 내린 결정이었어도 브로지 신부 같은 사람들을 항상 납득시킬 수는 없었다. 할 일이 있으면 프란체스카는 필요한 조건이 충족되기를 기다리지 않고 바로 실행에 들어갔다. 필요한 것은 어떻게든 구해지리라 믿었으며, 그게 없다는 이유로 시작을 늦추기를 거부했다.

프란체스카는 크리스마스 날에 그 집을 손에 넣었다. 자비의 수녀회는 크리스마스 철이 지날 때까지는 그들을 손님으로 모시고 싶어했다. 하지만 프란체스카에게 크리스마스는 새로운 일을 시작하기 너무 좋은 날이었기에 무엇도 그녀를 막을 수 없었다. 이때 그녀는 작은 음식 바구니 한 개만 들고 갔다. 남아메리카 첫 시설의 수호자를 리마에서 기도를 바쳤던 아기 예수로 삼고 싶었다. 프란체스카는 아기 예수가 수도회의 최고 보호자라고 말하곤 했다. 수호성인은 신대륙 최초로 성인이 된 리마의 성 로사였다. 성 로사는 아메리카 대륙의 수호성인이기도 했으니 적절한 선택이었다. 그 역시 부에노스아이레스 사람들에게 좋은 인상을 남겼다.

프란체스카와 키아라 수녀는 지체하지 않고 학교에 수녀들을 맞이할 준비를 했다. 어느 날 대주교가 찾아왔는데, 그는 앞치마를 두르고 빗자루와 먼지떨이를 들고 있는 그녀를 못 알아보고—아니면 못 알아보는 척하고—"총원장님을 뵈러 왔습니다."라고 말했다.

"네, 대주교님." 프란체스카가 대답했다. "접견실에 가 계시면 제가 불러다 드리겠습니다."

잠시 후 프란체스카가 얼굴과 손을 씻은 뒤 앞치마를 벗고 돌아오자 대주교가 크게 웃었다.

뉴욕의 수녀들이 프란체스카의 예상보다 며칠 일찍 도착했을 때도 비슷한 일이 일어났다. 프란체스카는 장바구니를 들고 입학이 예정된 고아 한 명과 함께 나가려던 참이었다. 프란체스카는 수녀들을 따뜻하게 맞고 바로 업무를 배정한 뒤 바삐 장을 보러 갔다. 프란체스카는 허드렛일에서 손을 떼는 스타일의 원장이 아니었다.

수녀들이 부에노스아이레스에 예정보다 사흘 일찍 도착했으니 프란체스카는 학교도 예정보다 2주 일찍 개교하기로 했다. 어떤 논리적 단계를 거쳐서 그런 결정이 나왔는지는 알 수 없지만 이러한 판단이 그녀가 성공하는 요인이었다. 매사 태평한 아르헨티나인들은 프란체스카의 결단력과 추진력에 혀를 내둘렀다.

프란체스카는 부에노스아이레스 도착 직후 칠레와 아르헨티나가 기독교적 방식으로 국경 분쟁을 해결하는 순간을 목격했다. 그들은 전쟁의 위협을 현명하게 피했다. 칠레와 부에노스아이레스의 대주교들이 함께 루한의 성모 성소로 순례하러 갔다. 대통령 권한대행인 내무부 장관도 함께했다. 발파라이소의 총대리 주교는 훌륭한 연설로 많은 박수를 받았다. 특히 큰 환호를 받은 대목은 성모상 전체가 이미 금으로 덮여 있어서 칠레는 성모님께 드릴 만한 가치 있는 것이 아무것도 없다고, 그래서 평화 조약의 상징인 칠레 국기라도 바치겠다고 말했을 때였다. 프란체스카는 교회에서 정치 집회를 하듯이 "마리아 만세!" 하고 외치는 데 당황했지만 어쨌건 그것이 분쟁 해결의 좋은 방식이라는 결론을 내렸다. "그로 인해 지도자들이 하느님의 성소에서 사람들의 운명을 결정하기 때문입니다." 또 이탈리아인과 다른 남아메리카의 기질도 감안했다. 이 협정을 기념해서 두 나라의 국경에 유명한 안데스의 예수상이 세워졌다.

또 다른 터를 닦다

수녀들은 개교 준비를 서둘렀다. 프란체스카는 스페인어를 거의 모르면서도 한 사제의 도움을 받아 학교 안내서 제작에 착수했다. 더 나아가 아직 등록 학생이 한 명도 없는 상태에서 이미 음악 프로그램을 준비했다. 음악 교사가 항변했다.

"하지만 원장 수녀님, 아직 학생이 한 명도 없는데 어떻게 시작하나요?"

"노래를 준비하면 학생들이 와요."

프란체스카의 말이 옳았다. 학생들이 왔다. 학교는 대통령 호세 에바리스토 우리부루의 아내를 제1후원자로 삼아 3월 1일에 개교했다. 부에노스아이레스 시장 세뇨르 에우오헤가 시청 정원사들을 보내 학교와 성심 제단을 꽃으로 장식해주었다. 가톨릭 클럽 회장도 사람들을 보내 커튼을 달고 카펫을 깔아주었다. 대주교가 미사를 집전했고 총대리 주교가 강론했다. 최고의 공식 인정이었다.

학교의 성공은 개교 첫날 50명이 등록한 데서 확신할 수 있었다. 프란체스카는 새 기관이 안정을 이룰 때까지만 거기 머물 생각이었고, 그렇다는 판단이 들자 곧바로 이탈리아로 떠났다.

프란체스카 카브리니를 보면 늘 경탄스럽다. 미국으로 이주한 이탈리아인을 위한 사업은 충분히 이해할 수 있다. 그런 사업은 프란체스카 같은 사람만이 할 수 있었다. 하지만 스페인어를 쓰는 아르헨티나에, 이어 포르투갈어를 쓰는 브라질에 가서 상류층 학교를 세운 것은 이해하기 쉽지 않다. 어쩌면 이탈리아 수녀 몇 명이 스페인어를 약간 알았거나, 니카라과에서 배웠을지도 모른다. 그렇다 한들 일반 학교, 특히 요구가 까다로운 상류층 여학교 설립은 고난도의 일이었다. 아르헨티나와 브라질 양국에 이탈리아인이 많이 살았고, 그들이 다른 곳으로 이주한 이탈리아인보다 비교적 잘 살았다는 사실만으로는 다 설명할 수 없었다. 학생들은 이탈리아계도 있었지만 대부분은 아니었다. 사실 남아메리카에 학교가 몹시 필요해서 다른 분야에서 뛰어난 역량을 발휘한 이탈리아 수녀들을 교사로서 크게 반겼다는 배경이 있었다.

그렇다고 해도 그 일에는 다른 역량 역시 필요했기에, 프란체스카는 이탈리아로 귀국하는 배의 승객들에게서 스페인에 대해 최대한 많은 정보를 얻었다. 스페인이 보이는 지브롤터 해협을 지날 때는 질문이 더 많아졌다. 그녀는 동승한 스페인 장교들을 편지에 이렇게 표현했다. "그 사람들은 내가 그렇게 모든 것에 관심을 보이니 기뻐

─마더 카브리니

했어요. 나한테는 모든 게 중요하다는 걸 몰랐을 테니까요. 지금 나는 스페인을 생각하고 있어요. 거기 학교를 세우고 싶어요. 좋은 일도 하고 스페인 수녀들도 키우고 싶어서요. 그들은 스페인어를 쓰는 남아메리카 사업에 도움이 될 거예요. 그곳은 많은 도움이 필요해서 걱정이 많이 돼요. 거기 보낼 스페인 수녀가 없거든요." 스페인의 학교는 머지않아 개교했다. 부에노스아이레스의 프란체스카는 무모해 보였지만 실제로는 아주 확실한 계획 아래 움직였다. 이 시기부터 그녀의 시야는 점점 국제적인 규모로 커졌다. 미국에서 중앙아메리카로 이어지고, 중앙아메리카에서 남아메리카로 이어졌으며, 남아메리카에서 필요한 인력을 얻기 위해 다시 유럽으로 돌아갔다.

프란체스카는 거기서 멈추지 않았다. 적어도 욕망과 야심은 끝이 없었다. 지브롤터 해협에서 스페인뿐 아니라 아프리카가 눈에 들어오자 그녀는 뜨겁게 말했다. "사방에 우리 사업이 필요하다는 사실이 괴롭습니다! 필요한 모든 곳에 도움을 주기 전에는 만족할 수 없을 거예요……. 이따금 아프리카와 모로코 서쪽 해변을 보면 그곳에도 가고 싶어집니다. 거기 가서 영혼을 구하고 싶지만 이 일은 내 평생에는 할 수 없어요. 아메리카 대륙에서 할 일이 너무 많아요." 신의 집을 세우고픈 열정이 그녀를 집어삼켰다. 그녀는 일에 한계를 두지 않았다.

부에노스아이레스발 뱃길에는 별일이 없었다. 그때 프란체스카가 쓴 일기 겸 편지에서는 남아메리카에 처음 세운 기관에 대한 설명을 눈여겨볼 만하다. 아르헨티나의 수녀 지망생이 그 길에 동행하고 있다는 사실 역시 알 수 있다. 그들은 몬테비데오와 카나리아 제도에 멈춰서 미사에 참석하고 성체를 모셨다. 프란체스카는 동승한 우리 부루 대통령의 처제에게 이탈리어어도 가르쳤다.

그녀가 '수녀를 지망하는 작은 천사'와 함께 조용한 곳에 가서 기도하려고 해도 사람들이 자꾸 찾아와서 제대로 할 수 없었다. 그 '작은 천사'는 이미 선교의 열정에 불타고 있던 모양이다. 적도 바로 위쪽의 피네도 데 산페드로라는 암초를 지날 때 그녀가 마더 카브리니에게 물었다. "언젠가 저기 가서 선교를 할 기회는 없을까요?"

프란체스카는 대답했다. "있어요. 새들을 개종시키고 싶다면요!" 자신의 농담이 의도보다 약간 공격적으로 들렸을까 싶어 덧붙였다. "물론 우리는 온 세상을 개종시켜야죠. 그리고 자손을 바닷가의 모래알처럼 퍼뜨리고 싶어한 아브라함을 닮고 싶다면 여기서도 할 일이 있을 거예요." 프란체스카는 남아메리카 출신의 작은 천사가 지닌 선교사의 심장에 기뻐했다.

프란체스카는 얼른 머릿속 계획을 실행하러 떠나고 싶었지만 이탈리아는 그녀를 예상보다 오래 붙잡아두었다. 사소한 소송 때문에 다른 유럽 국가의 사업이 전적으로 지연되었다. 그렇게 미루어졌는데도 다른 나라에서 사업하려는 목표를 중도에 포기하지 않은 것 역시 프란체스카가 어떤 사람인지 잘 보여주었다. 일에 대한 열망은 그녀의 큰 특징이었지만 죽은 친구의 기억을 위해서라면 일도 급하지 않았다.

이 일은 조금 더 설명할 필요가 있다. 로디의 젤미니 주교는 프란체스카가 선교수녀회를 처음 만들 때 그들에게 6천 리라를 주면서, 우르술라 수녀회 노수녀 두 명에게 소액의 연금을 주라고 조건을 붙였다. 두 수녀는 이제 죽었고 젤미니 주교도 죽었지만, 우르술라 수녀회가 그 돈은 빌려준 것이니 갚아야 한다고 주장했다. 원래 프란체스카는 소송을 하고 싶지 않아서 돈을 주려고 했으나, 주교가 그런 선택을 바라지 않았을 수도 있다는 생각이 들었다. 선교수녀회와 그 거래의 관계도 마찬가지였다. 주교의 기억을 지키고, 수도회가 작은 비난이라도 받지 않게 하려고 프란체스카는 지금까지 해온 가장 큰 사업 계획이 장기간 미루어지는 상황마저 각오했다. 이런 일에 그녀는 사자 같은 면모가 있었다. 물러설 수 없는 명예와 관련되었기 때문이다.

로디의 종교법원은 프란체스카의 승소를 판결했지만 흔히 그렇듯 항소가 이루어졌다. 결국 6천 리라는 대단치 않은 금액 때문에 2년간 소송이 이어졌고, 1898년 6월 4일에 로마의 주교수사성이 프란체스카의 승리를 최종 확정했다. 소중한 시간을 너무 많이 낭비했으니, 이제 잃어버린 것을 메우기 위해 더 열심히 일할 차례였다.

프란체스카는 소송이 끝나자마자 레오 13세 앞에 무릎을 꿇고 축복과 작별 인사를 받았다. 그녀는 그날 밤 바로 떠날 예정이었다. 이미 특사를 통해서 교황의 축복을 받았고 그의 좋지 않은 건강 상태를 알았기에 접견이 허락될 거라 기대하지 않았다. 하지만 교황은 오후에 전언을 보내서 접견이 가능하다고 알렸다. 그녀는 이 시기에 이미 교황을 서너 번 만났는데, 한번은 교황이 동행 수녀 두 명에게 "마더 카브리니는 진정한 성녀입니다!"라고 말했다. 기차 시간이 얼마 남지 않았지만 프란체스카는 기쁘게 바티칸으로 달려갔다.

교황과 나눈 30분의 접견 동안 그는 수도회에 대해, 그녀의 계획에 대해 많은 질문을 했다. 노교황―그는 이제 88세였다―은 아마도 누구보다 프란체스카를 잘 이해한 사람이었을 것이다. 그랬기에 자신이 미국으로 보냈지만 그녀를 한 나라에 국한할 수 없음을 잘 알았다.

그는 프란체스카의 건강이 좋지 않은 것을 알아차렸다. "어떻게 그렇게 많은 일을 하나요? 나는 수녀님보다 나이가 훨씬 많지만 건강은 내가 더 좋은 것 같습니다. 하지만 나는 수녀님만큼 일할 수 없어요."

프란체스카는 웃어 보였다. "저는 성하의 영적 딸입니다. 그것이 제게 정신적 힘을 줍니다. 저를 예수성심 선교사로 만들어주신 예수님을 섬기는 일로는 건강을 잃지 않을 것입니다."

헤어질 때 그는 그녀의 머리에 손을 얹고 축복했을 뿐 아니라 거기서 더 나아가 두 손으로 머리를 잡고 말했다. "나를 위해 기도해줘요, 카브리니. 수녀들에게도 그렇게 부탁해줘요. 요즘 나는 매우 슬퍼요."

프란체스카는 진심으로 그러겠다고 했고 그는 그녀를 다시 축복했다. 그녀는 그 축복의 힘으로 어떤 일도 감당할 수 있다고 느꼈다. "성하께서 말씀하셨어요! 하느님이 그분을 통해 말씀하셨어요. 저는 어디든 두려움 없이 갈 거예요. 성하의 축복이 얼마나 강력한지!"

3주 후 그녀는 파리에 있었다. 7년 전부터 시설을 세우려고 꿈꾸던 곳이었다.

유럽에 성심을 심다

교황의 축복도 별 도움이 되지 않는 파리의 기차역에는 얼마 전 뉴올리언스 대주교로 임명되었지만 프란체스카가 그때까지 만난 적 없던 샤펠 대주교가 나와 있었다. 그는 교황이 마더 카브리니를 아느냐고 묻고 꼭 만나보라고 말해서 마중을 나왔다. 하지만 그는 파리에서는 실권이 없었고, 실권을 지닌 사람들은 처음에는 아주 비협조적이었다.

대주교인 리샤르 추기경은 부재중이었고, 총대리 주교인 토마 몬시뇰은 기관 설립을 허가해주지 않았다. 프란체스카는 추기경이 돌아올 때까지 기다려야 했다.

"하지만 몬시뇰 님, 저는 기다릴 수 없습니다." 프란체스카가 말했다. "저는 런던에 들렀다가 11월에 미국에 돌아가야 해요. 시간이 없습니다."

"수녀님한테 시간이 없는 건 알겠습니다." 그가 대꾸했다. "하지만 이런 일은 서두르면 안 됩니다. 추기경님이 돌아오실 때까지 기다리세요. 저는 수녀님께 허가를 해드릴 수 없습니다."

그러는 사이 프란체스카 일행—프랜시스라는 이름의 젊은 아일랜드 수녀가 동행했다—은 드미에 부인의 집에서 지냈다. 부인의 여동생이 그라나다에서 이동한 수녀들이 세운 파나마의 학교에 다닌다는 접점이 있었다. 그런데 부인은 건강이 좋지 않아서 좀처럼 보기가 어려웠다. 식사 때가 되면 이따금 자리에 함께했지만 그럴 때도 식사는 하지 않았다. 궁궐 같은 집에 둘이서만 지내면서 추기경이 돌아오기만을 기다리자니 이 집에도 수녀원을 만들 수 있을 것만 같았다. 하지만 그들의 체류는 부인에게 도움이 되었다. 서너 주가 지나자 부인은 몇 년 동안 게을리하던 종교 생활을 재개했는데 그런 뒤 갑자기 세상을 떠났기 때문이다.

프란체스카는 이제 지낼 데가 없어졌고 파리에 수녀원을 세울 허가도 받지 못했다. 하지만 드미에 부인이 큰 유산을 물려주어서―종교 시설에는 적절하지 않은 수준이었다―그 돈으로 개선문과 트로카데로 광장 사이에 있는 뒤몽 뒤르빌 로 20번지에 여성을 위한 기숙학교를 세우기로 했다.

그것은 절박한 필요에 의한 임시방편이었을 뿐 프란체스카가 원하는 바와는 달랐다. 그녀에게 이것은 일시적인 해결책일 뿐이었다. 프랑스인 수녀를 구하는 한 가지 목적을 위해서라도 어떻게든 파리에 근거지를 마련하고 싶었다. 프랑스 수녀는 수도회의 학교에 소중한 자원이 될 터였다.

총대리 주교는 이 선택도 크게 문제 삼았다. 프란체스카가 파리의 교황 대사에게 람폴라 추기경의 추천서를 제출했을 때 대사는 안타깝지만 총대리 주교의 뜻을 거스를 수는 없다고 대답했다. 대신 학교를 개인 자격으로 운영할 것을 제안했지만 프란체스카가 거절했다.

―마더 카브리니

"그건 안 됩니다. 저희는 종교인이고 종교인으로 살고자 합니다." 할 수 있는 일은 모든 것을 리비에라로 휴가를 떠난 리샤르 추기경에게 맡기는 것뿐이었다. 9월 8일, 추기경은 생피에르 드샤요 교구에 시설을 지을 수 있다고 답장했다. 그 교구는 마침 기숙 여학교 부지인 뒤몽 뒤르빌 로가 있는 곳이었다.

그 뒤로는 모든 일이 일사천리였다. 9월 29일에 이탈리아에서 수녀 일곱 명이 파리로 왔고 학교가 문을 열었다. 그곳이 상류층 여성들에게는 적절했지만 수녀원으로는 너무 화려한 공간이라는 점이 유일한 문제였다. 특히 사방의 금박 거울은 당혹스러웠다. 그들은 거울이 쓸데없이 자신들을 여러 명으로 만든다고 말했고, 수녀들이 사용하는 공간에 있는 거울을 천으로 덮었다. 이후 수녀들은 하인 구역을 사용했고 마차 보관소를 식당으로 개조했다. 관리실은 회합실이 되었다.

하지만 이런 호사로움은 그들이 원하는 여성들을 유치하는 데 유용했다. 10월 1일에 학비를 내는 첫 학생이 학교에 입주했다. 프란체스카는 편지에서 스포티스우드 메이킨 백작 부인을 '서글서글하고 너그러운 인품의 미국 부인'이라고 소개했다. 메이킨 백작 부인은 이 수녀원 기숙학교를 상류층 친구들에게 소개했고, 전 나폴리 여왕, 되 백작 부인, 방돔 공작 부인, 스페인 왕녀 에울라이아 등의 후원으로 음악회도 열었디. 그리고 신교수녀회는 이때 접족한 에울라이아 왕녀의 초대를 받아서 다음 해에 스페인에 갔다. 프란체스카가 파리에 원치 않는 학교를 설립하는 피치 못할 상황이 아니었다면 이런 일은 없었을 것이다. 이제는 마리아 크리스티나 여왕의 후원 아래 마드리드에 갈 수 있었다.

　이제 안도의 한숨을 쉬며 이런 화려한 모습과 고귀한 이름에서 눈을 돌려 단순한 아름다움을 살펴볼 때다. 프란체스카는 어느 날 튀일리 정원을 산책하다 벤치에 앉았다. 그 순간 인근 나무에 있던 새 한 무리가 내려와서 그녀를 둘러쌌다. 발치에도, 어깨에도, 무릎에도 앉았다. 프란체스카는 사방의 새들을 성 프란치스코처럼 쓰다듬었다. 그야말로 〈피오레티〉[성 프란치스코의 생애와 관련된 전설 모음집.]의 한 장면 같았다.

　프란체스카는 늘 새에게 각별한 애정이 있었다. 웨스트파크에서 과일나무의 열매를 딸 때도 언제나 한 그루는 새들에게 남겨두었다. 새들은 이제 프란체스카 옆에서 그녀가 친구임을 알아본다고 알려주는 것만 같았다. 프란체스카는 새들이 자신에게 메시지를 준다고 자주 상상했다. 예를 들어 파나마에서 새들을 보고 선교수녀회가 구원할 영혼을 상징한다고 생각하기도 했다. 이번에는 새들이 뇌이쉬르센에 세울 고아원을 가리킨다고 보았다. 개선문 인근의 고급 학교는 그곳으로 가기 위한 징검다리에 불과했다.

　프란체스카는 영국에 머무르는 열흘 사이 이 나라에 푹 빠졌다.

　프란체스카, 그리고 동행한 젊은 아일랜드 수녀 프랜시스는 새벽에 런던의 빅토리아역에 도착하자 먼저 팜 스트리트의 예수회 교회에 가서 영성체를 하고 원장 수사에게 소개장을 주었다. 그는 수녀들이 지낼 수녀원을 찾아주려고 했지만, 그러기 전에 프란체스카의 피로한 다리가—아무리 베들레헴의 마리아와 요셉을 생각하며 버티려고 해도—감당하지 못하고 무너졌다. 그래서 그녀는 이후 추기경이자 웨스트민스터 주교가 되는 본 주교에게 가려고 마차를 탔다. 그는 당시 서더크에 있었다. 그들은 런던이 얼마나 큰지 몰랐기에 오후 2시에야 본 주교의 거처에 도착했다. 출타한 본 주교를 기다리다가 시간이 늦어지자 비서가 그들이 묵을 곳을 찾아주었다.

프란체스카는 너무 피곤해서 당장 눕고 싶었다. 하지만 그들을 맞은 선량한 수녀들은 프란체스카가 교황과 가까운 사이라는 사실을 알고 로마와 교황 이야기를 듣고 싶어했고, 이야기하다보니 저녁 시간이 다 되었다. 마침내 잠자리에 들었을 때는 과도한 피로 때문에 오히려 잠이 오지 않았다.

이 영국 수녀들은 친절했지만 약간 눈치가 없었고, 프란체스카가 오전 미사에 불참하자 아픈 모양이라고 짐작했다. 한 수녀는 프란체스카의 방에 와서 블라인드를 걷고 "잠자는 아기 같아요!" 하고 소리쳤다.

프란체스카는 그 칭찬에 감사를 표했지만 영성체는 좀 더 쉬었다가 하겠다고 했다. "그런 다음 근처 성당의 미사에 참석하고 싶어요." 애써 미사까지는 참석했지만 너무 피곤했던 나머지 하루 종일 그 이상 아무것도 하지 못했다.

시작이 이랬으니 영국이 프란체스카에게 나쁜 인상을 주었으리라고 생각하기 쉽다. 더욱이 프란체스카 일행은 순환선의 개념을 몰라서 지하철에서 길을 잃기도 했다. 하지만 오히려 이런 사고를 겪으며 영국인들이 얼마나 예의 바르고 친절한지 경험했다. 그녀가 길을 물으면 사람들이 가방과 우산을 들어주겠다고 했고, 동행해드리지 못해 죄송하다고 했다. "다른 나라는 고귀함과 정중함을 말하지만 런던에서는 그걸 실천합니다!" "나는 그들의 정중함에 놀랐고 속으로 영국의 축복을 빌었습니다. 나는 이 나라를 '천사의 나라'라고 부르고 싶습니다." 같은 편지에 이렇게도 썼다.

하지만 프란체스카가 영국에 간 이유는 영국인들과 친분을 쌓기 위해서가 아니었다. 그것은 고아원, 특히 이탈리아 아이들을 위한 고아원을 세우기 위해서였고, 그리고 우선 그 가능성을 탐색하기 위함이었다. 이 계획은 몇 년 뒤에야 실행되었지만 이때부터 늘 프란체스카의 머릿속에 있었다. 본 주교를 찾아갔던 이유도 그의 관구에 터를 잡고 싶어서였다.

이탈리아 고아원을 생각하며 다니던 중 프란체스카와 프랜시스 수녀는 소호의 이탈리아 식당 골목에 들어갔다. 프랜시스 수녀는 맛있는 밀라노 빵에 감탄했다. 프란체스카에게 그 빵은 영혼의 빵이었다. 기쁘게도 이 동포들에게는 신앙이 살아 있었기에 그들의 타향살이는 미국에 간 이들처럼 절망적이지 않았다. 그녀는 이 멋진 나라가 추수철에 황금 들판으로 변한 모습을 상상했다. 영국에 꼭 다시 와야 한단 기분이 들었다.

14장

성인의 영혼

만일 성인이 화를 낸다면 그것은 사람들이 그를 성인이라고 지칭했을 때다.

그는 신과 자신의 긴밀한 관계를 알 수도 있지만 아무리 가까워도 거기 만족하지 않는다. 이 생에서는 이룰 수 없는 더 큰 완전함이 언제나 저 앞에서 그를 기다리고 있다. 성인은 한순간이라도 자신이 성인이라고 생각하지 않는다. 때로 그렇게 되기를 바랄 뿐이다.

이는 누구보다 프란체스카 카브리니에게 꼭 들어맞는 사실이었다. 누가 프란체스키의 지인에게 "그분이 성인인 걸 아셨습니까?" 하고 물으면 몇몇은 아주 솔직하게 대답할 것이다. "아뇨, 전혀 몰랐어요. 물론 정말로 훌륭한 분, 친절한 분이라는 건 알았습니다. 하지만 성인이라고는 생각하지 않았어요." 프란체스카는 그 대답에 만족했을 사람이다. 그녀는 항상 평범하게 보이기 위해 애를 썼다.

게다가 자신은 프란체스카가 성인인 걸 알았다고 대답하는 사람들도 그 뒤에 벌어진 일들 때문에 무의식적으로 그렇게 말했을지도 모른다. 하지만 소수의 사람들에게는 그녀가 성인임을 알아차리는 영적 통찰력이 있었다. 그들은 프란체스카에게서 신성함의 징표를 찾아내려 유심히 관찰했지만 그녀는 보호막을 내리는 일이 없었다. 그런 관찰만으로도 그들은 확증을 얻었다. 프란체스카는 자신의 내면생활을 신중하게 감추고, 사람들이 눈치채는 일을 막으려 했다. 그녀는 사람들이 자신의 신성을 알아채지 못하도록 일부러 약간 호들갑스럽게 행동했다. 성당에서 고아들의 베일을 고쳐 씌워주는 것 같은 일 말이다. 하지만 아무리 애를 써도 자기 얼굴을 숨길 수는 없었다. 기도하려고 무릎을 꿇으면 프란체스카의 얼굴은 안쪽에 불을 밝힌 반투명한 석고 램프처럼 환했다. 그 모습은 마치 황홀경에 빠져든 것 같았다. 그 옆에 무릎을 꿇고 앉아서 프란체스카에게 뭐라고 속삭이던 수녀는 그녀가 자신의 말을 못 들었다는 걸 깨닫고 나중에 사람들에게 이 이야기를 전했다. 이후 그 수녀는 다시는 프란체스카 옆에서 기도할 수 없었다.

코도뇨 시절부터 기적이라고 할 수밖에 없는 일들이 여러 차례 일어났다. 프란체스카가 아무리 "제대로 안 찾아봐서 그래요."라고 말해도 조금 전까지 아무것도 없던 곳에 음식과 돈이 나타난 일을 당연히 여길 수는 없었다.

웨스트파크의 와인 담당 수녀가 와인 세 통이 다 쉬었다는 소식을 전했을 때였다. 프란체스카는 이런 해결책을 내놓았다. "방법을 알려 줄게요. 쌀을 조금 가져다가 볶아요. 그런 뒤 볶은 쌀을 세 부분으로 똑같이 나누어서 주머니에 넣어요. 그걸 술통마다 하나씩 넣어요."

이런 방식으로 식초가 된 와인을 되살릴 수 있을까 의아했지만 수녀는 지시에 따랐다. 그리고 두어 주가 지나자 그 수녀가 다시 와서 들뜬 목소리로 소리쳤다. "원장 수녀님! 와인이 다시 멀쩡해졌어요."

"봐요! 명령에 순종하니까 하느님이 기적을 내려주셨어요." 무심해 보이는 설명도 과연 그게 전부일까 하는 의문을 없애주지는 못했다. 그들의 원장 수녀가 설명할 수 없는 일을 일으켰다.

신앙, 소박함, 겸손, 순명. 프란체스카는 이를 영적 능력의 근원으로 믿었다. 그녀는 수녀들에게 끊임없이 필요한 고행은 규칙을 완벽하게 지키는 것뿐이라고 말했다. 그를 통해서 모두 성인이 될 수 있다고. 아무도 요청하지 않은 특별한 행동을 하는 게 아니라 평범한 임무를 전심전력으로 하는 것, 그것이 그들의 길이었다. 원장 수녀가 되고 얼마 지나지 않은 1891년의 피정 이후 프란체스카는 자신이 굳게 마음먹지 않은 어떤 일도 수녀들에게 시키지 않게 해달라는 기도문을 적었다.

프란체스카 자신의 순명은 너무도 완전했다. 생애 말기에 죄 사함을 받으려고 고해성사에 갔을 때 사제가 지난 인생에서 저지른 불순종의 죄를 고백하라고 했다. "하지만 신부님, 저는 불순종한 적이 한 번도 없어서 불순종의 죄를 고백할 수 없어요!" 시복 과정에서 '악마의 변호인'은 이 일을 지적하려고 했지만 그 주장은 효과가 없었다. 프란체스카의 말은 진실이었고 진실을 말하지 않을 수는 없었다.

순명. 그녀는 진정한 선교사는 "나에게 어떤 의무가 주어질까? 어디로 가게 될까?"를 묻지 않고 모든 것을 순명하는 마음으로 받아들여야 한다고 말했다. 총원장이 되는 일도, 교실에서 학생들을 가르치는 일도, 계단을 청소하는 일도 상관없었다. 수녀들은 언제나 "언덕에 가서 기도하라고 보내도, 도시의 수녀원장으로 보내도, 시골 오지에 보내도 저는 오직 하느님의 의지를 실행하고 그분의 명령에 봉사하기만을 원합니다." 하고 말하는 것이 옳다고.

프란체스카의 수도회 일은 고된 노동이 많았다. 하지만 그렇기 때문에 그들은 기도에 몰두했다. 물론 이것은 대개 단순하고 공적인 기도, 바쁜 사람들을 위한 기도였다. 프란체스카 자신도 가톨릭 신자들이 흔히 하는 그런 기도를 했다. 외적인 기도가 그랬다는 이야기다. 신과 나누는 신비한 교유에 대해서는 아무것도 말하지 않았기 때문이다. 무엇보다 그녀에게는 예수성심에 대한 신심이 있었다. 아기 예수에 대해서도 특별한 애정이 있었고, 성모와 성 요셉에 대한 사랑도 있었다. 마리아에 대한 사랑이 너무 커서 '로레토의 성모 기도'의 한 줄을 인용했다가 멈추지 못하고 끝까지 읊은 적도 있다.

다윗의 탑 Turris Davidica,

상아의 탑 Turris eburnea,

황금의 집 Domus aurea,

프란체스카는 눈을 반짝이며 기도문 전체를 읊었다. 입술은 움직이지만 소리는 거의 들리지 않았다.

그녀는 수도회의 수호성인인 살레시오의 성 프란치스코, 성 프란치스코 하비에르, 성 마르가리타 마리아에게도 신앙을 바쳤다. 가톨릭 신자들은 대개 자신만의 특별한 성인, 천국의 특별한 친구가 있었기에 평범한 일이었다. 프란체스카가 연옥의 영혼들에게 기도를 바친 것 역시 당연히 여겨지는 일이었다.

프란체스카가 성인의 유물을 좋아했다는 것도 그다지 특별하지 않다. 물론 그런 유물을 42개나 가지고 다니는 건 특이했다. 그녀는 그것을 '십자군'이라고 불렀다. 유물은 항상 소지했지만 기도서는 휴대하지 않고 가까이 있는 기도서를 사용했다. 늘 이동하며 산 탓에 정기적으로 만나는 영적 지도자가 없었지만, 필요할 때마다 가까이 있는 사제에게 고해했다. 산탄젤로의 어린 시절에는 돈 바사노가 프란체스카에게 이렇게 조언했다. "예수님께 그 말씀을 드리렴." 프란체스카는 평생토록 그렇게 했다. 한 편지에 이런 내용을 썼다. "우리 영혼은 사랑하는 그분을 자기 바깥에서 찾을 필요가 없습니다. 그분은 당신의 옥좌와 거처에 있는 듯이 우리 안에 기거합니다." 이것은 진정한 신비주의자의 목소리다. 물론 프란체스카의 신비주의는 매우 현실적이었다. 그녀는 기도에서 즉시 행동으로 옮겨갔다.

오롯한 순명으로

프란체스카는 솔직했고—"내 속을 보고 싶은 사람은 물컵에 비친 자기 모습을 보면" 된다고 말하곤 했다—, 진솔한 태도를 좋아했으며 가식, 특히 신앙인들에게 흔한 종류의 가식을 싫어했다. 교활하고 회피적인 기질은 견디지 못했지만 활기찬 기질의 과하다시피 넘치는 에너지는 용인해주었다. 그런 활발한 사람들의 내면에 좋은 것이 많다고 여겼다. 또한 수녀들에게 눈길은 낮추어도 고개는 꼿꼿이 하기를 원했다. 묵주 기도도 안 하면서 묵주를 들고 있는 모습을 싫어했다. 불평불만은 어떤 것이든, 날씨에 대한 불평조차 싫어했다. 낙심은 영혼의 큰 적이었다. 프란체스카는 수녀들이 자신의 '십자가' 운운하는 말을 참지 못했다. 종교인이 해야 할 일이 바로 그리스도의 십자가를 지고 기뻐하는 것 아닌가? 이런 생각을 전할 때도 분명하되 부드럽게 말했다. 그런 부드러움이 메시지를 더욱 효과적으로 만들었다.

물론 부드럽다고 무르지는 않았다. '강건하고 활기차고 확고하고 군세게', 이것이 프란체스카가 요구한 영성의 성격이었다. 그녀는 명령하기보다 요청하는 방식으로 순종을 이끌어냈다. 프란체스카는 큰 집단을 이끌었지만 총원장이라는 직책으로 불리는 것을 달가워하지 않았다. 한번은 그녀가 병에 걸려서 다른 수녀가 프란체스카의 이름으로 비오 10세 교황에게 편지를 썼다. 그 편지에 '제가 수장으로 있는 이 수녀회'라는 표현이 나오자 병도 잊고 일어나 강하게 거부했다. "안 돼요. '수장'이라는 말은 쓰지 말아요!" 결국 다른 수녀는

— 마더 카브리니

'수장'이라는 단어를 빼고 편지를 다시 써야 했다.

프란체스카는 여흥 시간에는 어린 수녀들과 동등한 위치가 되었다. 수줍어하거나 외톨이인 수녀가 있으면 부드럽게 대화를 시도했다. 프란체스카가 사람들 속에서 그렇게 빛난 이유는 좋은 말벗이자 활기차고 친절한 이야기꾼이었기 때문이다. 카드놀이 실력은 형편없어서 상대가 일부러 져주지 않는 한 이긴 적이 없었지만, 카드놀이를 계속했고 다른 이들에게도 참여를 독려했다. "하지만 원장 수녀님, 그 게임 하는 법을 잊었어요." 한 수녀가 말하자 프란체스카가 카드를 섞으며 "나도 그래요."라고 대답했다. 성인이 자신이 받은 카드 패를 바라보는 모습은 얼마나 흥미로웠을까?

여흥 시간에 다과가 있으면 업무 때문에 참여하지 못한 수녀들이 소외되지 않도록 그들 몫의 다과를 따로 남겨놓았다. 프란체스카는 수녀들이 이런 시간을 아이처럼 즐기기를 바랐다.

프란체스카는 수녀들 한 명 한 명과 친밀했고—편지만을 통한 관계라고 해도—, 그들은 모두 그녀를 총원장뿐 아니라 영혼의 어머니로 여겼다. 특이하게도 프란체스카는 수녀 명단을 작성하지 않았고—그녀가 죽을 무렵 그 수는 1,500명에서 2,000명 사이였다—, 소속 시설이 몇 군데인지도 잘 몰랐다. 머릿속에 그 시설들에 무슨 일이 필요한지 늘 생각하고 있었는데도 그랬다. 이 위대한 조직가에게 냉정한 통계 전문가의 면모는 없었다. 실제로 프란체스카는 수녀들이 자신이 원하는 곳에 가져다놓을 수 있는 체스 말과 같다고 표현했지만 훈련과 규율을 강제하지는 않았다. 그늘을 다스리는 수단은 사랑이었고, 예의범절이 신성함의 요소라고 말했다.

프란체스카는 깊은 배려심으로 성가시게 구는 사람들을 잘 참았다. 아르헨티나에 있던 어느 날, 열다섯 살짜리 하녀가 여주인의 메시지를 가져왔다가 두 시간 동안 쉬지 않고 수다를 떨었는데, 프란체스카는 제지하지 않고 가만히 있었다. 하녀가 떠나자 옆에 있던 다른 수녀가 물었다. "어떻게 그걸 그렇게 오래 참으셨어요?" 그러자 프란체스카는 미소 지었다. "아이가 즐거워하잖아요. 그 기쁨을 빼앗고 싶지 않았어요. 지위가 높은 사람이었으면 바로 그만두라고 했겠지만 이 하녀에게는 그럴 수 없었어요."

프란체스카의 유머 감각은 때로 변덕스러운 듯한 인상을 주었다. 이때도 유머에 실용성을 더했다. 한번은 그녀가 한 젊은 수녀에게 웨스트파크 잔디밭에 잔디 씨를 뿌리게 시켰다. 그러더니 다음 날 정원 담당 다른 수녀에게 잔디가 벌써 올라오는지 보고 오라고 했다. 정원사 수녀가 "네, 원장 수녀님, 바로 알아보겠습니다." 하고 대답하자 프란체스카는 기뻐했다. 그 수녀가 순종하는지 항변하는지를 보려고 했던 것이다. 이런 점에서 그녀는 변덕스러운 성 필리포 네리[St. Philip Neri, '로마의 사도'라 불리는 16세기 가톨릭 성인.— 편집자 주]와도 비슷했다.

어느 소속 수녀원의 원장이 찾아온 날이었다. 프란체스카는 그녀에게 다음 날 지체 높은 귀부인이 방문하니 하루 더 머물며 손님 접대를 도와야 한다고 말했다.

"하지만 원장 수녀님, 저는 영어를 잘 못해요. 다른 사람을 부르시는 게 낫지 않을까요?"

"괜찮아요. 그분이 이탈리아어를 잘하시니까요."

그날 밤 그 원장 수녀는 불안함에 잠을 이루지 못했다. 큰 행사에 익숙하지 않기 때문이다. 하지만 이튿날 그 손님을 보자 안도하며 혼잣말을 했다. "아무것도 아닌 일로 걱정했구나! 나도 잘 아는 부인이었어."

프란체스카가 웃었다. "저분이 아니에요. 그분은 응접실에 계시니 준비하세요."

그런 뒤 수녀가 전부 모이자 마더 카브리니와 방문한 귀부인이 그들을 이끌고 안으로 들어갔다. 거기에는 새로 도착한 성모상이 있었다. 프란체스카는 그렇게 기대감을 끌어올린 일에 흡족해서 장난꾸러기 아이처럼 박수를 치며 웃었다.[3]

이런 일들은 장난스러운 일면을 보여줄 뿐이지만, 성인은 엄숙한 데서 더 나아가 무섭기까지 한 존재라는 대중의 이미지를 고치기 위해서라면 기록해둘 만하다. 고귀한 미덕의 실천을 매우 어려운 일로 여기고, 고귀함에 가벼움과 유쾌함과 자유 감각도 함께한다는 것을 모르는 사람들이 그런 착각을 한다. 하지만 프란체스카의 유머에는 목적이 있었다. 그녀의 수녀들처럼 열심히 일하는 사람들은 중간중간 긴장을 풀 필요가 있었고, 프란체스카는 이런 식으로 긴장을 덜어

---

[3] 익명 저작인 《수녀의 삶》에는 이 사건이 세라티 몬시뇰의 사건으로 적혀 있다. 이것을 프란체스카와 연결하는 것은 선교수녀회 수녀들의 글을 모은 원고다. 두 사건이 다 일어났을지도 수도 있고, 프란체스카가 오랜 세월 후에 몬시뇰의 장난을 따라 했을시노 모른다.

주려고 했다. 대부분 계획한 행동이라기보다는 자연스럽게 터져 나오는 유머였다.

무엇보다 일 바깥의 가장 큰 위안은 기도, 그리고 더 많은 기도였다. 프란체스카는 결심을 적어두는 수첩—〈계획〉—에 썼다. "외적인 것에만 열중하면 그것이 아무리 좋고 신성할지라도 나는 활력과 의욕을 잃고, 어쩌면 나 자신도 잃을 수 있다. 또는 사랑하는 예수님의 심장 안에서…… 기도라는 포근한 잠을 누리지 못한다면. 아, 예수님, 제게 이 신비로운 잠을 넉넉히 주소서." 마리아가 예수의 발치에 앉아 있을 수 있던 이유는 마르타가 마리아 몫까지 집안일을 해서라고 냉소하는 사람들도 있지만, 프란체스카의 경우는 오히려 묵상하는 마리아가 마르타에게 힘을 주었다. 자신과 수녀들의 폭넓은 활동은 영적 지탱 없이 불가능하다는 본질을 프란체스카는 알았다.

그녀는 책을 읽을 여유가 거의 없었다. 물론 적시, 적소에 쓴 많은 인용문을 보면 읽은 것을 잘 기억하고 적용했음을 알 수 있다. 인용한 문구는 대부분 성경이나 종교 서적 구절이다. 그녀는 학생이 아니라 실천가였다. 해야 할 일이 있었기에 묵상에 전념하는 삶에 대한 열망을 유혹처럼 물리쳐야 했다. 어느 날은 한 수녀에게 이렇게 털어놓았다. "내 깊은 욕망을 따른다면 웨스트파크에 가서 모든 번잡함을 잊고 수도회를 위해 아름다운 일을 하고 싶어요. 하지만 주님이 당분간은 그런 일을 원치 않으시니 고독을 외면하고 수녀회의 일을 해야 해요. 이렇게 저는 거리에서도, 기차에서도, 배 위에서도 하느님의 뜻을 실행합니다. 어디에 있어도 수녀원에서 묵상하는 것처럼 느낍니다."

일은 수녀들에게도 최고의 특효약이었다. 프란체스카가 수녀원에 갔을 때 수녀들에게 낙심이나 우울의 기미가 보이면 무슨 일이냐고 묻지 않고 즉시 일을 시켜서 다른 것을 잊게 만들었다. 그것은 마법처럼 통해서 며칠 지나면 모두 웃는 얼굴이 되었다.

프란체스카는 평온함과 유쾌함을 잃는 법이 없었다. "어려움이라는 건 아이들을 겁주는 허수아비와 같아요." 그녀는 부드럽게 질책했다. 혼란스러운 상황에서도 당황하거나 서두르지 않았다. 무슨 일을 하건 깊은 평화를 발산했다.

수녀들 중에 프란체스카에게 그녀가 겪는 어려움에 대한 이야기를 들은 사람은 아무도 없었다. 그런 시련을 기쁜 일로 여겨야 한다는 것이 프란체스카의 원칙이었다. 걱정은 자주 했지만—아니 걱정해야 할 때가 많았지만—겉으로 드러내지는 않았다. 실제로 시련을 겪을 때면 평소보다 더 유쾌한 모습을 보였다. 이런 유쾌함은 가면이 아니었다. 그때마다 신에게 훨씬 가까이 다가갔기 때문에 그녀는 정말 즐거워했다. 시련이 다가오면 신에게 감사하고, 곧 축복이 있을 신호로 여겼다.

프란체스카는 적을 친구로 여겨야 한다고 자주 말했는데 이는 개인적 경험에 토대한 이야기였다. 그녀 자신이 안토니아 본디니라는 괴팍한 여자 밑에서 수녀 생활을 시작하지 않았나? 아무런 희망이 없어 보이던 그 암흑기가 섭리의 시간이었다. 그래서 어려움에 부딪히면 신을 더욱 믿어야 할 기회라고 말했다.

프란체스카는 악의적인 일을 당해도 쉽게 용서했다. 수도회 창립 직후 코도뇨에서 누가 1년 치 장작을 보관한 창고에 불을 질렀다. 그녀는 누가 범인인지 알면서도 경찰에 신고하지 않았다. 오히려 그가 몇 달 후에 죽자 수녀들에게 그의 영혼을 위해 기도하라고 했다. 그에게 간절히 필요한 기도였을 것이다.

하지만 필요할 때는 조용한 공격성을 발휘했다. 그녀와 함께 미국에 가기로 한 수녀가 제노바 항구에서 배웅하러 나온 부모와 인사하면서 자신이 대단한 희생을 한다고 떠벌렸다. 프란체스카는 이런 우쭐한 자기 연민을 참고 들었지만 결국 선을 넘자 단호히 잘라냈다. "수녀님, 하느님은 수녀님의 그런 엄청난 희생을 원하지 않으십니다. 이 일은 희생이 아니라 기쁘게 맞아야 하는 일이에요. 그러니 이탈리아에 남으세요." 선실에 이미 자리가 예약되어 있었지만 그 수녀는 떠나지 못했다. 이 일은 그 수녀뿐 아니라 모두에게 교훈이 되었다. 하지만 선교 사업에 선택된 수녀들 대다수는 자신이 특별한 혜택을 받았다고 생각했다. 그들은 많은 어려움을 예견하면서도 그 일을 특권으로 받아들였다.

신성은 특별한 심리적 통찰―영적 분별력―을 준다고 한다. 수녀들은 마더 카브리니가 이상하게 자신들의 비밀을 잘 안다는 느낌을 자주 받았다. 대체로 위안이 되었지만 가끔 당혹스러워하는 수녀도 있었다. 한 번은 다른 수녀들과 함께 성당에서 양심 성찰을 하던 한 젊은 수녀가 그런 신호를 받고 두려움을 느꼈다. 그동안 규칙을 잘 지키지 않았기 때문이다. 그래서 마더 카브리니가 떠난 다음에 성당을 나서려고 했는데 마더 카브리니는 움직이지 않았다. 겁먹은 수녀가 기도를 더 하고 싶은 것처럼 신도석 앞줄로, 이어 제단 난간 앞까지 갔는데도 마더 카브리니는 움직이지 않았다. 수녀는 마침내 성물실로 들어가서 옆문으로 달아나려고 했다. 하지만 그녀가 복도 끝에 이르자 마더 카브리니가 거기 서서 기다리고 있었다.

"왜 나에게서 도망치려고 하나요?"

수녀는 울음이 터질 지경이 되어 고개를 숙이고 아무 말도 하지 않았다.

마더 카브리니는 다정하고도 엄격한 눈길로 바라보며 부드럽게 말했다. "성실한 신앙생활을 하면 원장 수녀를 두려워할 필요가 없어요." 그 이상은 말할 필요가 없었다.

이런 능력은 수녀들보다 프란체스카 자신에게 더 난감했다. 실제로 그녀는 이 능력이 너무 힘드니 거두어가 달라고 기도할 정도였다. 프란체스카는 자기 영혼을 드러내고 싶어하지 않는 만큼 남의 영혼도 들여다보고 싶지 않았다.

평범한 심리적 추론과 초자연적 통찰의 경계선은 영원한 수수께끼다. 이에 대한 가장 무난한 대답은 영적 생활이 심리적 지각 능력을 높여준다는 것이다. 하지만 그것은 때로 예언과도 같은 수준까지 올라간다. 마더 카브리니가 미국에서 만난 체스놀라 백작 부인의 딸 가브리엘라는 이름 증언했다. 그녀가 수녀원 입회를 원하자 프란체스카는 서로 맞지 않을 것 같다고 하면서도 어쨌건 시도는 허락했다. 가브리엘라에게는 그밖에도 프란체스카가 비범할 만큼 예민한 감수성이 지녔다고 믿을 여러 이유가 있었다. 그들은 어느 날 뉴욕에서 어느 건물을 가톨릭교회로 착각하고 함께 기도하려고 그 안에 들어갔다. 그것은 고교회[성공회 안에서 성사적 신앙과 전례를 중시하는 교회 내 사상적 흐름. ― 편집자 주] 성당이었지만 겉모습이 가톨릭교회 같았고 제단 위에 감실도 있었다. 하지만 안에 들어가자마자 마더 카브리니가 소리쳤다. "여긴 성체가 없어요!" 그들은 다시 나가다가 문 앞에서 교회지기를 보고 물었다. "여기는 가톨릭교회인가요?" 그러자 교회지기가 대답했다. "네, 가톨릭교회예요. 하지만 로마 가톨릭교회는 아닙니다."

이런 사건은 또 있었다. 1900년에 젊은 여자 두 명이 프란체스카를 보러 왔다. 한 명은 성심수녀회에 입회하고자 했고, 다른 한 명은 설리번 스트리트에 세인트앤서니 교구 학교를 운영하는 프란치스코회 수녀회에 들어갈 예정이었다. 그런데 선교수녀회에 들어오고 싶어 한 여자가 잠깐이지만 마더 카브리니를 불쾌한 상황으로 끌고 갔다. 프란체스카는 곧 다른 여자에게 가서 말했다. "친구분은 소명이 없지만 당신에게는 있어요."

그 여자가 대답했다. "네, 저는 프란치스코회에 입회하기로 되어 있습니다."

마더 카브리니가 고개를 저었다. "아뇨. 당신은 선교수녀회에 들어와야 해요." 결국 그 여자는 선교수녀회의 일원이 되었다. 또 한번은 프란체스카가 안뜰을 지나가는 낯선 젊은 여자를 보고 말했다. "저분은 우리 수녀회에 들어올 거예요." 그때 그 여자는 어떤 수녀원에도 들어갈 생각이 없었지만, 오랜 세월 후에 부에노스아이레스의 원장 수녀가 되어 그 말을 증명했다.

프란체스카가 직감으로 동료를 놀라게 한 일도 많다. 한 수녀가 내적 문제로 고민하다가 신부에게 고해했더니 마더 카브리니에게 이야기해보라는 조언이 돌아왔다. 수녀가 마지못해 프란체스카에게 털어놓자 원장 수녀는 웃으며 대답했다. "얼마 전부터 알고 있었어요. 우리 사이에 비밀은 없어요. 이제는 걱정 말아요." 프란체스카가 그런 일을 직접 언급하는 경우는 드물었다. 누군가 비밀을 털어놓으면 이렇게 반응했다. "나는 당신 양심의 비밀을 침해할 수 없어요. 하지만 나를 찾아오면 언제나 도움을 줄 거예요."

그런 문제는 대개 종교 생활에 수반되는 작은 양심의 가책이었다. 1892년에는 한 수녀가 묵상 시간 내내 자신의 영적 상태가 잠시 후 있을 미사에서 영성체에 나가도 좋은지 아닌지 생각해보았다. 마더 카브리니가 들어오더니 바로 그 수녀에게 가서 나직이 말했다. "그만 걱정하고 영성체를 하세요. 그리고 예수님께 다시는 그러지 않겠다고 약속하세요."

조용한 목소리에 귀 기울이는 사람

프란체스카는 병자들에게 특별한 관심을 기울였다. 창백하거나 지친 기색의 수녀가 있으면 에그노그[우유, 달걀, 술 등을 섞어 만든 음료.]를 가져다주게 했다. 하지만 자기 연민은 싫어했다. 어느 날 아침 성당에서 다른 수녀들보다 일찍 자리를 뜬 수녀가 나중에 몸이 안 좋아서 그랬다고 말하자 프란체스카는 이렇게 대답했다. "왜 그렇게 슬픈 표정인가요? 다음에는 예수님께 '몸이 안 좋아요. 하지만 저에게 약간의 고통을 주셔서 감사합니다' 하고 말하세요. 그러면 웃는 얼굴로 나갈 수 있어요." 건강 문제로 탈락을 걱정하는 수련 수녀들에게는 "나는 그런 이유로 탈락시키지 않아요. 나는 여러분의 선의와 순종에 만족합니다."라고 위로했다. 프란체스카는 자신이 건강 문제로 수녀회 두 곳에서 거절당했지만 죽지 않고 살아서 독자적인 수녀회를 창립했다는 사실을 잊지 않았다.

그녀는 아플 때도 일했고, 그 고통을 통해서도 은혜를 받았다. 한번은 프란체스카가 고열에 시달리던 중 꿈속에서 성 요셉을 만났다. "영성체를 하고 싶습니다. 한 시간이라도 열이 내려서 영성체에 가게 해주세요." 깨어나보니 열이 내려서, 7일 동안 앓아누웠는데도 성당에 나아가 영성체에 참여했다. 한 시간이 지나자 열이 돌아왔지만 기세는 누그러들었고, 그녀는 며칠 안에 다시 일어나서 할 일을 했다.

올바른 영혼을 통해 질병을 축복으로 바꿀 수 있다면 거의 모든 일이 축복이 될 것이다. 한 젊은 수녀―지금은 수도회 산하 한 수녀원의 원장이 된―가 프란체스카에게 기도의 응답을 받지 못하면 어떻게 해야 하는지 물었다. "어떻게 하냐고요?" 마더 카브리니가 대답했다. "하느님께 더 감사하세요!" 그럴 때도 "예수님 감사합니다. 제 의지가 아니라 당신의 의지가 실현되게 하소서." 하고 말하는 것이 그녀의 습관이었다. 프란체스카는 자신의 모든 일을 신이 인도한다는 사실을 깊이 믿었다. 보내야 할 중요한 편지가 있으면 성체 앞 제단 천 밑에 몇 시간을 둔 다음에 부쳤다. 프란체스카의 시복 과정에서 취합된 증거 물품들은 그녀의 '단순한 신중함과 신중한 단순함'을 잘 보여준다. 프란체스카가 이룬 성과들을 보면 알 수 있듯이 그녀는 신중하면서도 조언자들을 놀라게 할 만큼 대담했다. 프란체스카는 행동하기 전에 항상 기도했고 그런 뒤에는 놀라운 결단력을 발휘했다. 신의 섭리에 대한 흔들림 없는 믿음. 그것이 그녀의 단순한 신중함이었다. 프란체스카는 성급함과 거리가 멀어서 작은 디테일까지 꼼꼼하게 살폈다. "꼭 필요한 것 이상으로 돈을 쓰면 어떻게 새로운 집을 사고 시설을 갖추나요?" 프란체스카는 너그러웠지만 단추 하나, 핀 하나도 낭비하지 않고 모든 것이 제대로 쓰이도록 챙겼다.

프란체스카는 누구보다 내향적이었다. 그녀는 자기 영혼을 너무 자주 들여다보는 것도 거울을 들여다보는 것만큼이나 허영이라고 보았다. 형태가 좀 더 미묘할 뿐 똑같은 자기중심주의라고 여겼다. 프란체스카는 우리가 육체적 약점에도 불구하고 신을 섬길 수 있다면 영적 약점이 있더라도 신을 섬길 수 있다고 믿었다. 사실을 고백하고 깊은 죄책감을 느끼면서도 거기 매이지 않을 수 있었다. 그것을 신에게 맡김으로써 그에게 영광을 돌릴 수 있었다. 이 모든 것은 프란체스카를 진료한 의사가 내린 그녀가 우울에 빠지기 쉬운 기질이고 그녀가 견디는 고통은 보통 여자라면 기질에 상관없이 신경증을 일으킬 만한 수준이라는 진단을 생각하면 더욱 놀랍다.

프란체스카는 기본적으로 조용한 영혼으로 여겨졌다. 말을 많이

해야 했고, 글쓰기의 욕망도 작가의 야심도 없는데 많은 글을 썼다. 하지만 그 말과 글은 모두 행동의 한 형식이거나 다른 사람들의 행동을 추동하는 수단이었을 뿐이다. 그를 통해서 그녀는 수녀들이 자기 능력보다 큰일을 할 수 있는 자신감을 주었고, 그들에게 날개를 달아주었다. 그녀의 기도조차 일과 구별하기 힘들었다.

프란체스카는 흔히 말하는 형태의 금욕주의는 일찌감치 접었다. 해가 갈수록 그녀의 금욕주의는 자기 포기와 자기 정복의 의미가 강해졌다. 비다르도에 살 때는 널빤지 두 장 위에서 잤지만 나중에는 편안한 침대에서 잤다. 고행은 무엇보다 규칙을 지키는 것이라고 강조했다. 작은 일을 열심히 하는 것이 성스러움에 이르는 길이라고 보았기 때문이다. "생사를 막론하고 모든 생명체는 내가 신을 더 잘 섬기도록 도와야 합니다. 나는 그것들이 나와 하느님의 관계에 도움이 되는지 안 되는지에 따라서 그것들을 사용하기도 하고 버리기도 할 것입니다." 이것은 완전히 초연한 사람, 최고의 금욕주의자의 말이다. 그녀는 적게 먹었지만 건강을 해칠 만큼 극단적인 소식은 하지 않았다. 식사는 간소했지만 필요한 것을 모두 섭취했고, 자신에게는 거친 음식이 맞는다고 말했다. 잠도 마찬가지였다. 묵상하느라 누구보다 늦게 잤지만 충분히 잤다. 잠을 잘 때는 아이처럼 곤히 잤다.

프란체스카의 초연함은 거처에도 이어졌다. 그녀는 집이 없었다. 수도회의 수녀들은 모두 특정 수녀원 소속이었지만 프란체스카에게는 소속 수녀원이 없었다. 머무는 곳이 사령부였고 그런 곳마저 몇 달 정도 머물다 떠나는 장소였다. 반지나 십자가조차 자기 것이라 느낄 수 없도록 시시때때로 다른 사람과 교환했다. 그리고 어느 수녀와 신체 크기가 같다는 걸 알게 되자 서로 옷을 구별 없이 입었다. 그녀는 고도로 초연한 나머지 이런 일도 생각이 나면 실행했을 뿐이다. 고행이 아니라 교육이 중요했다.

이 모든 것 위에 강력한 사랑—신에 대한 사랑과 신의 피조물에 대한 사랑—이 있었다. "예수님의 거룩한 고난이 제가 저항할 수 없을 만큼 저를 따라다닙니다." 그녀는 '천국의 사냥개'라는 주제로 글을 썼다.[마더 카브리니와 동시대인인 영국 시인 프랜시스 톰슨의 시에서 유래한 표현. 신의 사랑이 사람의 영혼을 쫓아다닌다는 내용이다.] 또 "어떤 일이 닥쳐도 나는 눈을 감고 예수님의 심장에서 고개를 들지 않을 것입니다."라는 외침도 있다. 하지만 이는 휴식이 아니라 새로운 추진력을 얻기 위해서였다. "우리에게는 영원한 휴식이 기다리고 있습니다. 지금은 일해야 할 때입니다." 그녀는 일로 사랑을 표현했다. 무슨 일을 하건—여행하건, 대화하건, 웃음을 터뜨리건, 심지어 수녀들을 질책하건—그들과 그리스도에게 사랑을 보여주었다. "과학도 사색도 성인을 만들지 못했고 앞으로도 그럴 것입니다. 사랑할 수 있는 바보가 되는 편이 낫습니다. 바보는 사랑으로 성스러워지기 때문입니다."

우리가 프란체스카의 영혼을 들여다볼 수 있는 수단은 이런 우연한 발언뿐이다. 그녀는 최선을 다해 신을, 신과 자신의 관계를 감추었다. 이 솔직하고 친절한 여성은 헤아릴 수 없는 침묵 속에 살았다. 하지만 그녀의 얼굴을 빛나게 만든 신의 사랑은 숨길 수 없었다.

모든 성인이 다 그렇듯이 프란체스카는 자신을 비할 데 없는 죄인이라 여기며 죄책감 속에 살았다. 이런 자기 비난은 일반인들에게는 억지스럽고 과장된 느낌을 줄지도 모른다. 하지만 인간의 애정 관계에 비유하면 쉽게 이해할 수 있다. "나의 죄가 큰가, 미미한가?" 프란체스카는 개인 노트에 자문자답했다. "엄청나게 크다." 또 이렇게도 썼다. "우리는 자신의 결함에 놀라지 말아야 한다. 놀람은 오만에서 나오기 때문이다." 그녀는 겸허하게 자신에게 결함, 또는 그녀가 결함으로 생각하는 것이 있다는 사실을 받아들였다. "불완전하지만 겸허한 영혼이 무결하고 규율 잡혔지만 그런 자신을 당당해하는 영혼보다 하느님께 더 소중하다." 프란체스카는 자신의 불완전함을 슬퍼하면서 동시에 기뻐했다. 그런 불완전함이 은총의 대상이 되기 때문이다.

사랑과 희생은 그녀의 생을 관통하는 주제였고 그녀가 쓴 글인 〈계획〉에도 자주 무게를 드리운다. "고통을 이해하는 것은 성인의 길이다." 하지만 이것은 신이 보낸다면 무엇이건 체념하고 받아들이겠다는 것뿐 아니라 그 사랑이 근본적으로 고통의 샘이라는 의미다. 고통이 때로 기쁨과 섞이고 때로는 기쁨 그 자체가 되더라도 마찬가지다. 프란체스카는 이것을 '달콤한 순교'라고 불렀다. "내가 기대하는 선이 너무 커서 어떤 고통도 기쁨이 된다. 나는 고통 속에 기쁨을 만끽한다." 이런 고통은 과거 또는 현재의 잘못에 대한 자책뿐만이 아니라 자신에게는 무한한 사랑에 대응할 무한한 사랑이 없다는 참기 힘든 아픔이다. "당신을 향해 타오르는 사랑은 저에게 큰 고통이자 느린 순교입니다. 당신에게 무언가 해드리지 못하기 때문입니다." 그녀는 노트에 쓴 글에서 그리스도에게 이렇게 고백했다. "내 노트는 십자가가 될 것이고, 나는 사랑하는 법과 고통받는 법을 익히기 위해 언제나 이걸 내 눈앞에 간직할 것이다……. 고통받기를 소망하지 않으면 선교수녀회 수녀가 아니다. 성심선교수녀회 사람은 예수의 심장을 감싼 가시를 보며 항상 고통받아야 한다……. 예수님을 위해 예수님과 함께 고통받는 일, 그리고 예수님을 위해 고통받음으로써 자신을 완성하려는 순수한 사랑이 얼마나 아름다운가." 그러고도 다시 한번 외친다. "오 예수님, 예수님, 저는 당신에 대한 사랑으로 통절합니다. 힘을 잃고 죽어갑니다. 저는 왜 당신을 위해 죽지 않나요?"

프란체스카가 그리스도에게 건네는 이런 문장에서 그녀와 그리스도의 합일은 항상 존재했고 중단된 적이 없었다는 사실이 분명해진다. "당신을 처음 안 순간부터 저는 당신의 아름다움에 매혹되어 당신을 따랐습니다." 하지만 이것은 슬픔의 원천이기도 하다. "당신을 더 많이 사랑할수록 내 사랑이 부족한 것 같습니다. 지금보다 더 사랑하고 싶기 때문입니다. 더는 참을 수 없습니다. 제 심장을 더 크게 넓혀주세요!" "저를 개종시켜주세요, 예수님, 저를 당신에게 완전히 개종시켜주세요. 당신이 저를 성인으로 만들지 않으면 저는 당신의 포도밭에서 어떻게 일해야 할지 모르고 당신의 일을 이루기는커녕 방해만 하고 말 테니까요."

프란체스카는 그리스도에게 "당신이 저를 열렬히 사랑하는" 것 같고, 자신은 거기에 "오 예수님, 언제나 당신의 가련한 지, 당신의 가련한 신부를 돕고 늘 품에 안아주세요." 하고 외치다가 마지막에는 할 말을 찾지 못하고 더듬거리듯 "사랑합니다, 너무나 사랑합니다." 하고 고백했다. 이렇게 어눌해지는 이유는 도저히 할 수 있는 말이 없기 때문이었다. 프란체스카는 그리스도 앞에서 어린 체키나가 됐다.

— 마더 카브리니

15장

넓어지는 지평

프란체스카는 1899년 대부분을 뉴욕과 그 인근에 이탈리아 아이들을 위한 학교를 세우며 보냈다. 물론 미국에 온 그녀가 가장 먼저 성 요아킴 학교 같은 학교부터 세웠으니 이 일은 새롭지 않았다. 그 뒤로도 브루클린이나 블리커 스트리트에 있는 폼페이의 성모 교회 부속 학교에도 수녀를 보내서 아이들을 가르쳤다. 하지만 이제는 이탈리아 아이들이 다니는 학교에 특별히 집중하기 시작했다.

  실제로 이 일은 프란체스카가 1년 가까이 매달릴 만큼 큰 문제였고, 그녀는 더 이상 기다릴 수 없을 만큼 긴급하다고 느꼈다. 부족한 상태로도 당장 할 수 있는 일부터 해야 했다. 이민자의 방치된 아이들은 그녀의 도움이 필요했고, 이내 바라마지않던 도움을 얻게 되었다.

프란체스카는 소수의 소속 수녀들이 그 문제를 다 해결할 수 있다고 생각하지 않았다. 이탈리아 이민자들의 아이를 위한 학교 운영은 너무도 큰 문제였다. 수녀들은 다른 지원이 거의 없는 와중에도 최선을 다해 상황에 대처했다. 리틀 이탤리를 한 번만 둘러봐도 그곳에서 거칠게 자라는 아이들을 방치하면 교회를 저버릴 뿐 아니라 사회의 불만 집단이 될 가능성이 높다는 걸 짐작할 수 있었다. 이민자 중에는 범죄자들도 있었다. 이탈리아에서 나쁜 짓을 하고 도망친 사람들 중에도 일부는 이민 후 기회를 잡아서 성실하게 살았지만, 그러지 못하는 이들도 많았다. 그런 경우 모든 것을 조직적으로 만드는 미국의 특성상 범죄 역시 조직화되어서 한낱 좀도둑이었던 사람들이 조폭이 되었다. 그리고 조폭은 가까이 있는 이탈리아 아이들을 언제든지 써먹을 수 있는 인력처럼 취급했다. 늦기 전에 이런 아이들을 구해야 했다.

이탈리아 소녀들의 문제도 심각했다. 많은 여자아이들이 불결한 공장에서 일하기보다 손쉽게 돈을 벌 수 있는 길을 선택했다. 그들의 예쁜 얼굴과 매력, 상냥함이 그런 위험을 키웠다. 프란체스카는 뉴욕에 온 첫해 봄에 성요아킴 학교에서 일할 수녀들의 거처―루스벨트 스트리트로 이주하기 전까지―를 구하다가 이런 상황을 깨달았다. 그때 리틀 이탤리의 어느 집에 갔더니 가구 장식이 너무 요란했다. 동행한 수녀들은 순진하게 감탄했다. "원장 수녀님, 너무 멋져요. 여기가 좋을 것 같아요." 어떤 수녀들은 프란체스카가 서둘러 빠져나와 "아뇨, 어긴 최악이에요!"라고 말한 이유를 몰랐다. 그녀도 젊은 수녀들만큼이나 어둠의 세계를 몰랐지만 예리한 감각으로 그 집을 피해 화이트 스트리트의 우중충하고 불편한 집을 골랐다. 프란체스카는 그 때문에 아동 대상 활동에 그치지 않고 성인 대상 기독교 교리 교실도 열었다. 폼페이의 성모 교회 지하에서 운영한 자수 학교 역시 여자아이들에게 기술을 가르쳐서 암흑 세계에 물들지 않게 하려는 목적으로 운영했다. 어린 동생을 데리고 온 소녀들을 위해 놀이방도 마련했다.

이민자 사회의 배교 문제도 심각했다. 프란체스카가 세운 학교들은 모두 그 문제에 대응했고 특히 파이브포인츠에 세운 학교가 중심점이었다. 1855년부터 파이브포인츠 지역에 개신교 선교 활동이 강력하게 펼쳐졌다. 개신교 포교는 중장년 이탈리아인에게는 별로 성공하지 못했다. 그들은 종교를 떠나 있어도, 심지어 반교권주의자인 것 같아도 가톨릭 신앙이 몸에 배어 있었다. 하지만 가시적인 유인책을 통해 개신교로 이끌려는 그들의 노력은 약간의 성과를 얻었다. 곤궁한 이민자들에게 친숙한 통속 이탈리아 방언을 구사하는 선교사들을 활용한 일도 효과가 있었다.

거기에 이른바 아동지원협회도 그들에게 협력했다. 이 협회는 어린 나이에 이민자가 되어서 조국에 대한 기억이 없거나 미국에서 태어난 떠돌이 아이들을 데려가서 보살피는 단체였다. 그런 아이들은 종교 교육을 별로 받지 못했기에 손쉬운 먹잇감이 되었다. 아이들은 이탈리아 이민자들이 가톨릭 신사라는 이유로 무시당하는 것을 보았는데, 이제 개신교 신자가 되면 물질적 혜택이 있다고 약속받았다.

부모들도 그들 자신은 정식 배교를 생각하지 않았지만 아이들이 다른 길을 가는 것은 그다지 꺼리지 않았다.

프란체스카는 오래전부터 이 모든 상황을 파악하고 있었다. 어른들의 영혼이라고 상태가 만족스럽지는 않았지만 적어도 그들은 교회와 완전히 관계를 끊지는 않았다. 몇 년 동안 미사나 성사에 가지 않은 사람도 축일에는 교회를 찾았고, 축일 성인의 성상을 들고 축일 장식을 한 거리로 나가서 딱히 성스럽지는 않아도 떠들썩하고 즐거운 하루를 보냈다.

대부분의 이민자가 그 정도로 종교 생활을 이어갔다. 그들이 만든 수백 개의 단체가 성인의 이름을 달았다. 대개 그 단체 회원들이 살던 고향의 수호성인이었다. 가느다란 끈이었지만 끊어지지는 않았다. 하지만 파이브포인츠 선교회에게 포섭된 아이들이나 공립 학교에 다니는 아이들은 모두 그런 행사를 '이탈리아 미신'이라고 여겼다. 하지만 그런 일은 가톨릭 전통의 본체가 아니었다. 그들은 이런 축일 행사를 신앙의 교리와 연결할 수 없었기에—물론 아이들 잘못은 아니었다—, 가톨릭 신앙을 부끄러워하며 자랐다. 프란체스카는 파이브포인츠의 개신교 선교에 맞서기 위해 그 사업의 심장부에 자신의 학교를 세웠다.

프란체스카는 이미 몇 개의 교구 학교를 세웠고, 시카고와 스크랜턴에도 학교를 세웠다. 물론 교구에서 얼마간의 장비와 지원을 받았다. 그러나 어떤 곳에서는 학교가 필요하지만 아무 지원도 기대할 수 없었다. 나중에 이탈리아 정부가 학교 사업의 중요성을 인지하고 얼마간 지원금을 주었지만 처음에는 거의 아무것도 없이 혼자 일을 시작해야 했다.

당시 뉴어크는 이미 인구가 20만 명을 넘는 공업 도시였다. 프란체스카는 뉴어크의 이웃한 빈 가게 두 곳에 학교를 열었다. 수녀들은 여름에는 지독히 덥고 겨울에도 난방이 없는 커다란 교실에서 60센트로 일을 시작했다. 하지만 그곳으로 400명의 아이가 모였다. 그때까지 완전히 방치되던 아이들이었다.

비슷하게 뉴욕 105번가에서도 큰 가게 두 곳을 학교로 만들었다. 이 학교는 1년 뒤에 150번가의 폐공장으로 이전했는데 수녀들은 이 새 공간을 사치스럽게 여겼다. 4층짜리 건물에 운동장도 있었기 때문이다. 강당은 일요일마다 브롱크스 지역 이탈리아인을 위해 성당으로 썼다. 이런 학교들은 돌봄의 손길 없이 거리를 떠도는 이탈리아 아이들을 교육했기에—목표는 그 이상이었지만,— 프란체스카는 청소년 비행 문제 해결과 이탈리아 이민자의 평판 회복에 크게 기여한다는 인정을 받았다. 수녀들의 종교 교육을 대수롭지 않게 여기는 사람들도 교육 사업의 사회적 가치를 인정해야 했다.

그런 뒤 프란체스카는 미국에 처음으로 부유한 이탈리아 아이들을 위한 고급 기숙학교를 세웠다. 이들은 어떻게 보면 가난한 사람들보다 더 종교적 도움이 필요했다. 사회적, 경제적 성공을 위해 종교를 버릴 위험이 높았기 때문이다. 하지만 이탈리아에서 이주한 부유층들은 이탈리아 학교를 원했다. 이탈리아 학교는 그런 가정의 딸에게 믿음을 길러줄 최고의 수단이었다. 프란체스카는 190번가와 포트워싱턴 대로 교차점—당시에는 시내에서 너무 멀어서 거의 황야로 여겨지던—에 '세이크리드하트(성심) 빌라'를 세웠다. 그곳은 한동안 웨스트파크의 뒤를 이어 미국 수련수녀를 교육하는 장소였고, 프란체스카에게 집과 가장 비슷한 장소가 되었다.

세이크리드하트 빌라는 이후 마더카브리니 고등학교가 되어서 모든 국적의 여학생을 교육했다. 프란체스카의 유해도 그곳 성당 제단 밑 유리 성물함에 안치되어 있다. 프란체스카가 예리하게 예견한 개발의 열풍이 이 지역을 휩쓸었다. 이제는 조지워싱턴 다리에서 카브리니 대로가 연결되는데, 이 도로는 학교 앞에서 허드슨강과 강변 펠리세이드 절벽의 멋진 풍광을 조망한다. 카브리니대로 시작 지점에 신축 고층 아파트들이 들어선 모습은 파크대로보다 더 놀랍기도 하다. 대로가 좁아서 협곡 같은 느낌을 주기 때문이다. 뉴욕은 1889년 3월 마지막 날 이탈리아 빈민을 돕기 위해 온 외로운 이탈리아 수녀를 영원히 기억하고 있다.

멈추지 않는 항해

1899년은 프란체스카가 맹렬하게 일한 해였다. 당시 빠른 속도로 설립된 일련의 시설에는 모두 엄청난 에너지와 용기가 필요했다. 일을 마친 프란체스카는 유럽으로 출발하기 전 몇 주 동안 세이크리드하트 빌라를 개선하고 보수했다. 그리고 공사 계약 체결 당일—1899년 9월 2일—에 '투렌호'를 탔는데 너무 기진맥진한 나머지, 배웅 나온 수녀들에게 작별의 손수건을 흔들자마자 옆에 있는 갑판 의자에 쓰러졌다. 잠시 몽롱해하다가 곧 잠들었다. 이후 잠에서 깨어 일기 겸 편지를 썼는데 그 첫머리는 아주 쉽게 쓴 네 줄의 시로 시작했다. 첫 마디는 "사업으로 지치고 피곤할 때 바다에 나오는 일은 얼마나 상쾌하고 달콤한가요!"였다. 이제 일주일을 확실히 쉴 수 있었다. 바다의 소금물 냄새, 대형 증기선의 흰 페인트와 세제 냄새가 섞인 희미하고 고약한 냄새는 완전한 휴가를 약속해주었다. 마지막 이틀 동안 프란체스카는 밤낮을 잊고 일했다. 배에 올라탄 다음 죽은 듯이 잠에 빠져들 만했다.

그들이 출발한 날에는 비가 내렸다. 프란체스카는 나쁜 날씨가 슬프다고 썼다가 곧 정신을 차렸다. 불평불만은 사소한 것도, 그리고 피곤한 상태에서도 용납할 수 없었다. "이렇게 슬픔에 사로잡히는 찰나를 그냥 두면 안 돼요. 그래서 나는 예수님 심장에 들어가서 수녀님들을 봤어요. 대화할 수는 없었지만 성심께 내가 잊었거나 시간이 없어 말하지 못한 것을 한 명 한 명 모두에게 전해달라고 부탁했어요."

며칠이 지나자 프란체스카는 유쾌해졌는데 그럴 만한 이유가 있었다. 그녀의 눈에 호화 대형 여객선인 투렌호의 선장은 왕이나 아버지 같은 인물이었다. 그는 프란체스카, 그리고 동행한 마더 버지니아에게 갑판에 있는 특급 선실을 주었다. 특실은 거실도 딸려 있었고 아무나 들어올 수 없어서 사생활 보호가 완벽했다. 프란체스카가 육지에서 영위하는 삶은 고되기 짝이 없었지만, 배에 타면 많은 사람이 그녀에게 도움을 주려고 애를 썼다. 프란체스카가 이렇게 기록을 남길 만했다. "나는 물고기 같아요. 육지보다 바다에서 더 편하고 식사도 더 잘 챙겨요." 뱃길은 프란체스카의 유일한 휴가 기간이었다. 휴식은 프란체스카가 다시 선교 사업을 해나갈 힘을 주었기에 반드시 필요했다.

그들은 프랑스의 르아브르에서 내렸고, 파리에 도착하자 이제 스페인으로 갈 수 있다는 소식을 전해 들었다. 왕녀 에울랄리아는 이미 마더 카브리니를 만난 적이 있다. 그녀는 어린 아들 알폰소 12세의 섭정으로 있는 왕비 마리아 크리스티나의 명령을 받아 마드리드에 선교수녀회를 불렀다. 왕비는 귀족과 장교들의 아이들을 위한 학교를 염두에 두고 있었다. 나중에 밝혀지지만 수녀 한 명을 왕실의 입주 가정교사로 삼으려는 생각도 있었다. 마더 카브리니의 스페인 활동은 순조로울 전망이었다.

프란체스카는 오랫동안 선교사 양성소로 꿈꿔온 나라로 출발했다. 그녀는 스페인에서 남아메리카에 교사로 보낼 수녀를 키우고 싶었다. 왕실의 후원이 있으니 적절한 자원—좋은 집안 출신에 문화 수준이 높은 젊은 여자들—을 확보할 수 있으리라 판단했다. 수준 높은 수녀들은 학교의 위신을 높여줄 터였다. 그런 지위에 지나치게 의존할 필요는 없었지만 충실히 활용할 만했다.

프란체스카 일행이 국경에서 짐 검사를 받으려 할 때, 왕비가 외교적 특전으로 검사 없이 수녀들을 통과시키라고 명령했다. 마드리드에 도착하자 마리아 크리스티나 왕비는 수녀들에게 온갖 호의를 베풀었다. 직접 왕실 가구 창고로 데려가기까지 했다. "여기에서 원장 수녀님이 학교에 가져다 쓰실 만한 것이 있으면 그냥 가져가세요."

왕비가 학교 물품으로 제안한 가구들은 금박과 새틴과 브로케이드[실크에 금사, 은사 등으로 문양을 짠 고급 직물. ― 편집자 주] 장식이 가득했고, 프란체스카는 화려한 가구들을 어리둥절하게 바라보았다. "이보다는 단순하고 소박한 가구가 좋을 것 같습니다, 전하." 그리고 거기에 있는 것들 중 그나마 장식과 과장이 덜한 가구 몇 점을 골랐다. 그녀가 교육할 하급 귀족의 딸들에게 약간의 화려함은 어울릴 것 같았다. 수녀들의 거처에 두려면 청빈 서약에 어울려야 했는데 그에 마땅한 물건은 별로 없었다.

그때 왕비가 생각지도 못한 이야기를 꺼냈다. "원장 수녀님께 부탁드리고 싶은 게 있습니다. 수녀님 한 분이 우리 공주들에게 이탈리아어를 가르쳐줄 수 있을까요?"

"왕궁에 살면서 말인가요?" 프란체스카가 물었다.

"네."

프란체스카가 고개를 저었다. "그건 안 될 것 같습니다, 전하."

"안 된다고요? 왜요? 방도 따로 있고 식사도 따로 할 거예요."

프란체스카가 설명했다. "불가능합니다, 전하. 아무리 귀족 학교라고 해도 학교의 수녀는 자유롭게 수도사의 삶을 살 수 있습니다. 하지만 왕궁에서는 그럴 수 없습니다. 궁정 분위기 속에서 종교적 정신을 유지하기는 쉽지 않습니다. 송구하지만 그 일은 전하의 말씀을 받들기 어렵습니다."

왕비는 잠깐 언짢은 표정을 지었지만, 이 작은 수녀는 왕실 명령으로도 움직일 수 없는 사람이라는 사실을 깨달았다. 왕비는 자기 뜻을 관철하는 데 익숙했지만 프란체스카의 말에 수긍해서 학교만 취하고 수녀를 가정교사로 데려오려던 계획은 포기했다.

프란체스카는 오래전부터 초기에 장애물을 만나면 곧 신의 축복이 따른다고 생각했다. 이번에는 모든 일이 너무 수월해서 거의 불길함마저 느꼈다. 하지만 오래지 않아 예상했던 난관이 닥쳤다. 마드리드와 바스크 지방—프란체스카는 전에 그 지방의 빌바오에 시설을 하나 세웠다—에서 혁명이 일어나서 많은 어려움이 찾아왔다. 비토리아에서는 나이가 들면서 더 괴팍해진 대주교가 수녀들을 추방하겠다 협박하면서 기관 설립을 막았다. 수녀들은 화려한 집에서 가난하게 살다가, 람폴라 추기경의 중재 덕분에 그들의 성당에 성체를 모실 수 있었다. 왕비의 호의는 스페인과 바스크의 적대 상황 때문에 허공으로 날아갔다. 프란체스카는 1900년 6월에야 비토리아 대주교와 협의를 이룰 수 있었다. 스페인 본토의 기관들도 어려움은 있었지만 꿋꿋하게 유지되었다. 마드리드에는 학교뿐 아니라 대학, 나중에는 고아원도 세웠다. 이 기관들은 목적에 충실했다. 지역에 도움도 베풀었지만 그뿐 아니라 스페인계 아메리카 지역을 위한 인력 양성소이기도 했고, 후자가 수녀회에게는 더 중요한 지향점이었다.

1899년이 미국에 최다 기관을 세운 해였다면 1900년은 유럽에 최다 기관을 세운 해였다. 프란체스카는 스페인을 떠난 다음에는 이탈리아에서 바쁘게 움직였다. 토리노에 기숙학교와 수녀 휴양시설을, 치타델라피에베와 산라파엘레에 수녀원을, 로마에는 빌라 루도비시를 허문 자리에 학교와 교회—거룩한 구세주 교회—를 세웠다. 주미 교황 대사 시절 안면을 튼 사톨리 추기경이 자신의 고향 마리시카노에 고아원을 만들어달라고 부탁했을 때는 도시에만 시설을 세운다는 원칙을 잠깐 접기도 했다.

레오 13세가 90세가 된 그해에 프란체스카는 교황과도 몇 차례 만났다. 대부분 개인 접견이었지만 때로는 그냥 교황을 보고 싶어서 많은 손님들에 섞여서 방문하기도 했다. 노교황은 여전히 에너지가 넘쳤지만 당연히 노쇠했다. 상태가 그러하니, 그가 앞에 무릎 꿇은 많은 사람들 가운데 그녀에게 각별히 다정하게 말을 건넸을 때 프란체스카는 혹시 다른 사람으로 착각했나 잠시 의아해했다. 교황은 개인 접견에서 다정한 모습을 많이 보였지만 집단 접견을 할 때는 언제나 근엄했기 때문이다. 그녀는 그가 눈 또는 기억력이 나빠진 건 아닐까, 말하다가 실수를 깨닫고 당황하지는 않을까 걱정했다.

그해 연말 프란체스카와 헤어질 때—이때도 프란체스카는 그 순간이 마지막일 줄 알았다—교황은 다시 그녀의 사명을 확인해주었다. "아, 카브리니. 당신은 하느님의 영을 지녔어요. 이제 그걸 전 세계로 가지고 가주세요." 프란체스카는 그리스도의 대리자에게 개인적 명령을 받고 활동한다는 사실을 늘 기뻐했다. 교황은 11년 전 그녀를 미국에 보냈지만 그녀가 신의 부름이 있다고 느끼는 곳은 어디든 갈 수 있기를 바랐고, 그런 희망을 자주 표현했다.

프란체스카는 1900년 12월 2일에 제노바에서 부에노스아이레스로 가는 배 알폰소호에 올랐다. 제노바 학교의 학생 몇 명이 함께 탔는데, 그들은 라운지의 피아노를 차지하더니 선장을 위해 즉흥 연주회를 열었다. 선장은 기쁜 나머지 프란체스카를 배웅하러 나온 수녀들이 그날 밤 배에서 자는 것을 허락했다. 출항 시간이 다음 날 아침이었기 때문이다.

여객선의 선장 데캄파는 선상 미사에 빠지지 않았고 열심히 기도하는 경건한 사람이었다. 프란체스카는 몬테비데오의 보좌주교인 이사사 몬시뇰을 비롯한 남아메리카 사제들과 함께 식사했다. 그들은 모두 이탈리아어를 약간 알았고 이탈리아어 듣기를 좋아했다. 그리고 그 대가로 자신들은 스페인어 대화를 통해 프란체스카와 수녀들의 스페인어 공부를 도왔다. 즐겁고 유익한 교환이었다.

이틀 후 배가 말라가에 정박했을 때 프란체스카는 배에서 내려 그 도시를 둘러보았다. 모두가 명물인 건포도를 사자 그녀도 따라 샀다. 다른 승객들은 화려한 가게에서 비싼 가격에 샀지만 그녀는 당나귀에 건포도 바구니를 싣고 언덕에서 내려온 남자에게서 소량을 구매했다. 그날 밤 저녁 식사 때 한 사제가 말라가 와인을 꺼내자 프란체스카는 선실의 와인이 생각났다. 제노바의 원장 수녀가 준 피에몬테 와인이었다. 수녀 한 명을 시켜 와인을 가져오자 주교가 말라가 와인이냐고 물었다. 프란체스카는 이렇게 농담했다. "아직 말라가 항구에 있으니 말라가 와인이라고 할 수 있지 않을까요?" 값비싼 와인은 아니었겠지만, 주교와 사제들은 와인을 마신 다음 피에몬테가 이렇게 좋은 와인을 만들다니 놀랍다고 예의 바르게 말했다.

프란체스카는 마음이 잘 맞는 사람들과 함께 긴 항해를 했다. 미사를 자주 볼 수 있다는 점이 가장 좋았다. 그동안 떠났던 많은 항해 중에 이런 경우는 처음이었다. 이전의 뱃길에도 사제들이 자주 동승했지만 그들은 제단 도구와 예복을 가져오지 않았다.

성모의 원죄 없으신 잉태 대축일인 12월 8일에 프란체스카는 무려 7건의 소미사를 도왔다. 이사사 주교가 강론을 하는 대미사도 있었기에 성모에 열렬히 감사하는 글을 몇 쪽에 걸쳐 썼다. 그녀는 수녀들이 수도회의 수호자를 잊지 않기를 바랐다.

프란체스카는 그 후 아르헨티나에서 7개월을 보냈다. 학교를 성공적으로 설립한 부에노스아이레스에서도 지냈고, 많은 이탈리아 노동자가 흩어져 사는 팜파스에도 머물렀다.

그녀는 5년 전 파나마에 두고 떠난 수녀들에게도 새로운 일을 찾아주어야 했다. 그 수녀들의 운명은 가혹했다. 혁명으로 니카라과에서 쫓겨난 뒤 다른 내전이 일어나 파나마에서도 떠나야 했다. 그들은 유독 고약한 대접을 받았는데, 황열병과 장티푸스, 선페스트가 유행해서 학교를 닫기도 했다. 간호사가 되어 병자와 내전의 부상자들을 돌봤음에도 불구하고 출국 명령을 받았다. 라틴아메리카 국가들의 정치적 격변에는 대부분 반교권주의가 끼어들었다. 그럴 때 마땅한 방이 수단이 없는 수녀들은 손쉬운 표적이 되었다.

마더 카브리니는 수녀들의 처지가 안타까웠으나 흔들리지는 않았다. 신이 보낸 시련이니 그들의 영혼에 이롭다고 여겼다. 그런데 이런 상황은 아르헨티나의 학교들에도 우연한 도움이 되었다. 프란체스카는 쫓겨난 수녀들을 그곳으로 불러 일하게끔 했다. 그리고 남아메리카에 꾸준히 늘어나는 수련 수녀들 역시 환영했다. 아직은 스페인의 학교들이 수녀를 배출하지 못했기에 아르헨티나 출신의 인재들은 아주 소중했다.

마더 카브리니는 그녀다운 방식으로 플로레스에 큰 집을 샀다. 당시 그곳은 부에노스아이레스 교외 지역으로 인구가 많지 않았다. 사람들은 학교를 운영할 만한 수의 주민이 살지 않는다며 바람직하지 않다고 반대했다. 프란체스카는 자신의 의견을 관철해 학교뿐 아니라 싸게 나온 땅도 대량 구매했다. 그녀는 인구 이동의 추세를 알아보는 안목이 있던 것 같다. 몇 년 지나지 않아 부에노스아이레스가 그 방향으로 확장하면서 플로레스는 교외에서 가장 부유한 상류층 지역이 되었다. 부동산 중개인들이 부러워 침을 삼킬 능력이었다.

산타페 주의 로사리오에도 기관을 설립했다. 산타페는 파나마강의 큰 내륙 항구였다. 그곳에 당시 집권파였던 이른바 자유주의자들의 반대를 무릅쓰고 로사리오 국제대학을 세웠다.

팜파스 오지의 빌라 메르세데스에도 새로운 시설을 열었다. 프란체스카는 열여섯 시간 동안 기차를 타고 도착한 지 한 시간도 지나지 않아 수녀원 지을 장소를 탐색하기 시작했다. 곧바로 적당한 장소를 찾아내 도착 사흘 후, 성령강림절에 손에 넣었다. 그날 그녀가 그 집 앞을 지나는데 한 소년이 흰 비둘기 두 마리를 팔고 있었다. 프란체스카는 그 순간을 성령의 상징으로 여기고 구입했다.

1만 5천 명의 소도시 빌라 메르세데스는 다양한 사업의 중심지로 사용되었다. 수녀들은 거기서 팜파스 전역으로 뻗어나갈 수 있었다. 특히 그들이 특별하게 여긴 구역인 팜파스에는 7만 명에 이르는 사람들—그중 많은 수가 이탈리아 이민자였다—이 흩어져 살았는데, 그들은 가톨릭 국가라고 하는 아르헨티나에 살면서도 사제 한 명 만나기 어려웠다. 팜파스 시설 설립은 새로운 종류의 사업이었다. 프란체스카의 모든 사업은 각 지역의 필요에 따라 맞추어 만들어졌기 때문에 모두 독특했다. 이 시절 프란체스카를 보면 정신없이 사방을 오가는 모습이 그야말로 번개 같아서 현기증이 일 정도다. 하지만 그녀는 조용하게 효율적으로 이동해서 천둥은 치지 않았다. 그리고 지나간 자리마다 새로운 시설을 남겼다. 프란체스카가 그토록 많은 시설을 세우는 데 몰두한 이유는 죽음이 임박했다고 느껴서였던 것 같다. 아무도 일할 수 없는 밤이 오고 있었다.

프란체스카는 1880년에 수도회를 세울 때 이미 살날이 얼마 남지 않았다는 말을 들었다. 9년 후 마침내 선교 사업을 시작할 때도 그런 일을 견딜 수 없는 건강 상태라고 주의를 받았다. 그녀는 웃어 보일 뿐이었다. 스스로는 전혀 걱정하지 않고 신이 자신을 불렀으니 필요한 힘을 줄 거라고 믿었다. 하지만 이제는 프란체스카도 전보다 더 자주 아프다는 걸 인정해야 했다. 상태가 비교적 좋을 때도 마찬가지였다. 그녀는 부에노스아이레스Buenos Aires는 이름의 뜻과 달리 '좋은 공기'와 거리가 멀다고 편지에 썼다. 다만 간헐적 고열—익숙한 일이었다—로 몸져누웠을 때도 앓고 나서 더 열심히 일해야 한다는 메시지로 여겼다. 그리고 자리를 털고 일어나면 불굴의 의지에서 나오는 에너지로 맡은 일에 달려들었다.

이런 강력한 행동력 아래 감추어진 피로는 부에노스아이레스에서 제노바로 가는 배에서 쓴 일기 겸 편지에 드러난다. 항해가 매우 길었는데도 편지는 짧다. 깊은 피로로 그 이상은 쓸 수가 없었다.

그 편지는 프란체스카의 머릿속에 간직된 시 구절로 시작한다. 그녀는 곧 자신의 상태를 인정한다. "배가 8월 22일에 출발했지만 28일인 오늘에야 첫 편지를 씁니다……. 부에노스아이레스를 떠나던 날 몸이 좋지 않았지만, 여러분과 아이들의 작별 인사는 정말 감동적이었고, 나는 한동안 계속 이렇게 지친 상태였습니다." 프란체스카는 2년 전에 탈진한 채 뉴욕을 떠났다. 지금은 그때보다 더 지쳤고 병까지 앓았다.

그러나 이번에도 놀라운 회복력으로 활력을 되찾았다. 배가 리우데자네이루 남쪽 외곽의 산토스에 멈추었을 때는 비가 많이 오는 날씨인데도 육지에 내려서 미사와 영성체에 참석했다. 그날의 미사는 오르간 대신 북과 트럼펫이 반주하는 새로운 경험을 선사했다. 누군가 포르투갈어로 말을 걸었을 때 프란체스카는 기쁘게도 그 말을 꽤 알아들었다. 포르투갈어가 이탈리아어와 이제 조금 배운 스페인어의 중간이라고 생각했다.

리우데자네이루를 방문했을 때는 별말을 남기지 않았지만, 이미 그곳에 시설을 세울 생각을 했던 것은 분명하다. 실제로 몇 년 뒤 1908년에 시설을 설립했다. 그 1년 동안은 수녀들을 보낸 도시 상파울루에 대해서 모두가 아름다운 도시라고 한다는 짧은 편지가 전부다. 그마저도 피로에 시달리며 28일 하루에 전부 쓴 것 같다.

다음을 생각하는 슬픔

이탈리아로 돌아온 프란체스카는 병세가 너무 심해서 바로 누워야 했다. 이제 더는 살 가망이 없고 죽음이 임박했다는 생각에 그녀는 자신의 사후 수도회의 운영 방식을 지시하기 시작했다. 이때가 1902년 봄이었다. 프란체스카는 이미 선교수녀회의 시설이 있는 여러 나라에 대리인―다른 수녀원들과 달리 그 지역민이 아니었다―을 임명해놓고 있었다. 만일 병을 이기고 살더라도 이제 도움이 필요할 듯싶었다. 그때까지는 모든 일을 혼자 관리하고 있었다.

 당시 프란체스카는 로마에 있었다. 3월 19일에 레오 13세가 교황청 정원에서 딴 오렌지를 보냈다. 프란체스카는 며칠 동안 아무것도 먹지 못했지만 교황의 오렌지는 먹어야 한다고 생각했다. 오렌지를 먹고는 일어나 앉았다. "맛있어요! 이 오렌지가 내게 힘을 되찾아주었어요." 마치 천국에서 딴 과일을 맛보는 것 같았다. 갑자기 건강을 회복한 프란체스카는 곧 교황을 보러 가서 다시 축복을 받았는데, 그것이 그녀가 그에게 받은 마지막 축복이었다. 다음 해 여름 프란체스카 카브리니의 좋은 친구이자 후원자였던 레오 13세는 93세의 나이로 눈을 감았다.

 유럽에서도 항상 일이 먼저였다. 이탈리아의 수녀원을 전부―이제 그 수가 아주 많았다― 방문하고 스페인의 수녀원도 방문해야 했다. 프란체스카는 전에 이미 비토리아의 까다로운 주교와 관계를 개선하고 마드리드 근처에 고아원을 세웠다. 파리에 대형 기숙학교를 세우는 계획은 포기하고 뇌이에 고아원을 만들었다. 이것은 이후에 누아지 르 그랑으로 이전했다. 무엇보다도 런던에 시설을 세우는 계획이 가장 중요했다.

프란체스카는 이 일에는 시간을 많이 배정하지 않았다. 8월 5일에 파리를 떠나서 23일에 리버풀에서 다시 배를 탈 예정이었다. 이 3주가 채 안 되는 시간이 프란체스카 같은 사람에게는 충분했다.

도버 해협을 건너 런던으로 가는 길에 프란체스카와 수녀들은 영국에 이따금 생기는 짙은 금빛 노을을 보았다. 프란체스카는 반짝이는 구름이 옥좌, 천사들의 여왕의 옥좌라고 상상하고 편지에 썼다. "성모님이 아름다운 왕관을 쓰고 계신 모습을 보았어요. 무릎에는 아기 예수가 앉아서 우리를 보호하려고 두 팔을 뻗고 있었고요……. 우리가 런던에 세울 시설을 하늘이 특별히 보호해준다는 신호 같았습니다."

지난번에 처음 왔을 때부터 영국에 큰 호감이 생겼기 때문에 긴 시간을 보내지 못해 안타까웠다. 하지만 그걸로도 충분했다. 아직 서더크에 있는 본 주교가 도움을 주었다. 그의 관구 남동쪽 교외 지역인 브로클리에 시설을 세웠고—이후 수녀들은 멀지 않은 아너오크로 옮겼다—, 포교성은 요청한 명령을 바로 내려주었다. 관계 당국의 빠른 처리가 프란체스카의 일 솜씨와 맞먹을 정도였다. 마치 하늘의 보호를 받은 듯했다. 교회법의 요건을 모두 갖추자 그녀는 가벼운 마음으로 미국행 배에 올랐다.

16장

서부 개척

그 뒤로 4년은 미국에서 보냈다. 유럽과 중남미의 기관들을 방치하지는 않았지만 지시는 원격으로 이루어졌다. 북아메리카에 집중했으니 애초의 계획으로 복귀했다고 여길 수도 있다. 어쨌건 레오 13세는 프란체스카에게 이탈리아 이민자들을 위해 일해달라고 부탁했기 때문이다. 물론 그녀를 미국에만 가둘 수 없다는 사실을 금세 깨달았지만. 하지만 이제는 전 세계에 선교수녀회가 있었기에 프란체스카는 당분간 자신의 첫 사업지에 대부분의 노력을 기울여도 좋다고 판단했다. 세계 곳곳의 기지들은 흔들림 없이 유지되었다. 이탈리아는 아직도 수녀회를 이루는 대부분의 인력을 공급했다. 이제 미국이 다시 일의 중심이 되었다.

이 4년 동안에는 1899년과 달리 새로운 기관을 많이 설립하지는 않았지만, 프란체스카의 수도회에 가장 중요한 시절이기도 했다. 그녀는 너무 바쁜 나머지 1902년에 있던 브라질 상파울루의 수녀원 개원식에 가보지도 못했다. 그런 일은 처음이었다. 모든 문제를 현장에서 직접 해결하고 모든 책임을 지는 게 프란체스카의 습관이었기 때문이다. 동시에 두 곳에 존재하기란 아무리 그녀라도 불가능했고, 대신 아르헨티나의 수녀들이 약간 북쪽으로 올라가는 일은 그보다 훨씬 쉬웠다. 프란체스카는 현지에 있는 수녀들에게 재량을 허락했다. 그렇게 해야 했다.

프란체스카는 난생 처음 로키산맥으로 떠났다. 사업을 태평양 연안까지 확장하기 위해서였다. 1899년 봄에 이미 수녀들을 시카고의 학교―웨스트이리 스트리트의 '마리아의 종 수녀회 성모승천 교회'의 부속 학교―로 보냈지만, 그곳에는 훨씬 더 많은 노력이 필요했다. 그러나 프란체스카의 당면한 목표는 콜로라도 주의 광산이었다.

콜로라도 주의 이탈리아 이민자들은 다른 지역의 이민자들보다는 경제적으로 덜 시달렸지만, 금광과 은광에서 얻는 높은 소득이 그 자체로 문제였다. 보수가 가장 중요한 목적이 되기 쉬웠다. 가족과 떨어지고 주변에 사제도 없어서 그들 중 많은 사람들이 조국과 신을 잊었다. 아마도 미국의 이탈리아인 대부분은 선교수녀회가 제공하는 그런 영적 조력이 필요했을 것이다.

프란체스카의 사업이 대체로 그랬듯이 이번에도 시작은 소규모였다. 그녀가 자리 잡은 덴버 시에는 이후에 수녀들이 운영하는 크고 시설 좋은 고아원이 생기지만, 그 시작은 팰머 대로의 허름한 교구 학교였다. 그곳에서 부모의 보살핌을 제대로 받지 못하는 아이들을 교육할 예정이었다.

덴버는 프란체스카가 계획하는 광산 사업의 기지이기도 했다. 광부들은 콜로라도 주 전역의 광산에 퍼져 있었기 때문에 그들에게 다가가려면 직접 그들을 찾아가는 수밖에 없었다. 광부들을 만나기 위해서 수녀들은 거친 길을 이동하고, 흔히 지하에 있는 광부들의 거처를 방문하고, 철장이나 양동이 같은 장치를 타고 땅 밑 수십 미터 깊이에 자주 내려갔다. 거기서 때로 수 킬로미터의 갱도를 걸어서 작업 중인 인부들을 만나 아주 짧은 대화를 나누었다. 곡괭이질과 드릴 작업 사이 짧은 휴식 시간과 점심 시간밖에 쓸 수 없었기 때문이다. 하지만 그것도 땅속에 묻혀 고립되고 잊힌 광부들에게는 큰 의미였다. 이탈리아와 교회가 미소 띤 수녀들의 모습으로 그들에게 다가왔.

광산 책임자는 수녀들의 방문이 광부들의 정서에 미치는 좋은 영향을 인지하고 수녀들이 지낼 방을 마련해주었다. 수녀들은 이따금 거기서 며칠을 지내며 저녁이면 간이 식당이나 인부들 막사 앞에서 대화를 나누었다. 이런 접촉을 통해서 프란체스카는 병원과 고아원 설립이 시급한 이곳의 상황을 알게 되었다. 광부들은 위험한 노동을 하다가 크게 다치는 일이 잦았고 때로는 생명도 잃었는데, 그러면 남은 아이들은 빈곤에 빠졌다. 게다가 사고가 나도 대부분 문맹인 데다 영어를 몰라서 파렴치한 광산 회사에 사기당하기 일쑤였기에 딸린 식구들을 위한 대책을 마련할 수 없었다. 프란체스카는 딩장 필요한 기관을 세울 자원은 없었지만 그들을 위한 계획을 구상하기 시작했다.

덴버의 영적 재활

미국에 돌아온 프란체스카는 그들에게 절실히 필요한 시설을 마련해주기 위해 다시금 통찰력을 발휘했다. 몹시 대담했지만 실제로는 조언자들이 걱정하는 것보다 훨씬 더 신중한 판단이었다. 그녀가 덴버 시의 무질서한 외곽 지역에서 어떤 큰 부동산을 사겠다고 하자 니컬러스 마츠 주교는 만류했다. "거기는 안 됩니다, 원장 수녀님. 완전히 고립될 거예요. 중심지 가까운 곳으로 하세요."

프란체스카는 고개를 저었다. "지도를 열심히 봤어요, 주교님. 거기가 저한테 딱 맞는 장소예요."

프란체스카는 지도를 좋아했고 사업지를 선정할 때도 지도를 많이 활용했다. 중앙아메리카, 아르헨티나, 브라질뿐 아니라 미국에서 이미 선택했고, 앞으로 선택할 전략적 지점들은 모두 신중하게 고려한 결과였다. 그렇지만 겉으로는 대충 또는 느닷없는 '영감'으로 고른 것처럼 보일 때가 많았다. 부동산 투기자라면 무슨 수를 써서라도 가지고자 할 통찰력이었다. 프란체스카는 인구 이동 추세를 비범하게 알아차렸다. 물론 값이 오르기를 기대하고 부동산을 사지는 않았지만, 남들보다 앞서 미래를 예견했기에 그런 시설들을 차지할 수 있었다. 프란체스카는 값이 싼 부동산을 잘 구했고, 그런 곳들은 도시가 팽창했을 때 아주 적절히 위치했다.

마츠 주교가 프란체스카가 원하는 외곽의 장소에 반대하자 그녀는 일단 "거기에 과수원과 채소밭을 크게 만들 수 있어요. 그러면 아이들 식생활에 도움이 돼요. 시골 공기도 건강에 좋고요." 하고 대응했다.

"과수원과 채소밭은 누가 돌봅니까?" 주교가 물었다.

"우리 수녀들이 돌볼 거예요. 대부분 시골 출신이라서 그런 일을 잘해요."

그는 결국 승인했다. 프란체스카는 그 부지를 선택한 다른 이유, 그러니까 덴버가 그 방향으로 발전해서 전차선이 깔리면 교외 지역도 번성하리라는 말은 굳이 하지 않았다. 실제로 그런 일이 벌어졌을 때면 그녀의 선택이 옳았다는 사실이 증명되었다.

덴버의 주교는 뉴올리언스의 주교처럼 프란체스카의 굳건한 친구가 되었다. 두 주교는 여러모로 서로 비슷했다. 이때도 야외에서 견진성사를 했고 주교는 나무 둥치를 의자 삼아 앉았다. 성사에 참여하는 중년의 이탈리아인들에게 이런 장면은 고향의 화려한 성당─스테인드글라스, 청금석 제단, 금빛 의자 지붕, 분홍색과 녹색 대리석 기둥이 있는─과는 매우 달라 보였다. 하지만 성사는 똑같이 견진을 받아들이는 자녀들을 그리스도의 군대로 만들었다.

이후 주교는 슬프게 말하곤 했다. "불쌍한 사람들! 이탈리아를 떠난 게 잘못이에요. 광산에서 돈은 잘 벌지만……."

"주교님, 이 사람들은 선택의 여지가 없었어요. 물론 개인적으로는 이탈리아에서 농사를 지으며 사는 것이 여기서 광부로 사는 것보다 좋았을 거예요. 하지만 집단으로는 아니에요. 그들은 먹고살기 위해 미국에 와야 했어요. 저는 그저 이 사람들이 그밖에 다른 걸 생각할 여유가 없어서 가슴이 아플 뿐이에요."

덴버에서 프란체스카의 주된 사업 대상은 물론 이탈리아 이민자와 가톨릭 신자였지만, 그들로만 국한하지는 않았다. 어느 날 영이라는 사람이 레슬리라는 딸을 데리고 샌프란시스코로 왔다. 자신이 재혼했는데 아이가 새 아내와 잘 지내지 못한다며, 돈을 드릴 테니 아이를 받아달라고 했다. 프란체스카는 아이를 받아들였는데, 레슬리는 몹시 힘든 아이여서 수녀들은 아이를 집으로 돌려보내고 싶어했다. 프란체스카는 그러도록 허락하지 않았다. "돌려보내지 마세요. 그래야 아이가 가톨릭 신자가 되고 아버지도 개종할 거예요." 그리고 그걸로는 부족하다는 듯이 덧붙였다. "또 있어요. 레슬리는 곧 선교수녀회에 들어올 거예요." 이 모든 말은 그대로 실현되었다.

덴버 계획이 무르익는 동안 프란체스카는 콜로라도 주를 떠나 뉴저지 주로 돌아왔다. 알링턴에 세인트앤서니 고아원을 세우기 위해서였다. 알링턴은 뉴어크와 퍼세이크 사이에 위치해서 인구 많은 산업 도시들과 가깝다는 이점이 있었다. 프란체스카는 아이들이 뛰어놀 넓은 마당이 딸린 큰 집을 싼값에 구했다. 그 시설은 인구 밀집지에 쉽게 닿을 수 있는 동시에 한 발짝 떨어져 있었다. 이번에도 그녀의 판단은 아주 적합했다.

프란체스카가 이 사업의 자금을 어떻게 댔는지는 오늘날까지 수수께끼다. 이탈리아인들로부터 열심히 모금하더라도 그렇게 모을 수 있는 돈은 많지 않았다. 사업에 필요한 큰돈을 구하려면 부유한 이들을 찾아가야 했다. 그녀는 방문할 상대를 임의로 고른 듯이 보이는데도 찾아간 이들은 대체로 모금에 참여했다. 부호인 웬트워스 씨에게 갔을 때는 집무실 앞에서 무작정 기다렸다. 그가 프란체스카와의 만남을 여러 차례 거절했기 때문이다. 마침내 그녀를 피할 수 없는 상황이 오자 웬트워스 씨는 약간 호통치듯 말했다. "뭘 팔려고 하는 겁니까?"

"파냐고요? 그저 아이들 때문입니다."

어리벙벙한 얼굴로 프란체스카를 바라보는 그에게 그녀는 높고 가는 목소리로 이야기를 했다. "처음 사업을 시작했을 때 웬트워스 씨도 꿈이 있으셨죠. 사업에 성공하겠다는 꿈이요. 저도 꿈이 있습니다. 웬트워스 씨의 꿈과는 다르지만 그것도 꿈입니다."

프란체스카는 그에게서 큰 금액의 수표를 받았다. 그녀의 기질은 모금과 맞지 않았음에도 사람들의 마음에 와닿는 구석이 있었다. 어느 지점에 이르면 그녀는 사람들에게 꾸밈없이 말했다. "이런 부탁은 사실 특권을 드리는 거예요. 선행할 기회를요. 제가 찾아온 데 감사하셔야 해요."

그러면 냉혹한 사업가들도 결국 수표책을 꺼냈다.

사실 프란체스카는 자주 '하늘의 은행'에 의지했다. 돈을 구할 방법이 없어 보이면 한 수녀를 불렀다. "거기 서랍을 한번 볼래요?"

"저 서랍이요, 원장 수녀님? 거긴 아무것도 없어요."

"마지막으로 본 게 언제인가요?" 프란체스카가 책상에 앉아 글을 쓰면서 어깨 너머로 물었다.

"어제요, 원장 수녀님."

"오늘 보면요?"

이것은 최후의 수단이었지만 언제나 통했고, 수녀들은 절박해지면 필요가 충족되리라고 믿었다.

프란체스카는 늘 말했다. "우리는 아무것도 없지만 수백만 달러를 써요." 그것은 사실이었다. 수백만 달러가 필요했고 수백만 달러가 생겨났다. 하늘의 은행이 아니면 어디서 오는 자금인지 아무도 알지 못했다.

콜럼버스 병원의 확장

뉴욕의 콜럼버스 병원은 성공을 이어갔다. 10번가의 포스트그레쥬에이트 병원을 인수하고 19번지의 집 세 채를 더 매입해서 병상을 200개까지 늘렸다. 이 자리에 현재의 콜럼버스 병원을 세웠다.

1903년 말에 프란체스카는 병원 사업을 위해 시카고에 갔다. 여러 방면에서 이 일을 하라는 압박이 들어왔다. 하나는 수녀들이 교사로 일하는 학교가 소속된 마리아의 종 수도회였고, 또 하나는 버펄로에서 시카고로 전보된 퀴글리 대주교였으며, 다른 하나는 1879년부터 시카고의 개업의로 일하다가 당시 파스퇴르 연구소장으로 재직하던 젊은 이탈리아 의사 라고리오였다. 마더 카브리니와 젊은 수녀

두 명은 석 달 동안 라고리오의 집에서 지내면서 병원을 세울 장소를 물색했다.

병원을 세우려면 할 일이 몹시 많았다. 우선 기금이 필요해서 세 수녀는 매일 모금을 나갔다. 대개 새벽같이 나갔다가 미사에 참석하러 돌아와서는—라고리오 부부는 그때까지 잤다—부엌에서 따로 아침을 먹고 다시 집을 나섰다. 저녁이면 지쳐서 바로 잠자리에 들었다. 때때로 라고리스 가족과 '가족적인 시간'도 가졌다. 그들은 사비에로 수녀가 피아노로 오페라 곡을 한두 곡 연주할 때마다 즐거워했다. 그 수녀는 데 마리아 대령의 딸이자 카브리니에 관한 익명의 일대기의 저자였다. 지친 프란체스카에게도 그 음악은 좋은 여흥이 되었다.

기쁜 순간과 별개로 돈은 금방 모이지 않았다. 퀴글리 대주교의 자문이 없었다면 마더 카브리니도 큰 실수를 할 뻔했다. 당시 대주교는 시카고에 막 부임한 상태였다. 고아원을 개원할 계획이었던 프란체스카는 알렉시오 수도회가 운영하던 옛 병원이 싸게 나왔기에 그 건물을 사려고 했다. 그때 다행히 대주교가 한번 살펴보았는데, 썩어가는 바닥에 먼지가 두껍게 쌓이고 천장과 더러운 창문에는 거미줄이 가득한 곳이었다. 여기저기 유리창이 깨졌는데도 공기가 축축하고 퀴퀴했다. 벽은 석회가 떨어져나갔고 군데군데 습기가 차 있었다. 전체적으로 음울하고 황량했다. 퀴글리 대주교가 그곳을 살펴본 뒤 프란체스카를 불렀다.

"그 건물 상태가 어떤지 아십니까?"

"네, 대주교님. 물론 제 마음에 드는 상태는 아닙니다만 청소를 싹 하면……"

"청소를 싹 한다고요! 그곳은 청소할 수 있는 장소가 아니에요. 쥐와 바퀴벌레와 빈대가 들끓어요! 그걸 다 없앤다고 해도 수녀님들께 어울리지는 않을 겁니다. 이탈리아 분들에게는 더 좋은 곳이 필요하고, 고아원보다 병원이 더 필요합니다."

그래서 프란체스카는 다시 장소를 물색하다가 4월의 눈 내리는 어느 날 링컨 공원을 앞에 두고 뒤에는 호수가 있는 노스쇼어 호텔과 마주쳤다. 호텔은 6층짜리 회색 건물이었고, 관리 부실로 망가지기 전에는 상당히 화려했다. 위치는 시카고에서 손꼽혔으며, 이후 호수를 간척해서 더 좋아졌다. 게다가 당시 나와 있던 가격―16만 달러―은 저렴했다.

도대체 프란체스카는 어떻게 그런 계약을 체결할 수 있었을까? 그녀가 퀴글리 대주교에게 지금까지 1,000달러를 모았다고 말하자 그는 고개를 젖히고 웃었다. "원장 수녀님! 1,000달러를 가지고 뭘 할 수 있나요?"

프란체스카도 문제를 알았고 이 일이 현실성이 없다고 생각하기도 했다. 그래도 계속 돈을 모으면서 저렴하게 나온 노스쇼어 호텔을 시카고의 이탈리아 이민자를 위해 쓴다는 분명한 계획을 제시했다. 대부분의 사람들은 고개를 저었다. 여기서 100달러, 저기서 10센트씩 받아 마침내 1만 달러를 모았는데, 그 일은 대주교의 조언에 따라 노스쇼어 호텔 같은 큰 짐을 자기 어깨에 짊어지고자 하는 순명 덕분이었다. "나 혼자였다면 그런 실수를 저지르지 않았을 것이다. 나는 언제나 내 다리 길이만큼 조금씩 나아갔을 뿐이다. 하지만 대주교님이 원하시면……"

이번에는 그 순명이 통찰력 같은 효과로 이어졌다. 노스쇼어 호텔 구입은 프란체스카의 지략이 가장 빛났던 사업 계약으로 평가받는다.

경찰관 한 명이 새벽 5시에 레이크뷰 대로를 순찰하다가 어슴푸레한 빛 속에서 이상한 광경을 보았다. 두 수녀가 폐쇄된 호텔 바깥을 어슬렁거리고 있었다. 이따금 몸을 굽히고 땅에 무언가를 댔다가 인도에 표시하고 수첩에 메모를 적더니 약간 이동해서 같은 행동을 반복했다. 경찰관은 무슨 일인지 알 수 없어서 모자를 뒤로 밀고 정수리를 긁었다. 수녀들이 그런 일을 하는 걸 본 적이 없었다. 만약 그가 가톨릭 학교에서 수녀들에게 교육받은 신앙심 깊은 아일랜드인이 아니었다면 바로 다가가서 "지금 무슨 일을 하시는 겁니까?" 하고 물었을 테지만 그는 모퉁이를 돌아가서 상관을 불렀다.

"경사님, 저분들이 뭘 하는 걸까요?" 상관과 함께 조용히 건물 모퉁이 너머를 살펴본 뒤 경관이 물었다.

"난들 알겠나, 클랜시! 호텔을 측량하는 거 같은데?"

"저 끈으로요?"

"그래, 측량하는 것처럼 보여. 저 호텔을 산다는 이탈리아 수녀들인가봐."

호텔 주인들은 부지 규모 관련 자료를 주었다. 프란체스카는 그들을 믿을 수 없다는 느낌이 들었다. 그래서 사기를 당하지 않도록 라고리오의 집에서 함께 지낸 수녀 두 명에게 노스쇼어 호텔 부지의 정확한 크기를 측정시켰다.

그날 오전 프란체스카는 계약서를 작성하러 주인들을 만났다. 잠깐 날카로운 눈으로 그들을 바라본 뒤 서류를 내려놓고 말했다. "이 블록 전체가 호텔 땅이라고 하시더니 실제로는 그만큼이 안 되네요. 끝부분 7.5미터가 빠져요."

사실이었다. 그 폭이면 마당 딸린 집 두 채를 나란히 지을 만했다. 그만큼이 없다면 건물 부지도 손해 보지만 남은 건물의 가치도 심각하게 훼손되었다. 주인들은 프란체스카에게 그게 블록 전체라고 우기려고 했지만 그녀는 차분히 바라보면서 말했다. "저희 수녀들이 직접 측정했어요. 원하시면 다시 재볼 수 있어요."

그들은 그럴 필요는 없다고 수긍했다.

그밖에도 프란체스카를 속이려고 한 사람들이 있었다. 이탈리아인이니 미국에 대해 잘 모를 터였다. 게다가 사업에 대해서 뭘 알겠는가? 이때 프란체스카는 다른 지역에 일이 있어서 호텔을 병원으로 바꾸는 개수 및 보수 작업의 책임을 수녀들에게 맡기고 떠났다. 그러자 건설업자들은 약간만 수리하면 되는 곳에도 대규모 수리를 제안해서 건물을 거의 환골탈태시켰다. 거액의 청구서가 날아들자 수녀들은 프란체스카에게 전보를 보내서 어서 와서 이 문제를 해결해달라고 부탁했다.

프란체스카는 즉시 돌아와 도착 당일에 퀴글리 대주교를 만났다.

대주교가 말했다. "그래요, 수녀님들이 곤경에 처했어요. 그래서 제가 원장 수녀님을 부르라고 했습니다. 하루이틀이면 압류가 들어올 텐데 그렇게 되면 수녀님들은 링컨 공원에서 주무셔야 해요. 하지만 이제 원장 수녀님이 오셨네요."

"네, 제가 왔습니다."

"시간이 없어요! 어떻게 하실 겁니까, 원장 수녀님?"

"이제 방법을 찾아봐야지요, 주교님."

노스쇼어 호텔―그곳은 이후 시카고의 콜럼버스 병원이 된다―에 간 프란체스카는 업자들이 벽의 석회를 모두 떼어내고 난방 장치, 바닥, 심지어 기둥까지 다 철거했다는 사실을 알게 되었다. 건물의 뼈대를 빼고는 사실상 남아 있는 것이 없었다. "예루살렘의 폐허!" 그녀는 그 심각한 상황에 놀라서 소리쳤다. 그들이 청구한 모든 비용은 적정 가격의 두세 배였다. 건설업자들이 수녀들을 만만한 호구로 본 것이다. 돈이 떨어져서 일을 중단할 수밖에 없었다.

마더 카브리니는 즉시 업자들을 불렀다. 그리고 우락부락한 얼굴에 탐욕스러운 눈을 한 남자들에게 말했다. "당연히 정당한 보수를 받으셔야지요. 더는 1센트도 드릴 수 없어요. 이제 이 일은 제가 맡겠습니다."

그들은 예상치 못한 전개에 당황했다. "무슨 말씀인가요?"

프린체스카가 차분히 바라보며 말했다. "무슨 말이냐고요? 계약 해지라는 뜻이에요. 지금부터 제가 책임자예요."

그들은 해고되었다. 협박하던 일부는 프란체스카가 부딪 행위 또는 사기의 증거를 내놓자 물러났다. 일부 괜찮은 사람과 재계약한 조건은 이전보다 공정했다.

프란체스카는 직접 건설업자가 되어서 조선소처럼 되어버린 건물 수리를 하나하나 감독했다. 그녀의 열정적인 지도 아래 개조 작업은 속도를 올려서 12개월은 걸릴 일이 8개월 만에 끝났다. 효율성에 가족 같은 분위기를 더해서 수녀와 인부들이 서로 친해졌다. 몇몇은 도중에 가톨릭으로 개종했기에 일에 더 열성을 쏟았다.

이미 상당한 피해를 입었지만 프란체스카는 다수의 부당 청구에 지불을 거부했고, 또 작업 현장에 직접 상주하면서 돈과 시간을 절약해서 심각한 손실은 피할 수 있었다. 프란체스카의 변호사 존 윌러드 뉴먼은 그녀가 곧장 문제의 핵심을 파악하고 단호하게 해결하는 모습에 감탄했다. 그리고 이때의 감동으로 개신교 신자인데도 그 후 평생 가톨릭 메달을 달고 다녔다.

뉴먼 변호사는 필요할 때마다 그들에게 법적 조언을 제공했다. 의학적 조언은 유명한 외과 의사 존 B. 머피[4]가 주었다. 많은 병원 장비에 머피의 이름이 붙어 있다. 그는 머시 병원의 원장이었지만 명목상 프란체스카의 병원의 원장도 겸했다. 프란체스카는 조언자를 선택할 때도 어김없이 최고를 찾아냈다. 그 용기와 효율성이 시카고 사회를 감동시켜서 이때까지는 조금씩 들어오던 기부금이 큰 금액으로 밀려들기 시작했다. 프란체스카의 유능한 손과 두뇌가 암울하기만

---

4 존 벤저민 머피(1857-1916)는 미국의 저명한 외과 의사이자 시카고의 의료 혁신가였다. 몇 가지 발명품과 치료 방식에 그의 이름이 붙어 있다.

―마더 카브리니

시카고의 콜럼버스 병원

하던 상황을 반전시켰고, 병원은 1905년 4월 26일에 정식으로 개원했다.

프란체스카는 시카고의 병원도 뉴욕의 병원과 마찬가지로 콜럼버스 병원이라고 부르기로 결정했다. 이후 그녀는 세우는 모든 병원에 이 이름을 붙였다. 이 병원은 처음부터 돈 많은 환자들을 받았지만—장비가 최고 수준이었기 때문이다—, 그래도 이탈리아 이민자들에게 이 병원이 무엇보다 그들을 위한 병원임을 보여주고자 했다. 선교수녀회는 시카고에서 그런 병원을 세 곳 운영했다.

누구 하나 외면받지 않도록

늘 그랬듯 프란체스카는 그 사업이 안정적 궤도에 올랐다고 확신히

자마자 다른 계획으로 옮겨갔다. 고열이 있는 와중에도 더 서쪽으로 떠났고, 멋진 경치에 감탄할 때면 건강 문제도 잠시 잊는 듯했다. 그녀는 우선 시애틀로 갔다. 다음에는 캘리포니아로 갈 생각이었다.

시애틀에도 병원 설립을 계획했지만 우선은 비컨힐에 작은 고아원과 교구 학교를 세우는 데 만족했다. 이탈리아 이민자들을 위한 임시 목조 교회도 만들었는데, 처음에는 교회 종이 없어서 일요일 아침마다 사람들을 불러오라고 수녀 두 명씩 조를 이뤄 흩어진 주거지로 보냈다. 그 사람들은 30년에서 40년 가까이 교회에 발을 들여본 적 없었다. "이 이탈리아인들이 오랫동안 하느님을 떠나 있었지만 나는 아직도 신앙이 그들의 뼛속 깊이 뿌리를 내리고 있다는 걸 알게 되었습니다……. 약간의 친절과 예의를 발휘하면 그들을 쉽게 하느님께 데려올 수 있습니다. 연로한 어르신들이 이탈리아 교회에서 모국어로 된 하느님의 말씀을 듣고 오래전에 떠난 고국과 소중한 어린 시절을 떠올리며 뜨거운 눈물을 흘리는 모습은 매우 감동적이었습니다." 어떤 이들은 신앙심이 솟구친 나머지 미사가 시작되기 전에 십자가의 길 기도를 세 번이나 하기도 했다.

이 교회를 지을 때 프란체스카는 하루 종일 비가 내리는 날에도 직접 곡괭이를 들고 터 닦기 작업을 했다. 그녀에게는 벌목장, 광산, 감옥이 모두 하나였다. 그 모든 곳에서 이탈리아인들은 마침내 누군가 자신들을 도와준다는 느낌을 받았다. 그들은 감사한 마음으로 "어미 닭을 따르는 병아리처럼" 프란체스카를 따랐다.

프란체스카의 감옥 사업도 언급해야 한다. 극도로 음울한 뉴욕의 싱싱 감옥 Sing Sing Correctional Facility 을 시작으로 이미 그 일을 진행하고 있었으니 아예 새로운 사업은 아니었다. 그녀는 이탈리아 죄수들에게 큰 동정심을 품었다. 이 힘없고 불운한 남자들에게는 쉽게 범죄의 낙인이 찍혔다. 프란체스카는 어느 날 시카고에서 한 수녀와 함께 길을 걷다가 겁에 질려 속삭였다. "저 사람 봤어요? 손에 수갑을 차고 있어요. 하지만 죄가 없을지도 몰라요."

죄가 있건 없건 그녀는 주재 성직자들도 손쓰지 못하는 사람들에게 연민을 품었다. 이탈리아어를 하는 사제들에게 감옥에 가서 고해를 들어달라고 부탁했고, 수녀들도 일주일에 두세 번 감옥에 방문하게 했다.

프란체스카는 사형수들에게 각별히 관심을 기울였다. 그녀는 사형을 잠시 유예하고 사형수의 노모를 이탈리아에서 불러와서 마지막 인사를 나눌 기회를 마련해주었고, 더 나아가서 선고의 재심을 이루어내기도 했다.

싱싱 감옥에서 프란체스카는 사형 집행이 예정된 한 이탈리아인에게 그의 딸을 웨스트파크의 고아원으로 데려오겠다고 약속했다. 그 약속은 그에게 큰 위안이었다. 사형 판결 이후 그는 절망해서 자살을 시도했다. 하지만 수녀들은 삶의 마지막 일주일 동안 매일 그를 찾아갔고, 마지막 날에는 거의 하루 종일 곁에 있으면서 그가 기독교인답게 고통을 감수하도록 했다. 선기의사에 오를 때 그는 간수에게 십자가를 건넸다. "이걸 수녀님들께 전해주세요."

뉴올리언스에서는 교수형을 앞둔 젊은 흑인을 개종시켰다. 그가 사형장을 향해 복도를 걸어갈 때 감방 동료들이 자신들의 석방을 위해 기도해달라고 소리쳤다. 그러자 그가 말했다. "아니, 더 좋은 기도를 해주겠어. 내가 회개했듯이 당신들도 회개하기를 기도할게."

시카고에서는 사형수 다섯 명에게 동시에 교수형을 집행할 예정이었다. 그들에게 사형 선고를 내린 판사가 수녀들에게 마지막 날 그들 곁에 있어달라고 부탁했다. 수녀들은 사형수들의 곁에서 그들이 회개, 믿음, 소망, 자비에 이르게 도와주었다. 아직 소년 티가 남아 있는 가장 어린 사형수가 겁을 먹고 마더 안토니에타 델라 카사에 매달렸다. 그녀는 그에게 직접 교수형 헬멧을 씌워주어야 했고, 그의 손을 잡은 채 마지막 순간까지 곁에 있었다. 그에게 용기를 주려고 내내 침착함을 유지했지만 집행을 마친 뒤 일주일 이상을 앓았다.

감옥 사업은 마더 카브리니와 선교수녀회가 실행한 많은 일들이 그랬듯이 스스로 계획한 것이 아니라 긴급한 필요성을 인지해서 수용한 결과다. 좀 더 명확한 체계가 도입된 이후로는 그 일을 그만두었지만 이전까지는 할 일이 수백 가지인 수녀들이 감옥까지 챙겼다. 수녀들은 이탈리아인들의 종교 심리에 대한 깊은 이해를 가지고 있었고, 이 능력으로 많은 이들을 도왔다. 이후 싱싱 감옥 재소자들은 수도회 설립 25주년 때 프란체스카에게 아름다운 축사로 감사를 표시했다. 시카고의 재소자들은 모금한 돈으로 마차를 사서 감옥을 방문하는 수녀들에게 선물했다.

프란체스카는 남에게도 자신에게도 "내 계획은 이것이고 그 이상은 할 수 없어요."라고 말한 적이 없다. 그녀의 넓고 따뜻한 심장은 늘 새로운 분야, 성공이 보장되어 있지 않은 일을 찾아 나섰다. 이미 많은 일이 그녀를 기다리던 시애틀에 처음 갔을 때부터 프란체스카는 알래스카 사업을 구상했다. 많은 이탈리아 광부가 향했던 알래스카에는 이누이트인도 있었다. 그녀는 그리스도를 모르는 땅에 그의 이름을 전파하고픈 열망이 컸다. 알래스카 생활도 고려했지만 수녀들에게는 어렵다는 것을 깨닫고, 대신 자원봉사자를 모집해서 그중 다섯 명을 뽑았다. 프란체스카는 알래스카 계획에 아주 진지했다. 자원봉사자들에게 "지체 없이 기쁜 마음으로" 오라고 촉구했지만 이 계획은 현실성이 부족해서 결국 중단되었다. 가까운 곳에도 할 일이 너무 많았다.

알래스카 선교는 포기했지만 비기독교인 대상 선교는 포기하지 않았다. 프란체스카의 꿈은 1905년 9월 덴버에서 캘리포니아로 가는 길에 애리조나의 푸에블로 원주민 지역을 방문했을 때 되살아났다. 그곳에 간 것만으로도 그들에게 선교하고픈 열망을 느꼈다. 니카라과 원주민을 만난 이후로 원주민 선교에 강력하게 끌렸다. 푸에블로인들에게는 이미 가톨릭 신앙이 전파되어 있었지만 그들 대부분은 아직 토착 신앙을 믿었다. 여건 때문에 그들에게 돌아가지 못하자 그녀는 자기 열정의 일부가 쓰임을 찾지 못하거나 긴요한 목적을 놓쳤다는 슬픔을 느꼈다.

당시 서부에는 아직 열차 강도가 횡행했다. 어느 날 밤 한 강도 떼가 프란체스카가 탄 기차를 멈춰 세우려고 했다. 프란체스카가 앉은 좌석의 창문이 깨져서 차장이 찾아와 그녀의 머리 위쪽에서 못을 뽑아냈다. 강도들이 총알로 사용한 못이었다.

"가만히 계세요, 수녀님." 그가 말했다. "놀라실 필요 없어요. 이제 벗어났으니까요."

그는 다른 승무원과 함께 못이 박힌 창문의 구멍을 통해 그 궤적을 측정했다. 정확히 프란체스카의 머리 방향이었다.

"수녀님." 차장이 말했다. "누군가 수녀님을 돌봐주는 것 같습니다. 강도가 수녀님 얼굴 바로 앞에서 쐈어도 맞히지 못했을 겁니다."

그 말에 프란체스카가 미소를 짓고 그 '누군가'는 예수성심이라고 말했는데 그는 그 말을 이해하지 못했다. 동행한 수녀는 악마가 나오는 꿈을 꾸었다. 꿈에서 악마가 말했다. "아, 그 여자를 찢어버릴 수만 있다면!" 그 이야기를 들은 프란체스카는 조용히 말했다. "불쌍한 악마! 우리가 사람들 영혼을 빼앗아갈 때 얼마나 괴롭겠어요."

이 시절 북아메리카를 종횡하는 프란체스카의 움직임은 일일이 추적하기가 힘들 만큼 빠르다. 여기 시간순으로 다 기록할 필요도 없다. 그저 그녀가 1904년 봄에는 동남부 해안의 뉴올리언스에, 1905년 가을에는 서부 해안의 로스앤젤레스에 있었다고만 말해도 충분하다. 이 두 지역은 뉴욕, 시카고, 덴버, 시애틀과 함께 프란체스카의 미국 사업의 주요 거점이었다.

뉴올리언스의 사업은 12년 전 극심한 궁핍 속에 시작했지만 꾸준히 성공을 이어갔다. 수녀들은 아직 가난했고 세인트필립 스트리트의 고아원과 학교는 많은 것이 부족했다. 하지만 그들의 사업은 가치를 증명했기에 그 시설들은 점점 뉴올리언스 이탈리아 이민자들의 중심이 되었다. 프란체스카는 지원이 조금만 더 있으면 훨씬 더 많은 일이 가능하다는 것을 알았다.

마침내 그녀가 기도로 요청하던 후원자가 나타났다. 은퇴한 상선 선장 살바토레 피자티였다. 그는 미국에 와서 무역으로 큰돈을 벌었다. 그동안 빈센트 수도회에 많이 기부했지만 모종의 이유로 선교수녀회에는 수녀들이 모금하러 와도 10센트나 15센트 이상 주지 않았다. 그러던 어느 날 그가 수녀회 학교를 지나가다가 아이들이 마당에서 기도하는 모습을 보았다. 아이들 대부분이 그의 고향인 시칠리아 출신이었다. 그의 마음속에 동향인에 대한 애정이 깨어났고, 그들을 위해 고아원을 세워야겠다는 생각이 들었다.

그는 그날 프란체스카를 찾아와서 약간 두서없이 말했다. "원장 수녀님, 왜 좀 더 일찍 저를 찾아오시지 않았나요? 이 아이들을 위해 무언가 하고 싶습니다." 그가 참여하게 된 사업은 규모가 아주 컸다.

하지만 이탈리아 이민자 사회에는 흔히 반교권주의 분파들이 있었고, 그들도 선장의 지원을 손에 넣을 작정이었다. 그들은 병원을 설립하겠다는 계획을 세워 고아원보다 더 좋은 일에 돈을 써야 한다고 최선을 다해 그를 설득했다. 그들의 주장도 꽤 그럴듯했기에 프란체스카는 자신이 뉴올리언스를 떠난 뒤 충동적인 피자티 선장이 그들에게 넘어갈까 걱정스러웠다. 그래서 그의 지원에 이변이 없도록 그에게 법적 문서에 서명을 시켰다. 나중에 그는 반교권주의 병원 추진자들에게 그들을 돕고 싶지만 그럴 수 없는 처지라고 말하게 되었다. "마더 카브리니와 합의서를 작성해서 빠져나올 수가 없어요."

그들은 착한 선장이 휘둘리고 있다고 생각하며 그의 등을 토닥였다. "당연히 빠져나올 수 있어요! 내일 변호사가 와서 방법을 알려줄 거예요. 변호사한테 합의서만 보여주세요. 그냥 종이 쪼가리일 뿐이에요."

하지만 다음 날 그들의 변호사는 합의서를 검토하고 고개를 저었다. "이 합의는 깰 수 없을 것 같습니다. 강철 같은 합의예요." 프란체스카가 원했던 그대로였다.

프란체스카에게 반대하는 분파는 이탈리아 영사까지 끌어들였다. 정부 대리자로서 영사의 영향력은 컸다. 그러자 프란체스카는 영사를 찾아가서 직설적으로 말했다. "이 일을 방해하려고 하면 대가를 치르실 거예요!" 영사는 그녀가 어떤 일 앞에서는 사자가 된다는 것, 그리고 이탈리아 정부에 호의를 베풀려고 왔다는 것을 알았다. 프란체스카의 말 한마디면 그가 큰 피해를 입을 수 있었다. "마더 카브리니하고는 부딪히지 않는 게 좋아요." 그는 이렇게 말했다.

뉴올리언스의 기관은 마침내 에스플러네이드 대로 3400번지의 새 건물에 입주했다. 그 위치는 1905년에 황열병이 도시를 휩쓸 때 이점이 될 만한 위치였다. 아직 서류상으로만 존재하는 시설이었기에 사용할 수 없었지만 그것이 곧 생긴다는 사실은 이탈리아 이민자들 사이에서 전에 없이 큰 위안을 주었다. 슬럼가에 복닥거리며 사는 불쌍한 이민자들은 황열병에 파리 떼처럼 쓰러졌다. 수녀들은 배움이 부족한 사람들이 집에 들이는 거의 유일한 사람들이었다. 문맹인 그들은 병균에 대해서 잘 몰랐고 의사와 사제들이 일부러 그걸 옮긴다는 소문을 믿었다. 그들이 가는 곳에 죽음이 빈번했기 때문이다. 사람들은 수녀들만 믿었다.

그러던 어느 날 한 병자가 수녀에게 '죽는 약'을 달라고 했다.

"무슨 약이요? 저는 약이 없어요." 수녀가 놀라서 말했다.

"있잖아요, 수녀님. 제발 주세요. 제 원수한테 쓰고 싶어요."

물론 수녀들은 약을 가지고 다녔고 사실 그 약도 있었지만, 그 약을 목숨을 앗기 위해서는 쓰지 않았다. 사람들은 의사와 간호사도 피하는 곳을 거리낌없이 다니는 수녀들을 목격했다.

때로는 사제들도 의심을 받았다. 어쨌건 죽음을 앞둔 사람에게 이탈리아어로 종교의 위안을 줄 수 있는 사제가 별로 없었다. 죽음이 임박한 사람들은 고해를 받아달라고 사정했다. 수녀들이 그 일을 할 수는 없었지만 마지막 시간에 그들의 영혼이 신의 심판을 준비하도록 도와주었다.

많은 이탈리아인이 무지로 인해 의사를 꺼리자 도시 방역 당국은 수녀들을 이용해서 이 편견을 깨려고 했다. 해군 병원 의료진을 수녀회 아래 배치하고 아침마다 세인트필립스 스트리트에 약과 음식을 배달했다. 호출을 받으면 의사는 환자의 허락을 구하기 위해 수녀와 함께 구급차에 탔다. 그래도 환자들은 수녀가 눈앞에서 약을 직접 먹어야 자신들도 약을 먹는 경우가 많았다. 그래야만 그 약을 먹어도 죽지 않는다는 사실을 믿었다. 의사가 환자를 입원시키기로 결정하면 수녀들은 환자와 함께 병원까지 갔다. 수녀들이 동행하지 않으면 환자가 움직이지 않았다.

대주교—프란체스카가 파리에 갔을 때 환영해준 플라시드 루이 샤펠—도 황열병에 걸려서 8월 9일에 죽었는데, 그 뒤로 전염병은 차츰 가라앉았다. 하지만 수녀들은 병에 누구보다도 많이 노출되었는데 한 명도 감염되지 않았다. 이 시기 수녀들의 노고에 대해 이후 이탈리아 외교부 장관이 감사 편지를 보냈다.

그해 가을 프란체스카는 로스앤젤레스에 있었다. 로스앤젤레스는 당시에도 놀라운 속도로 성장하고 있었지만 지금 같은 거대 도시는 아니었다. 이때도 프란체스카는 도시 끝에서 끝까지 걸어 다니며 구석구석을 살핀 뒤 고아원을 세울 최적의 장소를 결정했다. 특별한 충동이 있을 때는 지도만 보고 장소를 고르기도 했지만 대개 프란체스카는 이런 식으로 일했다. 직접 둘러보려면 많은 시간이 걸리지만 그렇게 해야 정말로 적절한 장소인지 확신할 수 있다고 믿었다. 당시 그녀는 그곳의 이탈리아인뿐 아니라 멕시코인을 위한 사업도 구상했다. 프란체스카가 로스앤젤레스를 떠났을 때 선셋 대로에는 레지나 코엘리 고아원이 있었고 알파인 스트리트에는 학교 한 곳이 문을 열었다.

이때 새로운 사업, 또는 그 아이디어가 태동했다. 프란체스카는 이탈리아 빈민 가운데 영양실조에 걸린 아이들을 자주 보았다. 그들 중 많은 아이들이 이미 결핵에 걸렸거나 앞으로 걸릴 가능성이 높았다. 결핵은 아이들의 경우 제때 치료하면 쉽게 나을 수 있었다. 휴식과 충분한 영양, 공기가 필요했지만 빈민들이 사는 집에서는 그런 것을 구할 수 없었다. 그래서 프란체스카는 인근 버뱅크—그 시절에는 땅

—마더 카브리니

값이 쌌다―에서 여자아이들을 위한 결핵 예방 시설을 세울 만한 땅을 보자 즉시 사들였다. 몇 년 후라면 천정부지로 부동산 가격이 올라서 사지 못했을 부지였다. 이곳은 캘리포니아 최초의 결핵 예방 시설이었다. 프란체스카는 해당 지역뿐 아니라 미국 전역에서 발견한 많은 아동 결핵 환자에게 도움을 주었다.

프란체스카가 이렇게 로스앤젤레스에 있을 때 예수성심 선교수녀회가 창립 25주년을 맞았다. 다른 사람이라면 섭리의 집을 떠난 작은 무리가 옛 프란치스코회 수도원으로 향한 날인 11월 14일에 맞추어 코도뇨로 돌아갔을 것이다. 하지만 프란체스카는 이탈리아로 돌아가기 전에 해야 할 일이 있었기에 축하는 여유가 생길 다음 해로 미루었다. 그녀는 과거는 별로 돌아보지 않았다. 프란체스카의 앞에는 아직 미래가, 새로운 계획과 새로운 일이 있었다.

하지만 캘리포니아는 이런 기회를 그냥 지나치지 않았다. 교구 사제들은 종교 수도회 창립자가 중대한 창립 기념일에 로스앤젤레스에 머무른 적은 처음이라며 그날을 크게 축하해야 한다고 주장했다. 프란체스카에게 그것은 물론 코도뇨에서 하는 축하와는 다르게 와닿을 테지만, 지역 성직자들에게 기쁨을 줄 테니 제안을 받아들였다. 소속 수녀 전체가 함께하는 진짜 축하는 나중에 할 수 있었다.

17장

미국 시민이 되다

수도회 창립 25주년을 뒤늦게 축하하며 프란체스카 카브리니는 그들이 뉴욕에 발을 디딘 지 이제 겨우 17년이라는 사실을 회상했다. 그동안 그들은 8개국에 50개 시설을 세웠고 소속 수녀는 1,000명이 늘어났다. 놀라운 성취였지만 프란체스카는 하느님께 모든 일을 바쳤다. "제가 한 일이 아니에요. 하느님이 모든 걸 하셨고 저는 지켜보았을 뿐입니다."

그들의 공동체는 아직 작았지만 마더 카브리니는 이제 모든 이탈리아인이 아는 유명인이었다. 이탈리아 정부도 그녀에게 공식적인 감사를 표했고 얼마간 지원도 해주었다. 주미 이탈리아 대사는 이렇게 말했다. "대사인 저에게 선교수녀회의 총원장님은 더없이 소중한 협력자입니다. 제가 권력자들과 함께 이탈리아를 위해 일하는 동안 마더 카브리니는 비천한 자들, 병자들, 어린아이들이 이탈리아를 사랑하고 존경하게 만들었습니다." 프란체스카는 이탈리아에서 왕비를 접견하고 훈장을 받았다. 그리고 자유주의─이탈리아에서는 반교권주의를 의미했다─ 를 표방하는 정치인들도 그녀가 이민자들에게 모든 정부 기관을 합한 것보다 더 많은 일을 하고 있다고 인정했다. 공개적으로 말하지 않는 사람들도 속으로는 그 사실을 인정했다.

미국 본토에서 이탈리아 이민자들에 대한 경멸이 누그러들기 시작했다면 프란체스카의 공이 컸다. 물론 그게 전부 또는 대부분이 프란체스카의 덕분이라고 할 수는 없다. 출세한 이탈리아인은 많았으며, 그들은 물질적 성공을 중시하는 이들에게 존경받았다. 하지만 프란체스카가 가난한 사람들에게 가져다준 희망은 그들의 위엄과 자신감을 키워주었다. 그녀가 세운 학교와 고아원들은 몹시 빈약했던 자원을 생각하면 칭찬 그 이상을 받아 마땅했다. 수녀들은 뉴욕, 시카고, 덴버, 태평양 연안에서 멕시코 만까지 미국 전역에서 바쁘게 일했다. 활동의 양상은 약간 달라도 중남미, 프랑스, 영국, 스페인에서도 열심히 봉사했다. 마더 카브리니가 세계를 정신없이 누빌 때마다 새로운 기관이 생겨서 활발한 활동으로 이어졌다.

프란체스카는 내향적 성격을 타고났지만 공적 인물이 되었다. 각광 받는 것을 싫어하고 신문에 사진을 싣기도 싫어했다. 사진은 오직 수녀들이 다정하게 부탁할 때만 찍었다. 하지만 작은 체구에 미소와 생기가 넘치는 이 수녀가 누군지 모르는 사람들도 그녀가 중요한 사람이라고 느꼈다.

이 시절 프란체스카는 이제 자신이 할 일을 다 했다고 느꼈다. 책임자의 짐을 내려놓으려 준비하면서, 큰 계획을 세우기보다는 작은 일까지 점검하는 데 몰두했다. 처음 일을 시작할 때부터 길어 봐야 2년이 한계라는 말을 들었던 건강 상태는 나이가 들어도 전혀 나아지지 않았다. 모든 사업을 잘 마무리한다면 휴식할 자격이 있었다. 프란체스카는 이제 사업을 젊고 건강한 수녀들에게 넘기고 늘 원하던 묵상의 삶으로 물러나고자 했다.

새로운 교황

프란체스카의 좋은 친구이자 후원자였던 교황 레오 13세는 1903년에 죽었고, 새로운 교황 비오 10세가 취임했다. 그녀는 비오 10세와는 전임자와 같은 각별한 우정을 누리지 못했다. 단순하고 소박한 비오 10세는 여러 가지 개혁과 모더니즘이라는 이름의 바이러스의 근절에 깊이 몰두했고, 그런 가운데에도 선교 사업에 무심하지는 않았다. 그의 재임기에 교황청은 성심 선교수녀회와 그들의 정관을 인가했다. 1888년에 이미 인가를 받았지만 그 후 좀 더 확실한 형식이 필요해졌다. 1907년에 마침내 분명한 인가를 얻었다.

교황 인가를 받으면서 성심 선교수녀회의 규칙은 확고한 형태를 갖추었다. 이제는 프란체스카가 계속 총원장을 맡더라도 그녀 자신은 로마에서 수도회만 관리하고 실제 선교 사업은 다른 사람들에게 맡겨도 좋았다. 하지만 규칙 승인은 프란체스카의 짐을 가볍게 해주기는커녕 잠시나마 오히려 일을 얹어주었다. 정관을 확실히 알리기 위해 소속 기관들을 모두 방문하기로 결정했기 때문이다. 그녀의 성실한 성품은 직접 찾아가지 않고는 못 배겼다. 자신이 규칙을 작성했으니 그 내적 의미를 수녀들이 있는 곳마다 찾아가서 설명해야 한다고 생각했다. 이렇게 방문하다 보니 프란체스카는 현장 활동에서 물러나려고 생각하는 와중에 새로운 사업을 시작했다. 책임을 맡은 일의 마지막 디테일까지 깔끔하게 정리하기 전에는 은퇴할 수 없었다. 그녀는 그 과정에 생긴 새로운 기회를 무시할 사람이 아니었다.

1907년 말 프란체스카는 부에노스아이레스에 갔다. 마지막으로 아르헨티나에 방문한 지 12년 만이었다. 이번에는 편하게 바르셀로나에서 배를 탔고, 떠나기 전에 포르투갈레테 후작의 후원 아래 마드리드 근처 카니야스에 고아원을 세웠다. 그녀는 고난을 거부하지 않았지만 일부러 찾지도 않았다. 그러기에는 너무 합리적인 사람이었다. 해야 할 일이 있으면 가장 간단하고 편리한 방식을 택했다.

프란체스카의 상식은 이제 다른 모습으로 펼쳐졌다. 부에노스아이레스의 학교를 확장 이전해야 해서 그녀는 한동안 적절한 건물을 찾으려고 애를 썼다. 하지만 3개월이 지나도록 일이 해결되지 않자 당분간 극복이 불가능해 보이는 문제로 더 이상 씨름할 필요가 없다고 판단했다. 직접 해결하고 싶었만 지역의 원장 수녀가 해낼 수 있다고 믿었다. 다른 곳에도 프란체스카가 필요했다.

프란체스카를 부른 곳은 브라질이었다. 전에 아르헨티나의 수녀 일부가 브라질 상파울루에 가서 학교를 세웠는데, 당시 프란체스카는 다른 일로 바빠서 그곳을 직접 챙기지 못했다. 이제는 브라질에 가볼 수 있었다. 그 지역 자체도 궁금했다. 이탈리아 이민자들이 그곳 인구의 3분의 1을 차지하고 성공적인 이민 생활을 하고 있었기 때문이다. 게다가 리우데자네이루에서 하루를 묵었을 때, 그곳 대주교인 아르코베르데 추기경이 그녀에게 학교를 또 만들어달라고 부탁했다. "원장 수녀님, 저는 백만 명의 영혼을 구원해야 합니다. 저를 도와주세요." 그런 부탁을 물리칠 수는 없었다. 프란체스카가 직접 왔으니 현장에서 그 일을 감독할 수 있었다. 언제나처럼 예리한 안목으로 시설을 최대한 중심지에 가까이 세웠다. 덕분에 요충지에서 사업을 진행할 수 있었다.

이제 예순이 다 된 프란체스카는 매일 아침 예전 같은 에너지를 느꼈다. 오전 6시면 육체 노동자들이 출근하느라 붐비는 전차를 타고 나가서 도시를 샅샅이 훑고 다니며 시설을 세우기에 적절한 장소를 찾았다. 몹시 피곤한 일이었지만, 그녀는 모든 가능성을 탐색하기 전에는 결정을 내리지 않았다. 프란체스카의 예리한 눈은 모든 것을 감지했다. 새 나라의 색조, 분위기, 냄새의 모든 조각을 다 파악하고 싶은 듯이 움직였다. 그녀는 수녀원에 틀어박혀서 계획을 짜는 사람이 아니었다.

이 시절 프란체스카는 근처 노동자 식당 아무 곳에서나 점심을 먹었고, 저녁이 되어서야 숙소로 쓰는 수녀원으로 돌아왔다. 마침내 플

라멩고 해변에서 알맞은 집을 찾았다. "꼭 장난감 집 같지만 당분간은 저걸로 버텨야 해요. 어쨌건 바다를 마주하는 좋은 위치예요."

프란체스카는 인근에 더 큰 집을 구하면 장소를 옮긴다는 전제 아래 그 집을 빌렸다. 장난감 같던 집은 한 달 안에 말끔히 단장되었고, 1908년 6월 25일—상서롭게도 성심 축일이었다—에 학교가 문을 열었다.

학교는 결국 성공했지만 운영 초기에는 예기치 못한 문제에 부딪혔다. 천연두가 퍼져서 수녀들 중에도 감염자가 생겼다. 학부모들이 전염병이 도는 학교에는 아이들을 보내지 않았기 때문에 이 감염만으로도 학교는 위태로웠다. 게다가 남은 아이들이 있어도 교사진이 부족해서 수업을 거의 진행할 수 없었다.

우연이지만 사건의 날짜도 이상했다. 수녀들 중 첫 환자인 제수이나 수녀가 병에 걸린 7월 12일은 수도회가 교황의 인가를 받은 1주년이었다. 그녀는 보건부 명령으로 격리 병원으로 옮겨졌다가 사흘 뒤에 죽었다. 그날은 프란체스카의 생일이었는데 그녀는 소식을 듣고 나직이 말했다. "하느님이 주신 생일 선물이에요!" 다른 사람이 그렇게 말했다면 냉소적으로 들렸을 것이다. 하지만 프란체스카의 말은 자신이 감사해야 할 십자가가 내려왔다는 뜻이었다.

이어 수녀 누 명이 더 병에 걸리자 프란체스카는 그들을 본관에서 2.5킬로미터 떨어진 작은 집으로 옮겨서 직접 간호했다. 그 일이 보건부의 귀에 들어가서 수녀들이 격리 병원에 수용되는 일을 피하기 위해서였다. 프란체스카는 이런 일에 익숙했고 간병을 잘해서, 두 수녀는 살아났을 뿐 아니라 얽은 자국도 남지 않았다. 그녀는 계속 그들의 목욕을 준비해주고 오돌토돌한 피부에 깃털로 아주까리 기름과 우유 크림을 발라주었다. 밤에도 램프를 들고 그들을 찾아갔다. 프란체스카의 머릿속에는 전염병과 싸우는 일뿐이었다. 병에 걸린 수녀들의 생사뿐 아니라 새로 세운 학교의 생사도 거기 달려 있었기 때문이다.

그 두 수녀 중 한 명—마리아 파스토렐리—은 이후 프란체스카의 시복 과정에서 자신이 받은 극진한 간호를 증언했다. 그녀가 천연두에서 회복하고 얼마 후 리우데자네이루에서 병에 걸렸을 때—그때는 위장병과 두통이었다—, 당시 시카고에 있던 마더 카브리니가 갑자기 나타나서 이마에 두른 젖은 붕대를 벗겨주었다고 했다. "왜 여기 누워 있어요, 수녀님? 일어나서 일을 해야죠!" 그 말을 듣고 잠이 깨었는데 일어나보니 붕대가 없어지고 병도 다 나았다고 이야기했다.

그런 일이 어떻게 생겼건, 프란체스카의 차분한 용기 덕분에 학교가 개교와 동시에 닥친 위기를 무사히 넘겼다는 사실은 분명하다. 그런 프란체스카지만 겉으로는 예의 바른 척 조의를 표하면서도 밖에서는 학교에 천연두가 창궐한다고 악의적인 소문을 퍼뜨린 어느 젊은 여자에게는 단호하게—리우데자네이루의 붐비는 도로에서—자신의 생각을 전했다. 프란체스카는 표리부동한 언행을 가장 싫어했고 분노에 휩싸이면 직설적인 표현도 썼다. 나중에 얼마간 분노가 누그러든 뒤에 그 일을 이렇게 설명했다. "그 여자는 혼내줘야 했어요. 그 자신뿐 아니라 다른 사람들을 위해서도요." 대주교 추기경은 이 이야기를 듣고 웃음을 터트렸다. "좋아요, 아주 좋아요! 리우에 계속 머물면서 모두가 정신 차리게 해주세요."

프란체스카는 미래를 위해 티주카에 '산의 틈새'라는 별명을 붙인 작은 집을 샀다. 집은 작았지만 부지가 넓었다. 오두막일 뿐이었지만 다시 전염병이 돌면 피난처로 사용할 만했다. 프란체스카의 소박한 설명과 달리 그곳은 도시에서 학교를 이전했을 때 중심이 되었다. 그곳으로 학교를 옮긴 다음에는 통학생만 받았다. 결국 천연두의 습격은 실보다 득이 더 많았다.

그런 일들을 처리하느라 프란체스카는 애초 의도했던 기간보다 브라질에 오래 머물렀다. 과로한 탓에 건강마저 나빠졌다. 학교가 위기를 넘긴 직후 말라리아에 걸렸던 후유증은 이후 평생을 갔다. 하지만 과거에도 건강 문제로 머뭇거린 일이 없었던 만큼 일할 때는 아픔을 잊었다. "나는 일하는 동안은 건강하다. 일을 멈추는 순간 병에 걸린다." 그녀는 이따금 며칠씩 누워 있어야 했지만 그런 때를 빼고는 쉬지 않았다. 기력이 없을수록 더 많은 일을 하며 자신의 약점을 극복했다. 그리고 겨우 여행할 만한 상태가 되자마자 프란체스카는 뉴욕으로 떠났다.

그때가 1908년 겨울 막바지였고, 그 후로 프란체스카는 미국에 2년 가까이 미물렀다. 그녀 몫의 수많은 일을 해내려면 그만큼의 시간은 필요했다. 유럽과 남아메리카에서 그랬듯이 미국에서도 수도회의 규칙을 직접 확실하게 전파하고 사방에서 벌어지는 일을 통합해야 했다. 뉴욕에는 콜럼버스 병원뿐 아니라 다른 시설도 많았다. 잠깐 휴식이 필요할 때는 늘 좋아했던 웨스트파크나 미국 수련 수녀들을 교육하는 시설이 들어선 190번가의 빌라로 갔다. 프란체스카에게 본부라고 할 만한 곳이 있었다면 바로 그곳이었다. 그 빌라는 프란체스카의 본부라고 불릴 만했다.

그곳의 정원에 앉아서도 그녀의 활동적인 정신은 언제나 무언가를 계획했다. 어디에서든 일을 해야 했다. 배 위 데크 의자에 누워 있을 때만 온전히 한가로울 수 있었다. 프란체스카는 장미꽃 밭에서 잔가지를 치고 나무를 옮겨 심었다. 그녀의 작고 가벼운 몸은 땅과 건물 바닥을 스치듯 움직였다. 그 높은 에너지를 어디론가 분출해야 했다.

하지만 프란체스카에게는 호들갑스러운 면이 없었다. 그녀가 아무리 사소한 일—또는 그녀가 사소하다고 말하는 일—을 해도 수녀들은 그 일이 꼭 필요하다는 사실을 알았다. 프란체스카는 이미 많은 경험을 했기에 흔들림 없이 기도 같은 몰두 상태에서 일했다. 그녀는 일할 때 가장 고요했고, 언제나 무언가 해야 하는 사람이었다. 당시 프란체스카는 외적으로 행정 문제에 둘러싸여 있었다. 이때 어떤 재미없는 일을 했는지 구구절절 적을 필요는 없겠지만, 그렇게 건강이 악화된 상태로도 효율적으로 일했다는 사실은 주목할 만하다. 시카고, 덴버, 로스앤젤레스, 시애틀, 뉴올리언스를 바쁘게 날아다니다가 빌라로 돌아와 잠깐 휴식을 취한 뒤 다시 새 목적지를 향해 날아올랐다. 멈추지도, 서두르지도 않았고 언제나 성과를 만들어냈다. 그 모든 일은 차분하고 사색적인 묵상 가운데 이루어졌다. 성인이 해낸 일이었다.

용기, 최선의 판단

여기서 프란체스카가 1909년 시카고에 병원을 또 하나 세웠다는 사실을 언급해야 한다.

시카고의 콜럼버스 병원은 꾸준히 무료 환자를 진료했지만 그래도 부유한 환자가 너무 많이 드나들었다. 새로운 병원, 치료비가 없는 가난한 사람들만을 위한 병원이 필요해졌다. 이 병원은 그냥 빈민 병원도 아니라 이탈리아 이민자 빈민을 위한 병원이어야 했다. 수녀와 간호사, 의사까지 이탈리아인이어야 했다. 새 병원은 기존의 병원이 하지 못하는 방식으로 이탈리아 이민자를 돌봐야 했다. 먼저 세운 병원의 수익이 새 병원을 운영하는 토대가 될 터였다. 프란체스카를 어머니로 여기는 이민자들은 그녀가 자신들을 버렸다고 느끼지 않을 것이다.

이때도 그녀는 도보로 시카고를 누비며 적절한 장소를 찾아 헤맸다. 겨울바람은 고개를 숙이고 걷는 프란체스카를 휩쓸어갈 듯 거셌다. 눈보라 속을 걷던 그녀는 웨스트사이드의 라이틀 스트리트에서 발길을 멈추었다. 아파트 건물이 끝나는 지점에 버논 공원이라는 작은 공원이 있었다. 물론 넓은 풀밭과 숲, 바다 같은 호수가 있는 링컨 공원보다는 작았지만, 이렇게 트여 있으니 사방이 벽에 둘러싸이지 않은 공산을 만들 수 있었다. 그녀는 이런 장소를 선호했다.

튼튼하고 널찍하고 납작한 집 한 채—지금은 그 옆의 신축 병원 때문에 약간 애소해 보인다—는 당시 프란체스카의 필요에 딱 맞있다. 일단은 그것으로 충분해 보였고, 나중에 더 큰 건물을 지을 만한 부지가 있었다. 프란체스카는 망설이지 않고 그 땅을 샀다.

일이 빠르게 진행되다 보니 지역 부동산 소유주들은 계약이 체결될 때까지 무슨 일이 벌어지는지도 잘 몰랐다. 뒤늦게 상황을 파악하고는 격렬하게 항의했다. 그곳은 오늘날에는 약간 쇠락했지만 당시로서는 꽤 부유한 지역이었는데, 소유주들은 수녀회가 들어오면 부동산 가격이 떨어진다고 생각했다.

그들의 불만은 테러로 이어졌다. 저택 보수가 시작된 직후 방해꾼들이 밤에 와서 수도관을 잘랐다. 인부들이 아침에 와보니 바닥이 온통 얼음으로 덮여 있었다. 인부들은 곡괭이로 얼음을 깨고 나서야 일할 수 있었다.

첫 번째 시도가 실패하자 두 번째 시도로 이어졌다. 며칠 후 새벽 지하실에서 연기가 솟았다. 다행히 건물은 벽도 튼튼하고 경질재를 써서 불이 쉽게 번지기 전에 큰 피해 없이 진압되었다.

"어떻게 해야 하나요, 원장 수녀님?" 수녀들이 프란체스카에게 물었다. "이제 저 사람들은 다이너마이트를 쓸 거예요. 어떻게든 우리를 몰아내려고 할 거예요."

"할 일을 말해줄게요. 보수 작업이 끝날 때까지 기다리지 않고 지금 바로 환자들을 옮길 거예요. 우리를 반대하는 사람들도 침대에 누워 있는 가난한 병자들을 불태우지는 못할 거예요."

그녀는 일단 차분하게 판단을 내려 다른 병원의 환자 열여섯 명을 그리 옮겼다. 그날 밤에 병원은 병상이 절반쯤 찼고 사흘 후부터는 북적거렸다. 환자들이 위협적인 상황을 알았어도 흔쾌히 새 병원으로 갔을지 궁금하지만, 어쨌건 프란체스카는 반대자들의 심리를 정확히 파악했다. 결국 그들은 포기했고 그녀가 이겼다.

이 병원도 모든 것이 부족한 상태로 힘겹게 시작했다. 시카고의 이탈리아 사회에 호소하자 여러 단체가 응답해서 설비를 지원했다. 특히 개인들은 부엌 용품, 매트리스, 드레싱 테이블, 베갯잇, 수건 같은 작은 물품을 보냈다. 때로는 스타킹 한 짝, 수건 낱개가 들어왔다. 마더 카브리니가 이제 유명 인물이었기에 기부 건수가 많았고 적은 양도 다 합하면 꽤 되었다. 리틀 이탤리의 반교권주의 신문들도 병원이 이탈리아 이민자들에게 도움이 된다는 것을 인정하고 지원했다. 하지만 아직도 프란체스카가 그 돈을 다 어디서 구했는지 출처는 분명하지 않다. 그녀가 뛰어난 여성 사업가였다는 말로는 충분하지 않다. 프란체스카가 유쾌하게 시도한 사업은 누구라도 고개를 저었을 일이기 때문이다.

프란체스카 카브리니는 이제 미국의 리틀 이탤리 지역뿐 아니라 전체 미국 사회의 유명 인사였다. 그녀의 성취는 무엇보다 미국이 사랑하는 빛나는 성공 이야기였다. 프란체스카는 효율적인 장치도, 대대적인 홍보도, 심지어 조직의 과시도 없이 성공을 이루었다. 물론 성심선교수녀회라는 조직은 있었다. 익명의 개개인이 공동의 목표를 향해 일한 뛰어난 소식이었다. 사방에 나팔을 불어 알릴 만한 조직이 아니었다. 어쩌다 보니 세상에는 병원, 고아원, 학교가 마법처럼 생겨났다. 때로는 그 규모가 너무 작아서 조롱만 당했다. 하지만 조롱하는 사람들 뒤에서 큰 건물들이 올라갔고, 마더 카브리니는 기차를 타고 새 사업을 추진하러 수천 킬로미터를 달려갔다.

이 시기에 프란체스카는 미국 시민이 되었다. 처음부터 귀화를 염두에 두었지만 이때까지 미룬 이유는 필요한 절차를 완료할 만큼 미국에 오래 머물지 않아서이기도 했고, 너무 바빠서 그걸 생각할 겨를이 없었기 때문이기도 했다. 1902년에서 1906년은 프란체스카가 시민권을 얻기에 적절한 시기였지만, 그때 그녀는 밤낮 없이 일하느라 바빴고 미국에 이렇게 오래 머물 줄 미처 모르고 있었다. 그러다 마침내 1909년, 시애틀에서 미국에 충성 선서를 했다.

이로 인해 프란체스카는 미국 시민으로서 최초로 가톨릭 성인이 된다. 17세기에 원주민들의 손에 죽은 순교자들은 프랑스 선교사들이었고 프랑스인의 정체성이 강했다. 그리고 당시에는 귀화라는 제도도 없고 그들에게 국적을 줄 미국이라는 나라 역시 없었다. 19세기의 위대한 선교사들도 마찬가지였다. 그들도 대부분 프랑스 출신이었고 끝까지 프랑스인으로 살았다. 1940년에 시복된 후 전쟁으로 시성이 유예된 복자 필리핀 뒤셴이 그런 경우다.[5] 앞으로 당연히 더 많은 미국인들이 가톨릭 성인으로 시성되리라. 그럼에도 프란체스카는 영원히 미국 시민 가운데 최초로 시성된 단 한 사람으로 기억될 것이다.

프란체스카 카브리니가 그 상황에서 미국 귀화를 결정한 사실은

---

[5] 성 로즈 필리핀 뒤셴은 1980년에 요한 바오로 2세에 의해 시성되었다.

주목할 만하다. 그녀의 사업은 어쨌건 처음에는 이탈리아인을 위한 일이었고, 그녀도 죽는 날까지 이탈리아인이었다. 다만 프란체스카는 자신이 이탈리아인들만을 위해 일한다고 생각한 적이 없다. 처음부터 전 세계를 활동 무대로 여겼고 자신의 열정에 비하면 전 세계도 좁다고 느꼈다. 수녀회 수도회도 처음에는 이탈리아 수녀들뿐이었지만 이후 미국, 영국, 프랑스, 스페인 등에서 다양한 국적의 수녀가 들어와서 갈수록 국제적으로 변했다. 전 세계로 확장된 선교수녀회의 손길은 프란체스카가 꿈만 꾸던 곳까지 뻗어나갔다. 물론 그들이 미국에서만 사업을 펼치지는 않았지만, 미국은 명백히 수도회 사업의 출발점이었다. 프란체스카가 가장 많은 활동을 펼친 국가도 미국이었다. 이탈리아는 1889년 이후로는 그녀가 날개를 쉬러 가는 둥지에 지나지 않았다. 프란체스카는 시카고에서 죽었고 뉴욕에 유해를 모셨다. 만일 미국인들의 특성을 신속한 처리 능력이라고 한다면, 인생 전체가 고요한 회오리바람 같았던 마더 카브리니는 가장 전형적인 미국인이었다.

18장

은퇴의 소망

프란체스카 카브리니는 고독과 묵상을 갈망하는 사람이었지만 맹렬한 활동 역시 그녀의 기질에 맞았으리라는 생각이 들 법하다. 다만 그런 추론은 정확하지 않을 수 있다. 마더 카브리니에게 잠재되어 있던 커다란 에너지와 실행력은 기회만 있으면 발현될 수 있었다. 물론 이 모두를 신이 하사했을지도 모른다. 그것이 어떻게 이루어졌건 프란체스카는 오직 소명에 순종해서 선교수녀회의 장상 자리를 받아들였고, 그 직무를 맡아 이토록 큰 성공을 거두었다는 사실은 그녀를 수줍고 예의 바른 시골 교사로만 알던 사람들에게는 충격이었다. 은총은 타고난 재능을 키우되 누구도 짐작할 수 없을 만큼 키운다는 말이 이 모든 일을 가장 적절히 설명한다.

―마더 카브리니

프란체스카처럼 활동하고 묵상하며 살아가기란 어렵다. 그러나 성인이라면 활동이 묵상을 방해하지 않는다. 뒤푸르 수도원장이 아르스의 교구 사제에게 정신적 기도에 대해 조언을 구하자, 이후 성 요한 비안네가 될 사제는 이렇게 대답했다. "저는 이제 규칙적으로 기도할 시간이 없지만 하루의 첫 순간에 예수 그리스도와 합일하기 위해 노력하고 영적 합일을 이룬 상태로 일을 합니다." 그 말에서 수도원장은 성 요한 비안네의 삶이 하나의 긴 기도임을 이해했다. 이에 더해 아무리 외적인 일에 파묻힌 채로도 영적 집중력을 잃지 않는다고 한들, 성인은 가능하다면 언제든지 외부의 일—아무리 훌륭한 일이라 해도—을 떠나서 아무런 방해 없는 영적인 삶으로 들어갈 수 있다.

언제든 영적인 삶으로 돌아갈 수 있으니 프란체스카는 수도회 총원장직 퇴임을 자주 거론했다. 다만 그녀의 의무를 다하려면 여전히 수많은 활동을 해야 했기에 퇴임하고픈 소망을 유혹으로 여겼다. 시간이 흘러 예순이 된 프란체스카는 오랜 활동으로 지친 데다 건강도 어느 때보다 안 좋았다. 이제는 거리낌 없이 자리에서 물러나 수도회의 지도를 다른 사람에게 맡겨도 좋다고 판단했다.

이미 여생을 계획해두었다. 수녀회의 모원이 있는 코도노로 가서 기도하며 살아가고, 시간이 남으면 수녀들을 위한 묵상록을 쓸 생각이었다. 여흥의 일환으로 초원을 거닐며 약초도 뜯을 것이다. 이제 살 날이 채 2년도 남지 않았다. 지친 노인이 이런 휴식을 취한들 누구도 반대하지 않을 것이다!

지난날 때로 프란체스카가 이런 이야기를 꺼내면 수녀들은 소리쳤다. "하지만 원장 수녀님, 저희는 원장 수녀님을 위해서 죽을 수도 있어요!" 그러면 프란체스카는 옅게 웃어 보였다. "그러면 저한테 엄청난 도움이 되겠네요. 죽은 수녀 집단을 처리해야 한다니! 여러분은 살아서 일하세요. 그게 최선이에요."

프란체스카를 위해 기꺼이 죽을 수 있다고 항변한 수녀들은 이후 그녀가 총원장직에서 물러나지 못하도록 작업을 펼쳤다. 코도뇨의 수녀들은 프란체스카의 확고한 은퇴 의사를 확인하자 전 세계의 소속 수녀원에 비밀 편지를 보내서 이런 사정을 설명하고 모두가 그 사안에 대해 투표해달라고 요청했다. 취합한 투표 결과는 만장일치였다. 그들은 마더 카브리니가 살아 있는 한 누구도 그 자리에 들어올 수 없다고 동의했다.

수녀들은 프란체스카에게는 비밀로 하고 교황청 수도회성 장관인 비베스 이 투토 추기경과 합작해서 프란체스카를 뺀 모든 수녀의 소망이 담긴 포고를 내기로 했다. 포고 날짜도 일부러 프란체스카의 60세 생일인 1910년 7월 15일로 맞추었다.

그날 추기경은 프란체스카에게 대리단을 이끌고 오라고 호출했다. 그녀는 이제 요청을 승인받아 자리에서 물러날 수 있으리라고 기대했다. 그런데 정식 문서를 읽기 전에 추기경이 말했다. "카브리니 원장 수녀님, 지금까지 수녀님이 수도회를 너무 엉망으로 만들어서 앞으로는 좀 잘 해보시라는 의미로 기회를 한번 더 드리기로 했습니다. 그래서 계속 총원장 자리를 지키셔야 합니다."

프란체스카는 그녀 자신의 유머 감각에도 맞는 냉혹한 농담을 이해했기에 웃기는 했지만 심장은 덜컹 내려앉았다. 추기경은 자신의 농담에 웃음을 터뜨렸고 동행한 수녀들도 손뼉을 치며 웃었다.

프란체스카는 이 결정도 순명하는 마음으로 받아들였다. 자신의 소망과 어긋났지만 교회가 다시 과제를 주었으니 순종했다. 그녀 자신이 얼마나 큰 사랑과 신뢰를 받는지 느꼈기에 어떤 의미로는 행복한 일이었다. 그녀는 나중에 수녀들에게 이렇게 말했다. "총회가 평범하게 열렸다면 나는 수녀들의 서명을 진정한 증거로 여기지 않았을 거예요." 그런 뒤 농담을 보탰다. "하지만 총원장이 되고 싶은 분들은 어떻게 하죠? 그분들은 이제 희망을 잃었어요." 웃음이 가라앉자 프란체스카는 진지함과 유머를 섞어서 덧붙였다. "다른 원장이 선출돼도 나는 계속 여러분 곁에 있었을 거예요. 영원히 여러분을 섬길 거예요. 하지만 경고하겠어요, 옛날하고 똑같이 부려먹을 테니." 그 말에 사람들은 웃어야 할지 울어야 할지 몰랐다.

그날 프란체스카는 총원장 직무를 다시 맡는 자신의 진심을 보여주기 위해서 평소에는 하지 않던 일을 했다. 수녀들이 자기 앞에서 절을 하고 그녀의 반지에 키스하도록 허락했다. 그들은 기쁘게 반지에 입을 맞췄다. 프란체스카 역시 기쁨이 넘쳤다. 감사하는 마음으로 희생을 받아들일 수 있었다.

안녕, 이탈리아

프란체스카는 코도뇨를 떠나기 전에 안토니아 톤디니에게 한번 만나고 싶다고 전갈을 보냈다. 지난날 섭리의 집의 원장이었던 그 괴팍한 여자는 이제 연로한 노인이었고, 예전에는 이름만 수녀였지만 이제는 어느 모로 보아도 수녀가 아니었다. 프란체스카는 톤디니 앞에 무릎을 꿇었다.

"왜 무릎을 꿇나요?" 톤디니가 놀라서 잠시 말문을 잃었다가 물었다.

"제가 예전에 수녀님을 슬프게 한 모든 일을 용서해주시기 바랍니다."

안토니아 톤디니는 금세 마음이 누그러들었다. 그녀는 무릎 꿇은 작은 여자를 끌어안고 일으켜 세웠다.

"아녜요, 프란체스카. 내가 무릎을 꿇어야죠. 나는 처음부터 당신이 성인이라는 걸 알았어요."

"원장 수녀님." 프란체스카는 안토니아를 아직도 예전의 호칭으로 불렀다. "그런 말 하지 마세요. 그냥 저를 용서하셨다는 말만 해주세요."

"아, 내 아기." 안토니아는 프란체스카를 다시 끌어안고 눈물을 흘렸다.

"아기라니!" 프란체스카의 미소 띤 얼굴에서도 눈물이 흘렀다. "그 이름이 정말 기쁘네요! 오래전부터 사람들은 저를 총원장님이

―마더 카브리니

라고만 불러요. 저는 싫은데도 그 자리에 계속 있어요. 저는 원장 수녀님께 나쁜 아기였어요."

그들은 웃고 다시 끌어안은 뒤 지난날의 일들, 이야기해도 괜찮은 일들을 이야기했다. 그런 추억이 생각보다 많았다. 마음이 따뜻해졌다.

"이제 우리 둘만 남았어요, 프란체스카. 다른 사람은 전부 죽었어요. 주교님도 세라티 몬시뇰 님도, 베르사니 몬시뇰 님도. 그리고 나는 여든이 넘었어요. 하지만 우리 아기, 프란체스카는 잘했어요. 나는 마음에 불만이 가득한 여자였어요. 나를 위해 기도했나요?"

"매일 원장 수녀님을 위해 기도했어요. 이렇게 만나서 기뻐요."

"나도 기뻐요. 프란체스카가 미국에서, 또 전 세계에서 멋진 일을 하는 이야기를 들었어요. 프란체스카는 예전부터 선교사가 되고 싶어했죠. 만약 내가 좋은 수녀였다면 아직도 섭리의 집에 묶여 있었을 거예요. 하느님의 일이 그렇답니다, 프란체스카."

"매일 느끼고 있어요. 이제 미국으로 돌아가기 전에 작별 인사를 드리고 싶었어요."

"이게 우리의 마지막이겠네요. 프란체스카, 사랑스러운 아기."

"하지만 다시 만날 거예요, 천국에서."

그들은 마지막으로 뽀옹하고 헤어졌다.

직무에 복귀하자 새로운 에너지가 생기는 것 같았다. 총원장직을 계속 맡는 일은 의외의 사태였기에 여생을 보내려 했던 코도뇨와 작별하는 데 몇 주일의 준비가 필요했다. 그래 봐야 길지 않은 시간이었다. 그녀는 곧 마지막 일을 하러 떠났다.

프란체스카는 8월에 파리에 가서 두 달을 보냈다. 그리고 도시 외곽을 다니며 뇌이의 고아들이 지낼 새로운 집을 찾았다. 누아지르그랑에 있는 조제핀 황후의 옛 거처가 선택되었다. 런던에도 기관을 세울 곳이 필요했다. 이런 일을 하면서 프란체스카는 새로운 에너지를 보여주었지만, 그 에너지는 회복된 육체가 아니라 전적으로 불굴의 의지에서 나왔다. 극도로 지쳐 있어도 그녀는 몸 상태를 핑계로 게으름 피우는 법이 없었다. 몸이 굽은 프란체스카는 계단을 오르내릴 때 자주 멈춰서 숨을 몰아쉬었다. 다른 수녀가 놀라서 바라보면 미소만 짓고 자신의 쇠약함을 나무라듯 몸을 가볍게 흔들었고, 다시 힘들게 계단을 올라갔다. 프란체스카가 찾는 장소는 아너오크 남동쪽 교외에 있었다. 언덕 하나를 통째로 차지한 오래된 고급 주택으로 학교에 제격이었다. 그곳의 첫 미사는 크리스마스 날 밤에 열렸다. 아기 예수는 여전히 선교수녀회의 수호자였다.

프란체스카는 일 때문에 런던에 10개월을 머물렀는데 그런 뒤 애초 계획한 대로 미국으로 가지 않고 다시 이탈리아에 가서 절실히 필요한 휴식을 취했다. 완전한 휴식은 아니었다. 코도뇨에서도 수도회 설립 관련 서류를 검토하고 정리했다. 꼭 해야 하는 일이었고, 그때가 수도회 설립에 관해 정리할 수 있는 마지막 기회였다. 프란체스카는 지역 여성들을 위한 가사 학교도 열었다. 이런 일은 상대적으로 작은 일이라 휴식처럼 여겨졌다. 그녀는 무슨 일이라도 해야 했다.

프란체스카는 이제 이탈리아를 떠나면 다시는 돌아오지 않을 줄

아는 듯이 평소보다도 더 친절하고 다정해졌다. 아무리 사소한 일도 흘려보내지 않았다. 한 예로 최근 코도뇨에 온 브라질 수련 수녀들이 따뜻한 나라에서 살다가 왔으니 이곳의 추운 겨울을 견디기 힘들지도 모른다는 생각에 밤마다 온수 주머니를 쓸 수 있게 했다. 자신의 배려를 알리는 작은 방법들이었다. 수녀들의 예리한 눈은 그들에게 사랑을 보여주려고 각별한 노력을 기울이는 프란체스카를 알아보았다. 프란체스카의 성격상 그걸 말로 표현하지는 않았지만 수녀들은 소리 없는 작은 애정 신호를 알아차렸다.

프란체스카는 1911년 12월에 로마에 갔다가 병에 크게 걸렸다. 하지만 할 일이 너무 많다는 이유로 누워 있으라는 말을 듣지 않았다. 그녀는 어떤 일로 나가야 할지 몰라 옷을 다 입은 채 소파에 누워서 기다렸다. 수녀들은 프란체스카가 로마를 떠날 수나 있을지 걱정했다.

봄이 되자 몸이 차츰 나아졌다. 3월 중순의 어느 날 프란체스카가 불쑥 말했다. "이제 가야겠어요. 가야 해요. 뉴욕에서 할 일이 너무 많아요. 거기 병원에 제가 필요해요."

며칠 전부터 로마에 머물고 있던 시카고의 옛 친구 라고리오 박사가 프란체스카를 찾아왔다. 그가 수녀원에 들어가자 위층에서 높고 가는 익숙한 목소리가 들려왔다. "아, 박사님! 와주셔서 기뻐요. 금방 내려갈게요. 기다리고 있었어요."

박사가 자신이 오는 줄 어떻게 알았느냐고 물었는데 그녀는 설명하지 않고 이렇게 말했다. "박사님께 부탁드릴 게 있어요."

"네, 말씀하세요. 원장 수녀님."

"제가 뉴욕에 새 콜럼버스 병원을 세운다는 계획 들으셨죠. 그런데 그 일에는 돈이 많이 들어요. 외교위원회 의장인 판타노 상원의원을 찾아가서 100만 리라를 기부해달라고 요청해주실 수 있나요?"

라고리오 박사는 입이 딱 벌어졌다. 그 시절 100만 리라는 20만 달러와 비슷한 가치였다. "하지만 원장 수녀님, 너무 큰 금액인데요."

"필요한 돈의 3분의 1밖에 안 돼요, 박사님."

라고리오 박사는 계속 망설였다. "판타노 상원의원이 반교권주의자인 거 아시잖아요."

프란체스카는 물론 그 사실을 알았다. 그러니 프리메이슨인 라고리오 박사에게 판타노 의원을 찾아가 달라고 부탁했을 것이다. 그리고 박사는 지난 경험을 통해서 그녀의 부탁을 거절할 수 없음을 이미 알고 있었다.

프란체스카는 불타는 눈으로 그를 바라보았다. "어쨌건 가실 거죠, 박사님?"

"가겠습니다." 그는 대답하면서도 의구심에 싸여 있었다.

판타노 의원은 이미 박사가 찾아오리라고 예상하고 있었다. 마더 카브리니가 전화를 걸어 시카고 파스퇴르 연구소의 라고리오 박사가 찾아갈 거라고 말해두었기 때문이다.

상원의원은 그의 요구에 놀랐다. "박사님, 우리 위원회가 어떻게 그런 일을 합니까? 마더 카브리니가 미국의 이탈리아인들에게 훌륭한 일을 많이 하시긴 했지요. 하지만 저는 자유주의자예요. 제가 그분을 위해 그런 돈을, 그것도 그렇게 큰돈을 모금하고 다니면 제 정치 경력에 나쁜 영향만 미칩니다."

하지만 프란체스카는 누구에게 부탁해야 하는지 제대로 알아봤다. 그는 병원 사업을 종교적 관점이 아니라 인도적 관점으로 볼 사람이었다. 결국 이탈리아 정부는 100만 리라라는 큰돈을 바로 주지는 않았지만, 뉴욕의 콜럼버스 병원에 매년 5천 달러를 주기로 했다.

프란체스카는 원래 유럽을 떠나기 전에 이탈리아뿐 아니라 프랑스, 스페인, 잉글랜드의 모든 부속 기관을 다 방문할 계획이었다. 하지만 병에 걸려 너무 오랜 시간을 허비한 탓에 바로 뉴욕으로 가기로 했다. 기존의 계획을 고수했다면 버티지 못했을 것이다. 그녀는 3월 22일 나폴리에서 마지막 항해를 시작했다. 이번에도 바다가 생기를 북돋아주었다.

뉴욕에 돌아오자 그녀는 즉시 본래의 생활로 돌아갔다. 몸은 전에 없이 쇠약했지만 에너지는 여느 때 못지않았다. 콜럼버스 병원에 후원을 촉구하는 비오 10세 교황의 모금 수첩을 갖고 왔어도 큰돈을 모으기란 역시 쉽지 않았다. 그런 상황에서도 일단 가진 자원으로 일을 시작하기로 결정하고 젊은 건축가를 불러서 10층 건물의 설계를 맡겼다. 지금 이스트 19번가 227번지에 있는 병원은 그토록 작은 공간에 많은 것을 집어넣었으니 건축석으로 큰일을 한 셈이었다. 모든 설계가 프란체스카가 품은 병원에 대한 이상대로였다. 그 건물은 돌과 철과 콘크리트로 만든 그녀의 꿈이었다. 만일 1차 세계대전이 발발하지 않았다면 그녀가 죽기 전에 완공되었을 더였다.

건강에 무심한 성격 탓에 이 시절 프란체스카는 생명을 잃을 뻔했다. 7월의 어느 날 아침 웨스트파크에 있던 그녀가 방문 앞에 나타나서 "나 죽을 것 같아요!" 하더니 "죽음아, 어서 오렴." 하고 말했다. 하지만 아직 죽음은 오지 않았고, 프란체스카는 천천히 나아져 살아났다. 다시 여행할 만한 기력이 생기자 수녀들은 그녀를 콜로라도 주의 홀리크로스 산으로 데려갔다. 4,200미터 높이의 그 산은 눈 덮인 협곡의 모양 때문에 홀리크로스(성 십자가)라는 이름이 붙었다. 프란체스카는 그곳의 통나무 오두막에서 지내며 기력을 약간이나마 회복했다. 아직도 할 일이 많았다.

7월이 지나가기 전에 시카고의 콜럼버스 병원이 정식으로 분관을 개원했다. 1909년 작은 건물에서 병원을 시작할 때 용역들이 파괴하려고 했던 바로 그 시설이었다. 프란체스카는 개원식에 참석하지 못했지만 몇 달 후 로스앤젤레스에서는 별관 건축을 직접 감독했다. 업자를 고용할 돈이 부족해서, 27년 전 코도뇨에서 어설프게 벽돌을 쌓아 큰 문제를 일으켰던 수녀가 다시 작업을 지휘했다. 그녀는 그 뒤로 경험을 쌓아서 일급 작업반장이 되었다. 땡볕 아래 큼직한 밀짚 모자를 쓴 프란체스카는 지팡이를 짚은 채 루나 파크의 철거를 감독했다. 그녀는 그 건축재를 재사용할 작정으로 싼값에 그 건물을 샀다. 동네 아이들이 프란체스카의 지시에 따라 못, 자물쇠, 경첩을 양동이에 담았다. 벽돌과 목재가 너무 많이 나와서 프란체스카는 남은 일부를 다른 건물을 짓고 있던 덴버로 보냈다. 건설 감독 작업을 그녀는 아주 즐거워했다.

— 마더 카브리니

1913년 초 프란체스카는 새 고아원 건물을 사려고 시애틀에 갔다. 늘 하던 대로 알맞은 건물을 찾아 도시 외곽의 언덕과 숲을 누비고 다녔다. 프란체스카의 건강이 염려스러웠던 동행 수녀들은 무리하지 말라고 부탁했지만 그럴 때마다 프란체스카는 "왜 그래요? 수녀님이 피곤해요?" 되묻고는 계속 걸어갔다.

이때 원하는 건물을 찾지 못한 프란체스카는 다른 방식을 활용했다. 시애틀 지도를 펼쳐놓고 꼼꼼히 살펴 한 곳을 짚었다. "두 분이 내일 여기 가보고 돌아와서 말씀해주세요."

"하지만 원장 수녀님. 저는 그 지역을 잘 알아요. 거긴 아무것도 없어요."

"그래도 가봤으면 좋겠어요."

기대 없이 떠났던 그들은 들떠서 돌아왔다. 지상 낙원이라고 했다. 비컨힐에서 워싱턴 호숫가로 내려가는 넓은 영지에 호수 너머 설산이 내다보이는 큰 집이 있다고.

"하지만 어떻게 아셨어요, 원장 수녀님?" 그들이 물었다.

"내 꿈을 알잖아요." 그녀는 가볍게 말했다.

프란체스카는 다음 날 수녀 한 명과 함께 직접 그곳에 가보았다. 돌아오는 길에는 붐비는 전차를 타지 않고 히치하이킹을 시도했다. 한 부인이 운전 기사에게 차를 세우게 했다.

프란체스카는 자동차에 올라탄 뒤 이 지역으로 온 이유를 설명했다. "고아원으로 만들고 싶은 집을 보고 오는 길이에요."

"집을 사시려고요?"

"돈이 마련되면요?"

"어떤 집인가요, 수녀님?"

부인은 프란체스카의 설명에 놀랐다. 이 소박하게 생긴 수녀가 농담을 하나? 미소는 짓고 있지만 그런 가벼운 의도는 아닌 듯싶었다.

"그러면 수녀님, 제가 조금 도울 수 있을 것 같네요. 그 집은 제 남편 것이니까요."

이 우연은 도움이 되었다. 그들 부부는 카브리니와 고아원에 관심이 있어 낮은 가격을 제시했다. 그 가격이면 거저 주는 거라는 남편의 말에 아내는 고개를 저었다. "그 집은 나를 위해 산 거잖아요. 요새는 거의 가지도 않고요. 그러니 수녀님들께 드리면 좋은 일이죠."

게다가 익명의 후원자가 10만 달러를 기부했다. 신과 프란체스카가 어떤 놀이를 하는 듯한 나날이었다.

다시, 뉴욕

프란체스카는 여름이 지나기 전에 뉴욕으로 돌아왔다. 그녀는 웨스트파크보다 뉴욕에 더 가까운 곳에 고아원을 세우기로 마음먹었다. 장소를 찾기 위해 자동차를 타고 곳곳을 누비던 도중 도브스 페리의 작은 숲에 있는 큰 집을 보았다. 남학교로 쓰이는 건물이었는데 학교는 어느모로 봐도 잘 운영되고 있었다. 이곳을 구매하기란 불가능에 가까워 보였다.

하지만 프란체스카는 주인을 불러달라고 했고, 그의 아들이 응접실에 들어왔다.

그녀는 바로 말했다. "이 집을 사고 싶습니다."

그는 예의 바르게 웃었다. "죄송합니다만 이곳은 팔지 않습니다, 수녀님."

"하지만 팔면요?" 그녀는 굽히지 않았다.

"글쎄요, 아버지는 십만 달러 정도를 부르실 것 같습니다."

"그 정도는 생각 못 했어요. 그보다 낮은 가격이면 생각해보겠습니다."

젊은이는 그녀에게 학교를 보여주었다. 가톨릭용으로 쉽게 개조할 수 있는 성당과 체육관, 수영장이 있었다. 프란체스카가 원하던 그대로였다.

헤어질 때 젊은이가 다시 말했다. "다른 곳을 알아보세요, 수녀님. 아버지는 이곳을 팔 생각이 없으십니다."

"하지만 제 명함을 받아두세요. 혹시 마음이 바뀌면……."

"아버지가 마음을 바꾸실 것 같지 않습니다."

밖으로 나온 프란체스카는 학교 화단에 성 요셉 메달을 묻었다. 신발끈을 묶는 척 허리를 굽힌 잠시 동안이었다. 그런 뒤 자동차로 돌아온 프란체스카는 동행 수녀에게 장담했다. "이제 성 요셉이 소년들을 몰아내주실 거예요."

며칠 후 주인이 매매를 원한다는 편지를 보냈다.

프란체스카는 이번에도 건물 수리를 감독했고 외벽 청소도 맡았다. 밀짚모자를 쓰고, 치마를 뒤로 밀어붙인 채 소매를 걷고 일하는 모습이 즐거워 보였다. 이곳이 고아들에게 얼마나 훌륭한 집이 될까!

이따금 기력이 소진되면 수녀 한 명이 달려가서 호소했다. "원장 수녀님, 너무 무리예요! 보세요, 붓이 무거워서 떨어졌잖아요. 수녀복도 다 젖었고요. 그만하시고 사다리에서 내려오세요."

프란체스카는 미소만 지었다. "아, 내 일솜씨가 이렇게 형편없어요, 수녀님. 그런데 일이 너무 재미있어요. 붓을 집어주세요."

곧 멋진 집을 채운 아이들이 아름다운 마당에서 뛰어놀았다. 프란체스카가 나무 그늘에 앉아 있으면 그 옆에 모여들었다. 원장 수녀님에게는 언제나 사탕이, 아니면 재미있는 이야기라도 있다는 사실을 알았던 것이다. 아이들의 행복한 모습이 프란체스카의 행복이었다.

전쟁이 터지면서 프란체스카는 규칙을 많이 바꾸었다. 파리 수녀원의 원장에게 죽거나 다친 군인들의 딸을 우선 받으라고 지시했다. 그리고 처음으로 소년 고아원을 열었다. 런던의 학교는 시설 일부분을 군병원으로 개조했다.

프란체스카는 전쟁에 크게 낙심했고 잠도 이루지 못했다. 1915년에 이탈리아가 참전하자 걱정은 더욱 커졌다. 이제 미국 시민이 되었어도 태어난 조국에 대한 사랑은 시들지 않았다. 전쟁이 이어지는 동안, 끝없이 밀려드는 이민자의 홍수에 시달리지 않고 기존 조직을 통합할 수 있었다는 점 말고는 좋은 점이 단 하나도 없었다.

전쟁도 프란체스카의 새로운 사업 추진을 막지는 못했다. 그녀는 1915년 8월에 뉴욕을 떠나 시애틀로 향했는데, 그 멀고 덥고 피곤한 여행길 내내 병을 앓았다. "이 여행을 하게 될 줄 몰랐어요." 그녀의 몸 상태는 도통 나아진 적이 없었다. "하지만 하느님은 제가 새로운 일을 하기를 원하세요. 그래서 저는 '하느님이 원하신다면 내게 힘을 주실 거야.' 생각하고 이렇게 길을 나섰어요." 밤이 되어 혼자 남으면 프란체스카는 조용히 앓을 때가 많았다. 하지만 닷새 후 오전 11시에 시애틀에 도착하자 그날 이른 오후에 바로 오디아 주교를 찾아갔다. 그리고 그곳에 고아원을 하나 더 세울 수 있도록 승인을 부탁했다.

주교가 허락하자 그녀는 적합한 장소를 찾아나섰다. 그리고 탐색 끝에 매물로 나와 있던 페리 호텔을 사기로 결정했다. 호텔의 최대 주주는 뉴욕에 거주하던 클라크 씨였다. 프란체스카는 수녀들에게 전보를 보내서 당장 그를 만나보라고 지시했다. 딱 그렇게만 전했다. 만약 시애틀 사람들에게 그의 주소를 물어보면 지역 주주들이 소문을 듣고 방해할까 걱정되었기 때문에 주소는 보내지 않았다. 수녀들은 호텔을 기증해달라고 부탁하러 갔다. 클라크 씨가 거절했을 때만 구매를 시도할 생각이었다. 기증 의사를 전면에 드러냈다면 집값에 민감한 다른 주인들이 반대했을 가능성이 높았다.

수녀들은 이 어려운 명령조차 그대로 이행하려고 노력했다. 하지만 뉴욕의 수많은 클라크 씨 중 누가 그 사람인지 어떻게 안단 말인가? 수녀들은 전화번호부에 클라크 또는 그 비슷한 이름으로 등록된 수백 명에게 전부 전화를 걸어볼 수밖에 없었다. 대화는 이런 식이었다.

"클라크 씨 되시나요?"

"네, 제가 클라크 씨입니다."

"시애틀에 호텔을 소유하고 계시나요?"

"뭐라고요?"

"시애틀에 호텔을 소유한 클라크 씨 아닌가요?"

"아니오."라는 대답을 수십 번 들은 후에 마침내 "네, 시애틀에 호텔이 있습니다. 왜죠?"라는 목소리를 들었다.

"제가 한번 찾아봬도 될까요?"

"누구신지 여쭈어도 될까요?"

"저는 성심 선교수녀회 소속 수녀입니다."

호텔 기부를 부탁하자 클라크 씨는 크게 화를 내며 제정신이냐고 물었다. 수녀들은 마더 카브리니에게 전보를 보내서 새로운 지시를 부탁했다. 이런 대답이 돌아왔다. "클라크 씨가 수용할 수 있는 최대한 작은 금액이 얼마인지 알아보세요."

그가 제시한 금액은 무려 15만 달러였다. 오디아 주교는 그마저도 좋은 기회라고 말했다. "페리 호텔은 20만 달러도 염가예요. 고아원을 세우려면 이 기회를 놓쳐선 안 돼요." 프란체스카는 거래를 진행하려고 우선 1만 달러를 모은 뒤 나머지를 구하려고 사방으로 알아보았다.

시애틀에 이 일이 알려지자 익숙한 소란이 일었다. 다른 주주들은 클라크 씨가 호텔을 싸게 판다는 사실에 분노했다. 지역의 부동산 가치 하락을 막으려고 이탈리아 고아원을 세우는 계획 자체를 반대하는 사람들도 생겨났다. 지역 유지들은 그들에게 손해가 될 거래를 막으려고 마더 카브리니가 지역 은행에서 대출을 못 받게끔 방해했다. 11월에서 4월까지 5개월 동안 이런 싸움이 계속되었고, 그 사이에 프란체스카는 전보를 100통가량 보냈다. 우호적이었던 사람들도 그녀가 너무 고집을 부린다고, 반대가 너무 강하다고 말하기 시작했지만 프란체스카는 포기하지 않고 버텼다.

결국 그 큰돈을 어디서 구할 것인지가 관건이었다. 시애틀에 있는 그들의 다른 시설에 성녀 안나가 성모에게 글을 가르치는 조각상이 있었다. 프란체스카는 성모 수첩에 12만 달러라고 적었다. "이제 보실 수밖에 없겠지." 그때까지 3만 달러를 모았지만 나머지 금액은 하늘이 돕지 않으면 더는 방법이 없었다. 성모님이 프란체스카의 말을 들었는지 마지막 순간에 스칸디나비아 은행이 필요한 돈을 빌려주었다. 페리 호텔은 1916년 4월 21일에 그녀의 소유가 되었다. 프란체스카가 마지막으로 체결한 대형 계약이었다.

하지만 그 계약의 결과는 썩 좋지 않았다. 프란체스카는 호텔이 고아원보다 병원으로 사용하기에 더 적합하다고 판단했다. 이 지점에서 오디아 주교가 끼어들었다. 그는 자신이 고아원을 허락했지 병원을 허락하지 않았다며 반대했다. 그 소식은 성심 축일에 프란체스카에게 닿았다. "하필 오늘!" 그녀는 그렇게만 말했다. 큰 담보대출을 끼고 산 건물이 소용없어졌다. 프란체스카는 협상에 지쳤고 주교의 결정을 뒤집지 못했다. 결국 좌절과 상처 속에 시애틀을 떠나 로스앤젤레스로 가야 했다.

신은 그녀를 서버리지 않았다. 얼마 후 오디아 주교가 약간 누그러들어서 페리 호텔을 심리 치료와 전기 치료에는 쓸 수 있지만 종합병원은 여전히 안 된다고 타협안을 제시했다. 이 작은 양보가 물꼬를

텄다. 특수 치료는 조금씩 모든 치료로 범위가 넓어졌고, 프란체스카는 죽기 전에 페리 호텔을 산 일이 실수가 아니었음을 알 수 있었다.

—마더 카브리니

19장

시카고에서의 죽음

프란체스카가 로스앤젤레스에 갔을 때 수녀들은 그녀의 쇠약한 모습에 충격을 받았다. 그동안 병과 통증에 시달리는 프란체스카를 많이 봤지만 그렇게 지쳐서 비틀거리는 모습까지는 예상하지 못했다. 그래도 그녀의 회복력을 알았기에 얼마간 휴식하면 다시 좋아질 거라고 믿었다.

불안은 가시지 않았다. 프란체스카는 일이 뜻대로 풀리지 않는다고 우울해하는 사람이 아니었다. 얼굴만 보고는 걱정이 있는지 없는지조차 가늠할 수 없었다. 실제로 프란체스카는 역경이 닥치면 오히려 더 신을 향해 불타올랐다. 그런 프란체스카를 알았기에 그들은 프란체스카의 건강에 정말로 큰 문제가 있다는 사실을 눈치챘다.

이후 수녀들은 프란체스카가 자신의 상태를 알았을 거라고 회고했다. 말할 수 없이 다정했고 평소보다도 더 친절했던 모습이 곧 작별 인사였다고, 자신이 곧 이번 생과 작별할 것을 알고 있었다고 해석했다.

다만 이는 프란체스카를 떠나보내고 되돌아본 해석일 뿐이다. 얼마 후 프란체스카의 상태는 호전되는 듯했다. 매일 밖에 나가서 정원을 가꾸고 사랑하는 새들에게 모이를 주었다. 크리스마스 밤에는 미사에 참석했다. 기쁜 목소리로 '테 데움'을 부르자 많은 수녀가 그 노랫소리를 들으려고 자기 목소리를 낮추었다. 프란체스카가 아기 예수에게 입을 맞추려고 나아가던 모습은 꼭 하늘에서 내려온 천사 같았다. 그들은 죽음의 조짐을 외면했다. 겨우 예순여섯인 프란체스카는 나이가 그렇게 많지도 않으니 이전에 그랬듯이 곧 회복할 거라고 생각했다.

그해 봄에 이후 유페미아 수녀가 프란체스카의 시복 과정에서 증언한 기적이 일어났다. 유페미아 수녀는 몇 년간 정맥류를 앓았던 것 같다. 병원에 가봐도 소용이 없어서 중국인과 일본인 치료사들을 찾아갔지만, 그들이 처방한 증기탕과 연고도 마찬가지였다. 그때 프란체스카가 괴로워하는 유페미아 수녀에게 실크 스타킹이 부드러우니 신어보라고 권유했다. 그 말을 들은 수녀가 마더 카브리니의 스타킹을 훔쳐 신자 병이 싹 나았다. 다음 날 유페미아 수녀가 활기차게 걸어다니는 모습을 보고 프란체스카가 물었다. "무슨 일이에요? 이제 괜찮아요?" 프란체스카의 스타킹을 신었다고 이야기하자 그녀는 웃음을 터뜨린 뒤 심각한 목소리로 말했다. "바보처럼 내 스타킹으로 병이 나았다는 말은 하지 말아요. 수녀님의 믿음 덕분에 나은 거예요."

그런 프란체스카도 자신은 치유할 수 없었다. 휴식 덕분에 약간의 기력을 찾았어도 건강하지는 않았다. 그녀는 시카고에서 처리해야 할 일도 있으니 그곳의 콜럼버스 병원에서 진료받겠다고 했다. 서 있기조차 힘들었지만 프란체스카는 뜻을 굽히지 않고 기차에 몸을 실었다.

작별 인사를 할 때 프란체스카가 중얼거렸다. "저 새들, 새들……"
"새들이 왜요, 원장 수녀님?"
"이제 누가 새들을 돌볼까요?"

이토록 빛나는 사람

프란체스카가 1917년 4월 18일에 시카고에 왔을 때 몇몇 수녀는 그녀의 상태를 보고 울었다. 프란체스카는 건강 문제를 감추려고 그날 아침부터 바로 일을 시작했다. 사람들이 쉬라고 간청해도 그녀답게 거절했다. "아뇨, 할 일이 있어요. 게다가 몸을 움직이는 게 건강에 좋이요."

수녀들은 프란체스카를 유심히 관찰했다. 그중에는 이후 수도회의 2대 총원장으로 취임하는 마더 안토니에타 델라 카사와 미국 수도회의 수장이 되는 마더 그레이스가 있었다. 프란체스카는 자신의 손을 잡고 싶어하는 수녀들에게는 언제나 손을 내어주었다. 나아가 자신이 잘못하는 것 같으면 누구든 이야기해달라고 했다. 그래서 상대가 심각해 보이자 마더 그레이스는 이렇게 타일렀다. "총원장님, 제가 언제나 총원장님 말에 순종하는 걸 아시죠? 오늘 밤은 총원장님이 제 말에 순종해서 방에 들어가 쉬세요." 그러자 프란체스카는 순종을 실천할 기회가 생긴 것에 기뻐하며 거기 따랐다.

시카고 의사들은 프란체스카가 말라리아에 걸렸다고 진단했는데, 그녀는 그 사실을 이미 알고 있었다. 정성을 다한 치료를 받아 열은 내렸지만 폐 정맥이 약해졌다. 프란체스카는 흔들리지 않고 다시 아무 일 없는 듯 행동했다. 그녀의 얼굴은 전보다 더 밝아져서 마치 다른 세상 사람처럼 보였고, 영원히 수녀들의 곁에 있을 것만 같았다. 그토록 빛나는 사람이 죽는 일은 상상하기 어려웠다. 그들은 프란체스카 없는 세상을 상상할 수 없었다.

6월이 되자 프란체스카는 몇 건의 중요한 환영회를 열심히 준비했다. 주미 교황 대사인 본자노 대주교가 병원을 방문했고, 주호주 교황 대사 보나벤투레 체라티, 문델레인 대주교가 병원에 찾아왔다. 그 직후 훗날 이탈리아 총리가 되는 프란체스코 사베리오 니티가 경제 사절단을 이끌고 미국에 왔다가 동료들과 함께 프란체스카를 방문했다. 이런 만남은 곧 공식적인 인정을 받을 수 있는 기회였다. 그중 어떤 정치인들은 종교적 성향을 별로 드러내지 않았지만, 그럼에도 그들을 성대하게 맞이하는 일은 정치적으로 중요했다. 프란체스카는 그들을 융숭히 대접하기 위해 필요한 온갖 일을 직접 감독했고,

행사가 끝나면 탈진할 정도로 힘들어했다.

그래도 이런 일들로 고조된 분위기는 그녀에게 좋은 영향을 주거나 적어도 해는 끼치지 않았다. 7월 4일에 영신 수련이 시작되었을 때 프란체스카는 모든 기도에 빠지지 않았고, 새벽 5시 30분에 가장 먼저 성당에 갔다. 마지막 날에는 아주 활기차고 또렷한 목소리로 연설해서 수녀들은 모두 프란체스카가 건강을 회복했다고 생각할 정도였다.

사실, 프란체스카의 건강에는 차도가 보이지 않았다. 휴식에 전념하라는 말은 듣지 않았어도 의사의 조언에 따라 매일 오후 시골로 자동차 나들이를 나갔고, 들판에서 병원 성당에 쓸 들꽃과 고사리를 땄다. 그렇게 잠시 반쯤 은퇴한 듯한 생활을 이어나갔다.

프란체스카는 이런 외출도 수도회를 위해 활용했다. 시골길을 돌아다니다가 농장을 하나 사면 시카고의 병원들에 우유, 계란, 닭고기를 공급할 수 있겠다고 판단했다. 10월에 파크리지에 농장을 구매했고, 소를 사도록 직접 지시했다. 프란체스카가 농부의 딸이라는 사실이 유용하게 쓰였다.

그해 10월 말 이탈리아는 카포레토에서 오스트리아-독일 동맹에 대패했다. 11월에도 상황은 계속 악화되었고, 이탈리아 군대는 크리스마스 날에야 마지막 힘을 쥐어짜서 녹일의 공격을 저지했다. 그때 프란체스카 카브리니는 이미 이 세상에 없었다. 물론 그녀의 건강이 이미 나쁘기는 했지만, 프란체스카 역시 카포레토의 사상자라 해도 좋을 만큼 당시 조국의 상황에 극도로 상심했다.

그녀는 11월 내내 쇠약해졌다. 21일에 평소처럼 아침 묵상을 하러 성당에 갔지만 미사 후반에 영성체를 하러 나갈 때 위태롭게 비틀거렸고, 자리로 돌아오자마자 혼절했다. 수녀들은 속상한 마음에 그렇게 아픈데 왜 일어났느냐고 나무랐지만 프란체스카는 한결같았다. "설마 내가 교황 성하 탄신일인 오늘 영성체를 놓칠 거라고 생각했나요? 일어나기 힘들긴 했지만 성하를 위해 기도해야 해요." 그런 뒤 그날도 평소처럼 업무를 보았다.

그렇게 몇 주가 흘렀다. 프란체스카는 마더 안토니에타가 무리해서 여흥 행사에 참여할 필요 없다고 해도 고개를 저었다. "아니에요. 내가 수녀님들과 함께 보낼 수 있는 시간은 지금뿐이에요. 모두가 보고 싶어하는데 내가 안 오면 실망할 거예요." 프란체스카가 매번 밝은 얼굴로 휴게실에 들어왔기에 그녀가 얼마나 아픈지를 아는 사람은 둘셋뿐이었다. 나머지는 원장 수녀가 건강해 보여서 기뻐했을 뿐, 그에 얼마나 큰 노력이 들어가는지 몰랐다.

성모의 원죄 없으신 잉태 대축일인 12월 8일의 여흥 시간에 프란체스카는 수녀들에게 경건한 놀이를 한 가지 제안했다. 한 명씩 돌아가면서 성모에 대해 짧은 글을 쓰되 가능하다면 각운을 맞추어 시로 쓰자고 했다. 이탈리아어는 모음이 풍부해서 각운을 맞추기가 그렇게 어렵지 않았다. 시를 쓰지 못하는 사람들은 산문으로 대신했다. 영어가 모국어인 수녀들도 있었다. 그들의 짧은 작문을 프란체스카는 즐거이 들었다. 선량한 칭찬과 웃음이 모두에게 행복을 안겨주었다.

그런 순간이 프란체스카의 마지막 여흥이었다. 그때도 그녀는 생명을 향한 투쟁을 포기하지 않았으며, 다른 사람들에게 그 싸움을 감추었다. 이 시절 프란체스카가 물러나 있던 이유도 건강 때문이 아니라 다가오는 크리스마스라는 특별한 잔치를 조용히 준비하기 위해서였다.

프란체스카는 크리스마스 선물로 소속 수녀 전원에게 새 수녀복을 하사했다. 프란체스카 자신의 수녀복도 만들었기에 수녀들은 프란체스카가 생의 마지막을 예견하지 못했다고 추론했다. 나중에 그들은 그 의복이 그녀의 천상탄일을 위해 마련되었음을 알게 되었다. 당시에도 수녀들은 프란체스카가 크리스마스 카드에 쓴 시편 42절 구절에 의아해했다. '당신의 빛과 당신의 진실을 보내소서. 그들이 저를 인도하게 하소서. 그들이 저를 당신의 거룩한 산으로, 당신의 거처로 데려가게 하소서.' 한 수녀가 천국의 영광을 이야기하는 글이라 크리스마스에 어울리지는 않는 것 같다고 의문을 표했는데, 프란체스카는 그냥 그대로 두라고만 대답했다.

그녀는 병원의 의사와 간호사들에게도 작은 선물을 준비했다. 이리 스트리트 이탈리아 학교의 학생 500명이 형편이 어려워 사탕을 받지 못한다는 이야기를 듣고는 자기 돈으로 사탕을 사게끔 시켰다. "이럴 수가, 아이들한테 사탕을 줘야 해요! 사탕이 없으면 크리스마스가 아니죠."

1917년 12월 21일이 되었다. 프란체스카는 평소처럼 일찍 일어나서 미사를 도왔고 선교수녀회의 금요일 일정에 따라 한 시간 동안 성체조배를 했다. 그런 뒤에는 사탕을 소분 포장했다. 그날이 지상의 마지막 날이라는 걸 아는 듯 열심히 일하면서 다른 사람들도 독촉했다. "서둘러요, 서둘러!" 프란체스카가 마지막으로 포장한 물건은 문델레인 대주교에게 줄 크리스마스 선물이었다. 한 수녀가 만든, 황동 장식이 박힌 강론대였다.

다음 날 아침 프란체스카는 병이 너무 깊어서 일어나지 못했지만 사람들은 그녀가 평생 아팠기에 놀라지 않았다. 그럴 때 수녀들은 흔히 프란체스카의 방으로 찾아가서 누워 있는 그녀에게 업무에 대해 문의했다. 그날 아침 시카고의 원장 수녀 마더 안토니에타가 프란체스카를 찾아와서 11시 40분까지 옆에 있었다.

안토니에타가 떠난 후 젊은 수녀가 와서 프란체스카에게 점심으로 뭘 드실지 물었다. 대답이 희미해서 재차 묻자 "아무거나 가져다 줘요. 그걸 안 먹어도 다른 걸 먹을지 몰라요." 하는 대답이 돌아왔다. 프란체스카는 그날 성당에 가서 영성체를 받겠다는 희망으로 오전 내내 금식하고 있었다. 시간이 늦어졌어도 계속 영성체를 받기를 바라던 게 분명했다.

젊은 수녀는 복도로 나가서 점심 수레를 기다렸다. 그때 마더 안토니에타가 돌아왔다. 깜박 잊고 하지 않은 질문이 있었다. 다시 들어가려고 보니 문이 잠겨 있길래 옷을 갈아입나보다 생각했다. 혹은 묵상을 방해받기 싫어서 문을 잠가두었을 수도 있었으니 그 정도면 충분한 암시였다. 그녀는 노크하지 않고 조용히 물러갔다.

잠시 후 복도에 있던 수녀는 자물쇠에 열쇠가 꽂히는 소리를 들었다. 자물쇠가 돌아갔다. 바깥쪽 문틀에 종이 매달려 있었는데 프란체스카가 손을 내밀어 줄을 잡아당겼다. 기다리던 수녀가 음식 쟁반을 든 채 달려가보니 프란체스카가 라탄 의자에 쓰러져 있었다. 잠옷에도, 입에 댄 손수건에도 피가 묻어 있었다. 깜짝 놀란 수녀는 지하 식당으로 달려갔고, 이 이야기를 어찌 전할지 몰라서 창백한 얼굴로 말을 더듬었다. "원장 수녀님이! 원장 수녀님이!" 마더 안토니에타는 사제와 의사를 불러오게 시킨 다음 다른 수녀들과 프란체스카의 방으로 갔다. 프란체스카는 눈을 뜨고 있었고 입술도 살짝 벌어져 있었지만 이미 의식이 없었다. 의사의 손을 떠난 일이었고 사제도 병자성사로 조건부 사면을 내리는 것 말고는 다른 무엇도 할 수 없었다. 프란체스카는 마더 안토니에타의 팔에 머리를 기댄 채 수녀들에게 마지막 눈길을 던지고 조용히 숨을 거두었다.

홀로 떠났지만 그녀가 늘 준비해온 죽음이었다. 프란체스카는 오래전부터 영성체를 노자성체[죽음을 준비하며 받는 성체.]처럼 받았다. 그 죽음은 중국 상찬섬에서 외롭게 죽은 수호성인 프란치스코 하비에르만큼 쓸쓸하지는 않았지만 그를 연상시키는 면이 있었다.

그녀는 프란체스카 사베리오로 죽었다.

한편으로는 언제나 그랬듯 죽을 때까지 프란체스카였다. 어린 시절 그녀의 고해 신부는 늘 예수님께 말씀드리라고 말했다. 마지막 순간에 그녀는 신에게 직접 의지하는 어린 체키나였다.

프란체스카가 방에 혼자 있었을 때 무슨 일이 있었는지는 알 수 없고 공연히 추측할 필요도 없다. 그 순간은 평생 침묵하며 살아온 인생의 마지막 아르카눔 레기스[라틴어로 '고귀한 비밀'.]였다. 프란체스카가 그리스도를 영접할 준비를 하는 동안 그리스도가 그녀에게 왔다.

프란체스카는 끝까지 비밀을 지켰고, 우리는 그녀가 자신의 영적 삶 앞에 드리운 베일을 들출 수 없다. 다만 이 책에 자주 언급한 그녀의 수첩에서 속마음을 얼마간 엿볼 수 있다. 프란체스카는 자신의 깊은 감정을 담은 문서를 모조리 없앴는데 우연히 이 수첩만 살아남았다. 마지막으로 그 수첩의 글을 인용한다. "저는 하느님께 완전히 순명한 인생 후에 사랑의 죽음을 원합니다……. 아, 예수님. 당신을 정말로 너무나 사랑합니다! 당신의 사랑에 넋을 잃습니다. 당신을 위해 저는 시들고 죽지만, 이렇게 큰 열정도 저를 감싸는 당신의 뜨거운 사랑에 비하면 아무것도 아니라는 사실을 잘 알고 또 느낍니다. 저에게 우주만큼 큰 심장을 주세요. 당신을 사랑할 수 있도록, 당신께 드려 마땅한 사랑을 다 드리지는 못해도 제가 드릴 수 있는 만큼 드릴 수 있도록…… 저는 당신을 위해 희생할 준비가 되어 있어요. 당신 뜻대로 저를 처분하소서."

에필로그

성인으로 가는 길

프란체스카 카브리니는 생전에도 당대의 모든 교황에게 성인에 준하는 대접을 받았다. 레오 13세는 실제로 그녀를 성인이라 불렀고, 베네딕토 15세—1889년에 프란체스카가 미국에 가져간 교황 훈령을 작성한 델레 키에사 몬시뇰—는 그녀에게 성령이 충만하다고 말했다. 비오 10세는 그녀를 복음의 진정한 사도라고 불렀다. 하지만 이 모두는 개인적 의견일 뿐이었고, 프란체스카 시복의 대의는 평범하게 소개해야 한다.

'보통 과정'이라고 부르는 예비 과정은 프란체스카가 죽은 지 10년 후에 시작되었다. 현대에는 거의 유례가 없는 일이었다. 그녀가 여러 교황과 친교를 쌓은 일이 영향을 미쳤다고 할지라도 사소한 요

마더 카브리니의 관

인일 뿐이다. 교황청의 시성 관련 방침은 가톨릭 교회 전체에 이익이 될 만한 대의로 시작한다. 그 무엇보다 앞서는 중점 요소는 언제나 심사 대상인 하느님의 종의 개인적 신성에 대한 확증이다. 프란체스카 카브리니와 관련된 모든 이야기가 그 확증을 이끌었다. 이 야기를 들으면 그녀가 성인의 칭호를 받기에 부족함이 없음을 알 수 있다.

프란체스카에게는 평생토록 신기한 일이 많았다. 몇몇 사람들은 그런 일을 기적으로 여겼다. 그중 일부는 다른 성인들의 사례에서도 흔히 보듯이 자연적인 설명이 가능하다. 예를 들자면, 프란체스카가 웨스트파크에서 정원 담당 수녀들에게 이미 벤 무화과나무를 다시 심으라고 했는데 그것이 다시 자라났다. 그 일로 기념비가 세워졌다. 신앙의 촉진자—흔히 악마의 변호인이라고 하는—는 프란체스카

—마더 카브리니

의 동의하에 기념비를 만들었다고 판단하고 그녀의 겸손함에 의문을 제기했지만, 기념비가 1928년에 세워졌음이 밝혀지면서 그 주장은 실패했다. 이런 일을 꼭 기적이라고 생각할 필요는 없다. 프란체스카 평생에 일어난 많은 일이 그녀의 설명대로 그녀가 지닌 어떤 힘이 아니라 다른 사람들의 믿음 때문에 일어났을지도 모른다. 교회 재판소의 엄격한 기준은 그런 일을 기적으로 받아들이지 않는다.

하지만 병을 고치는 일은 다르다. 점진적 개선이 아니라 즉각적이고 완전한 치료, 의료 전문가가 자연적 방법으로는 불가능했다고 판단하는 치료, 그리고 그런 치료가 성인 후보자의 사후에 그에게 기도한 결과로 일어났다면 기적의 증거가 된다. 프란체스카의 신성함을 뒷받침하기 위해 제시된 증거도 이런 종류였다.

1921년 3월 14일 정오께 뉴욕의 콜럼버스 병원 별관에서 피터 스미스가 태어났다. 간호사는 정해진 절차에 따라 아이의 눈에 질산은 용액을 넣었다. 일이 바빠서 서두르던 그녀는 약병을 내려놓다가 깜짝 놀랐다. 자신이 1퍼센트 용액이 아닌 50퍼센트 용액을 사용해서 아이 눈을 망가뜨렸다는 것을 깨달았기 때문이다.

간호사는 필사적으로 용액을 닦아내 보았지만 소용없었다. 피해는 돌이킬 수 없었다. 그녀는 아이를 품에 안고 병동 책임 간호사에게 달려갔다. "수녀님! 어떻게 좀 해주세요. 제가 엄청난 실수를 했어요. 의사 선생님을 불러주세요."

의사 두 명이 왔다. 그들은 아이 눈을 보고 용액 병을 보았다. 간호사 말대로였다. 그녀는 병의 라벨이 잘못되었기를, 문제가 생각만큼 심각하지 않기를 간절히 빌었지만 의사들의 얼굴을 보고는 눈물을 쏟으며 주저앉았다.

안과 전문의가 왔고 그 역시 같은 견해였다.

"각막이 사라졌어요. 할 수 있는 일이 없습니다." 그가 짧게 말했다.

원장 수녀가 달려왔다. 어떻게든 해주고픈 마음에 마더 카브리니의 유물을 가져와서 아기의 눈에 대주고 이후 잠옷에 달아주었다.

그날 밤 수녀들은 밤새 성당에서 기도했다. 문제를 일으킨 간호사도 함께 미친 듯이 기도했다. "부탁드려요, 주님! 제발 아이 눈이 멀지 않게 해주세요. 마더 카브리니, 기적을 일으켜주세요!" 그녀 자신을 위한 기도가 아니었다. 자신은 중과실로 해고되는 게 당연했다. 하지만 태어나자마자 이런 일을 겪은 아기가 너무 불쌍했다.

다음 날 아침 의사들이 다시 왔다. 의사 한 명이 고개를 숙여 아기를 살피더니 다른 의사에게 물었다. "내가 헛것을 보는 건가요?"

다른 의사가 고개를 숙이고 피터의 눈에 빛을 비춰 보았다. "아뇨, 헛것이 아니에요. 아이 눈이 멀쩡해졌어요."

곧이어 두 번째 기적도 일어났다. 바로 그날 피터 스미스는 양측 폐렴에 걸려 체온이 42도까지 올랐다.

수녀들이 다시 의사를 불렀다. "41도만 되어도 치명적이에요." 의사가 원장 수녀에게 말했다. "원장 수녀님, 기도를 더 하셔야 할 것 같습니다. 아기가 질산은 화상은 피했지만 이런 고열이 계속되면 살아남기 힘들어요."

"선생님, 마더 카브리니가 눈을 고쳐주시고서 폐렴으로 죽게 두시진 않을 거예요." 원장 수녀가 말했다.

그들은 다시 기도했다. 병원을 위기에서 구해준 데 대한 감사의 기도인 동시에 새로운 기적을 부탁하는 기도였다. 아침이 되자 폐렴 증상은 싹 사라졌다. 한 의사가 아이를 보고 말했다. "이런 일은 처음이에요. 아이는 아무 문제 없어요. 고열이 싹 사라졌어요!"

"새근새근 잘 자네요." 다른 의사가 말했다. "원장 수녀님, 마더 카브리니는 놀라운 일을 하시는군요."

피터 스미스는 생후 열흘 만에 엄마와 함께 귀가했다. 이후 장성해 군인이 된 피터에게 이때의 사고는 질산은이 눈에서 흘러내려서 생긴 작은 흉터 두 개를 남겼을 뿐이다.

델피나 그라지올리 수녀는 1915년 이후 계속 병을 앓았다. 1921년의 엑스레이 검사 결과 담낭, 결장, 십이지장, 유문에서 유착이 있었다. 그래서 그해와 다음 해에 연달아 수술을 받았다. 그래도 나아지지 않아서 1925년에 10개월 간격으로 다시 두 차례의 수술을 했지만 여전히 차도는 없었다.

그해 연말이 되자 의사들은 이제 가망이 없다고 보았다. 델피나 수녀는 꺼져갔다. 해골처럼 움푹한 눈은 탁한 빛을 냈다. 먹지도 못했고 이따금 힘겹게 소곤거리는 말소리가 입으로 내는 전부였다. 그녀의 방에는 이미 죽음의 냄새가 났다.

델피나 수녀가 곧 세상을 떠날 거라는 판성이 나오자 시애틀 고아원의 아이들은 진혼곡을 연습하기 시작했다. 원장 수녀는 12월 17일에 업무차 외출하는 수녀에게 말했다. "수녀님, 시내에 나가면 장례 업체에 들러서 델피나 수녀의 장례를 의뢰하세요. 내일 다시 갈 필요가 없게요."

그런데 외출 도중 원장 수녀가 전화로 놀라운 소식을 전했다. "장례 업체에 안 가봐도 돼요. 델피나 수녀님이 좋아졌어요."

"'좋아졌다'는 게 무슨 말씀인가요, 원장 수녀님? 의사 선생님이 곧 돌아가신다 하셨잖아요."

"와서 보면 알아요. 수녀님은 이제 괜찮아요."

정말로 델피나 수녀는 좋아졌다. 약간 나아진 정도가 아니라 완전히 나았다. 델피나 수녀는 그 뒤로 20년 가까이 재발 없이 건강했다.

이것이 프란체스카의 시복 과정에서 공식적으로 인정된 기적들이다. 두 경우 모두 의사들이 서약을 하고 자세한 내용을 서면 작성해서 로마로 보냈고, 로마에서도 특별히 위촉한 두 전문의가 검토했다. 그들은 두 경우 모두 의학적 개입을 넘어서는 무언가가 있었다고, 어떤 경우에도 치료가 불가능한 상황이었는데 그렇게 곧바로 회복했다니 기적이라고 할 수밖에 없다고 인정했다.

프란체스카의 기적은 아직도 일어나고 있다. 물론 지금은 그때처럼 기적을 자세히 검증할 필요는 없지만, 그런 일들도 대체로 현장 의료진의 증언이 뒷받침하고 있다. 시애틀 콜럼버스 병원의 의사 중에도 사례가 있다. 그는 병을 고칠 수 없다는 판정을 받고 치료를 포기했는데 이후 병세가 사라졌다. 뉴욕에서 심장 질환을 앓던 수녀도, 시카고에서 복막염으로 죽어가던 아이도 그랬다. 1938년에 로디의 한 젊은 여자는 뇌막염이 나았다. 미국 출신 나이트클럽 가수는 런던데뷔를 앞두고 후두염에 걸렸는데 목에 프란체스카의 사진을 붙이고 기도했더니 목소리가 돌아왔다. 마더 카브리니의 유물을 가지고 다니던 과달카날의 한 선원은 배가 난파되자 밤새 헤엄치며 그녀에게 기도한 끝에 아침에 안전하게 해변에 닿았다. 모두가 카브리니의 유물을 갖고 있지는 않았지만 빠짐없이 카브리니에게 기도했다. 전례성[과거 교황청에서 오늘날 경신성사성과 시성성의 역할을 동시에 맡은 기구로, 시성과 시복 관련 업무를 수행했다.]이 정의하는 일급 기적은 아니지만 그래도 기적임은 변함없다. 교황청이 프란체스카 카브리니의 시복 때 채택한 두 가지 기적은 피터 스미스와 델피나 그라지올리 수녀의 치료였다. 비슷하게 훌륭한 기적은 더 많았지만 공식적으로 기록된 기적은 그 두 가지였다.

  1928년에 시복의 첫 단계가 시작되자 시카고, 로디, 로마에서 많은 목격자가 선서하고 증언했다. '보통 과정'이 끝나면 '사도 과정'이 이어지는데, 이 역시 비슷하게 진행된다. 기적의 의학적 증거는 3월 15일과 6월 14일에 전례성이 위촉한 의사들이 검토했다. 그런 뒤 7월 31일에 교황 비오 11세가 '투토 Tuto' 교령[교황이 시복을 위해 내리는 최종 교령. 투토 tuto는 '안전하게', 혹은 '확실하게'를 의미한다. — 편집자 주]을 내려서 프란체스카의 시복을 확정했다. 시복식은 11월 13일 일요일에 열렸다. 바로 다음 날이 수도회의 창립 기념일이었으므로 적절한 날짜였다. 프란체스카의 축일은 그녀가 세상을 떠난 12월 22일이었다.

  시복식은 표준 절차에 따라 진행되었기 때문에 여기서 따로 이야기할 필요가 없다. 가톨릭 교회 전례의 화려함이 남김없이 펼쳐진 행사였다는 말이면 충분하다. 종소리와 은 나팔 소리가 울리는 가운데 프란체스카의 초상화가 베르니니의 걸작인 옥좌[성 베드로의 의자.—편집자 주]제단 위에 베일을 벗으면서 그녀는 공식적으로 복자가 되었다.

미국 선교수녀회 수녀들이 가장 많이 참석했지만 중국인 수녀 지망생도 열 명 자리했다. 어린 시절 프란체스카가 꿈꾼 중국이 마침내 그들에게 찾아왔다. 대미사를 이끈 문델레인 추기경은 그날 저녁 라디오 방송에서 자신은 가톨릭 교회 역사상 최초로 한 사람의 장례 미사와 시복식을 모두 집전한 추기경이라고 말한 뒤 이렇게 덧붙였다. "제가 마더 카브리니의 시신에 마지막 축복을 내리고 그분의 시복식에서 성 베드로의 첫 기도를 했으니, 제 앞에 천국의 문이 열릴 때 마더 카브리니의 위대한 영혼이 저를 반겨주시기를 희망하고 기도하겠습니다."

당시 열일곱 살이던 피터 스미스도 같은 방송에 나와서 자신이 치유된 일을 이야기했다. "저는 기적의 시대가 끝나지 않았다는 것을 확실히 알고 있습니다."

—마더 카브리니

마더 카브리니
세상 가장 낮은 땅에 희망의 제국을 일구다

초판 1쇄 발행 2025년 11월 20일

지은이 시어도어 메이너드
옮긴이 고정아
펴낸이 이혜경
기획·관리 김혜림
편집 변묘정, 박은서
디자인 여혜영
마케팅 양예린

펴낸곳 니케북스
출판등록 2014년 4월 7일 제300-2014-102호
주소 서울시 종로구 새문안로 92 광화문 오피시아 1717호
전화 (02) 735-9515
팩스 (02) 6499-9518
전자우편 nikebooks@naver.com
블로그 blog.naver.com/nikebooks
페이스북 facebook.com/nikebooks
인스타그램 (니케북스) @nike_books
　　　　　(니케주니어) @nikebooks_junior

ⓒ 니케북스 2025

ISBN 979-11-988878-8-7 03230

책값은 뒤표지에 있습니다.
잘못된 책은 구입한 서점에서 바꿔드립니다.